The Beijing Development Report 2019

A Study on Social Governance

2019
首都发展报告

社会治理研究

万鹏飞 等 著

科学出版社

北　京

图书在版编目（CIP）数据

2019 首都发展报告：社会治理研究 / 万鹏飞等著. —北京：科学出版社，
2019.1
　　ISBN 978-7-03-060190-2

Ⅰ. ①2… Ⅱ. ①万… Ⅲ. ①区域经济发展-研究报告-北京-2018
②社会发展-研究报告-北京-2018　Ⅳ. ①F127.1

中国版本图书馆 CIP 数据核字（2018）第 292841 号

责任编辑：石　卉　吴春花 / 责任校对：王萌萌
责任印制：徐晓晨 / 封面设计：有道文化

科 学 出 版 社 出版
北京东黄城根北街 16 号
邮政编码：100717
http://www.sciencep.com

北京虎彩文化传播有限公司 印刷
科学出版社发行　各地新华书店经销
*

2019 年 1 月第　一　版　开本：720×1000　B5
2020 年 3 月第二次印刷　印张：16 1/2
字数：262 000

定价：98.00 元

（如有印装质量问题，我社负责调换）

学术指导委员会

名誉主任：陆大道

主　　任：杨开忠

副 主 任：冯长春　樊　杰　王　凯

委　　员（按姓氏拼音排序）：

李国平　林　坚　刘秉镰　陆　军

沈体雁　施卫良　施祖麟　唐晓峰

武义青　姚　洋　余钟夫

总　序

　　今年适逢我国改革开放四十年，也是首都建设和京津冀协同发展迎来新时代的开局之年。站在"两个一百年"的历史交汇点上，回顾往昔，展望未来，"建设一个什么样的首都，怎样建设首都"及如何促进京津冀协同发展这一被习近平总书记提出的重大时代课题摆在了我们各级决策者、众多研究者的面前。研究新时代的首都发展规律，探索建设以首都为核心的京津冀世界级城市群的发展道路，是区域与城市研究者，特别是首都与京津冀研究者的历史担当和使命。

　　成立于 1999 年 3 月的北京大学首都发展研究院（简称首发院）是北京大学与北京市委、市政府共建的服务于首都发展的重要平台。首发院汇聚了众多主要来自北京大学的城市与区域研究者，是首都及京津冀研究的一支重要力量，也是北京市第一批 14 家高端智库建设试点单位之一。成立近二十年来，首发院在城市与区域科学研究、首都发展战略研究、京津冀协同发展研究、空间大数据与政策模拟研究四大方向持续开展了卓有成效的研究咨询工作，已经成长为享有盛名的政策研究咨询机构。

　　首发院致力于归纳、把握与传播以首都和京津冀为研究对象的最新研究成果，持续地跟踪和分析城市与区域的发展动态，已经先后出版多部"首都发展报告"和"京津冀区域发展报告"。作为新时代首都新型高端智库的成果集中发布与展示载体，首发院整合原有发展报告产品，将其统一改版，以"北京大学首都高端智库系列报告"的形式编辑出版。

　　作为北京大学的毕业生和长期从事城市与区域研究的学者，我希望"北京大学首都高端智库系列报告"应该在以下三个方面成为典范：

　　一是应吸取北京大学及社会各界关于城市与区域发展理论和实践的经验，集中展现首都与京津冀发展研究的高质量成果和最新动态；

　　二是应以服务首都与京津冀协同发展为己任，以迅捷有效的方式为国家与北京市的科学决策提供智力支持；

三是应努力以翔实的数据、科学的方法、扎实的研究、凝练的语言，提供高质量的学术精品。

陆大道

2018 年 12 月

前　　言

　　社会治理是国家治理的重要组成部分，社会治理现代化是国家治理体系和治理能力现代化的应有之义。"提高保障和改善民生水平，加强和创新社会治理"已经写进十九大"两个一百年"的奋斗目标。北京市作为首都，作为首善之区，其社会治理的理论和实践，对全国具有引领和标杆作用。"十一五"以来，尤其是党的十八大以来，首都社会治理创新有两个显著特点：一是一手抓理论研究，一手抓创新实践。"十一五"时期，北京市就率先在全国开展创新公共服务的组织与管理研究，最先提出了基本公共服务和非基本公共服务的区分，并被国家层面吸收；出台了全国第一个省市级层面的社会公共服务规划，并被全国其他省市所仿效。"十二五"和"十三五"时期，北京市先后立项研究北京市社会管理和社会治理创新研究，开展基本公共服务法律体系构建研究，持续颁布了社会基本公共服务规划，基本公共服务的供给清单数和覆盖人群始终走在全国前列。二是一手抓顶层制度设计，一手抓基层基础建设。在全国率先成立社会建设领导小组，设立社会建设工作机构。北京市先后发布与社会建设、社会管理、社会治理相关的综合性文件，与"枢纽型"社会组织相关的文件，以及与社区组织和基层党建相关的文件数十部，构建起了具有时代特征、中国特色、首都特点的党委领导、政府负责、社会协同、公众参与、法治保障的社会治理体制。时值改革开放四十年和"十三五"规划时期已过半，回望和反思首都社会治理创新走过的历程，总结经验，查找问题，温故知新，面向未来，思考对策，具有特别重要的意义。本书就是这种努力的成果。

　　本书在北京市"十三五"规划前期研究课题"'十三五'时期首都社会治理创新研究"项目成果基础上修改而成，现纳入"北京大学首都高端智库系列报告"。本书分总论篇、主体篇、借鉴篇和对策篇四个部分。其中，第一部分总论篇包括两章。第一章是从社会管理到社会治理的概念、理论和框架，着重回答：从社会管理到社会治理究竟意味着什么？首都社会治理创新应从何处着手？第二章是从整体视角考察、分析首都经济和社会总体特征及社会治理面临的挑战。第二部分主体篇依照第一章的框架，分别从党和政府、家庭、学校、企业、社会组织、社区六大主体角度，考察它们在首都社会治理中的地位、现状和问题，并据此提出相应对策。第三部分借鉴篇选取国外两个可比性城市纽约市和巴黎的社会治理作为案例，以大量一手材料为依据，考察了它们的政府、家庭、学校、企业、社会组织和社区如何在社会治理中综合发力的，并据此提炼了对北京市的启示和借鉴。第四部分为对策篇，在综合吸收前面各篇成果的基础上，提出了首都社会治理创新的对策建议，包括指导思想、基本原则、总体目标、基本框架和治理体系。本书既考虑到了国家和首都社会治理的总体要求及框架体系，也有拓展性和超越性的研究及探索，如明确将家庭、学校和企业纳入首都社会治理创新体系中。这代表了我们的研究心得和认识，希望就此能与学界和政界有一些互通及交流。

本书是在"北京大学首都高端智库系列报告"学术指导委员会的指导下完成的。在本课题的前期研究中，万鹏飞作为课题负责人起草了研究报告的结构框架，安排了任务分工，各章节具体分工如下：第一章和第二章，万鹏飞；第三章，吴雨坤；第四章，马柯；第五章，张辰；第六章，宁晶；第七章，梅愉；第八章，宋宇；第九章，蒋佩雯；第十章，肖炳煌；第十一章，万鹏飞，王一。作为"北京大学首都高端智库系列报告"之一，本书对原有课题研究报告做了丰富、补充、更新和完善，具体分工如下：第一章，万鹏飞；第二章，万鹏飞，吴雨坤；第三章，吴雨坤；第四章和第五章，刘雪萌；第六章至第八章，何琦；第九章，蒋佩雯，何琦；第十章，肖炳煌，刘雪萌；第十一章，万鹏飞，刘雪萌。最后由万鹏飞统稿。

这里要特别感谢北京大学首都发展研究院院长李国平教授，正是他的建议和督促，才有了北京大学首都高端智库（北京大学首都发展研究院）专门立项支持本书的修改、完善和出版。感谢北京大学首都发展研究院副院长李平原、办公室主任程宏在行政上给予的大力支持。从课题研究到成书，我们得到了诸多政界和学界朋友的帮助，他们是北京市社会建设工作委员会原副书记张坚，北京市社会建设工作办公室原研究室主任岳金柱、研究室副主任甘承伟，北京市社会建设工作办公室社会组织处处长王森林，北京市发展和改革委员会规划处原处长吕永忠，清华大学人文社会科学学院教授沈原，北京工业大学人文社会学院院长、教授唐军，首都师范大学政法学院副院长、教授田国秀，北京市委党校社会学教研部教授尹志刚，国家行政学院社会治理研究中心原副主任、副教授张林江，中国社会科学院社会发展战略研究院副研究员高勇，北京市经济与社会发展研究所社会部原部长、高级统计师李军，在此一并表示深深的谢意！科学出版社首席策划石卉女士、吴春花编辑认真、耐心、细致的编辑工作，令我们深受感动，非常感谢！

　　首都作为一个履行"四个中心"功能和承担"四个服务"的超大城市，其社会治理有很多经验需要总结，有许多规律需要发现，有不少问题需要解决。本书只是首都社会治理研究的一个初步探索，肯定存在不足之处，恳请广大读者批评指正。

万鹏飞

2018 年 11 月

目　　录

第三部分　借　鉴　篇

第四部分　对　策　篇

第一部分 总 论 篇

1

第一章
从社会管理到社会治理：概念、理论和架构

　　2003 年 10 月 14 日，十六届三中全会通过《中共中央关于完善社会主义市场经济体制若干问题的决定》，其中指出要"合理划分中央和地方经济社会事务的管理责权……明确中央和地方对经济调节、市场监管、社会管理、公共服务方面的管理责权"，自此，社会管理作为我国政府的关键职能一直是政界和学界关注的话题。随着我国经济建设和民生事业的发展，政府社会管理的内容越来越明晰，其核心是改善民生，重点是提供公共服务、解决社会问题、化解社会矛盾等。问题由此而来，从社会管理到社会治理究竟意味着什么？具体来说，社会管理和社会治理的区别何在？社会治理提出的背景是什么？社会治理概念下政府究竟扮演什么角色？社会治理与国家治理体系和治理能力现代化之间的关系如何？

第一节　社会管理和社会治理：概念辨析

一、管理和治理

从学术层面来看，管理和治理既有联系，也有区别。从语义学角度来看，管理和治理可以作为同义词互换使用，它们都是指关注某些事项并做出相应决定的行为或活动。当然，它们也各有侧重：治理除了和管理一词具有共性的含义外，首先是指对某一政治单元事务的合法控制[①]。因此，治理与国家和政治之间的关系密切。

无论是在西方还是在中国，治理都不是一个新出现的概念，相反，它很古老，可泛指一切统治模式。但是，治理在近三十年的流行却有特定的时代含义。20 世纪 80 年代中期开始成为热门话题的治理与欧美国家公共部门的改革关系密切，这些改革引发了人们对国家和政府定位与功能的重新思考。公共事务的管理已不仅仅是政府的事情，更是一个包括政府在内的，由志愿性组织或协会、利益群体、政党、媒体等众多组织参与的事情，其间包含对话和互动、竞争与合作，这就是治理的过程，各参与主体之间形成的复杂关系被称为治理结构。传统的、以等级制为特征、以国家对社会控制为导向的治理结构正不断受到非等级制手段和方法、国家和社会合作努力的调和与冲击，国家日益依赖于其他组织实现其意图，贯彻其政策，确立其统治。公共事务的治理关系和结构总体趋向减少社会的等级关系，增强公民社会的自治能力，降低社会的治理成本（万鹏飞，2004）。在此背景下，权力结构关系呈现中央政府向地方分权，联邦向州分权，政府向社会分权的特征。

治理概念的出现对传统国家治理体系和能力提出诸多挑战：①国家如何转变等级思维和习惯；②国家如何确定治理的目标；③国家如何搭建和管理合作伙伴关系；④国家如何改进对这些多元主体的监督能力；⑤国家如何建立相关机制确保公共事务活动的民主性和责任性；⑥国家如何面对地方治理、国家治理和全球治理的相互渗透及依赖的情形。

---

① 参见韦伯斯特词典：管理和治理的界定，http://www.webster-dictionary.net/definition/manage；http://www.webster-dictionary.net/definition/govern[2018-10-13]。

二、社会管理和社会治理

既然管理和治理有可以互换使用的一面，也有不同的一面，那么，我们就可审视，从社会管理到社会治理究竟是文字的不同还是内在意涵的不同。从政策层面看，将社会管理作为一项政府管理职能是党和国家在2003年抗击非典后，对国家发展战略反思的结果。2010年4月1日，中共中央政治局常委、国务院总理温家宝在《求是》上发表重要文章《关于发展社会事业和改善民生的几个问题》，其中指出，"必须统筹经济社会发展，加快解决经济社会发展'一条腿长、一条腿短'的问题……在发展经济的同时，更加重视发展社会事业和改善民生。"尽管官方从来没有正式对社会管理进行过概念的界定，但我们可根据政策性文献进行概括和理解。

社会管理是指党和政府在中国特色社会主义框架下所从事的惠民生、强服务、保安全、促稳定的所有活动的总称。2013年11月12日十八届三中全会通过的《中共中央关于全面深化改革的若干重大问题的决定》首次变社会管理为社会治理，提出要"加快形成科学有效的社会治理体制"。十八届四中全会通过的《中共中央关于全面推进依法治国若干重大问题的决定》进一步提出"坚持系统治理、依法治理、综合治理、源头治理，提高社会治理法治化水平"。如果将管理和治理视为可互换的概念，则社会治理仅仅是同一内容的不同名称而已。但是，如果仔细研读，则不难发现，社会治理概念无论是在内涵还是在外延上与社会管理都具有很强的连续性，当然也有值得关注的新元素。

相同的方面主要体现在以下几点。

一是，从宏观战略层面来看，社会治理依然是习近平总书记于2014年12月在江苏调研时提出的"四个全面"战略布局下社会建设的重要内容。

二是，从微观层面来看，党和政府在社会治理关注的内容上与社会管理相比也有很强的一贯性，二者都包括民生改进、基本公共服务均等化、公共安全体系建设、社会矛盾的预防和化解等。

不同的方面主要体现在以下几点。

一是目标背景不同。社会治理是在新的总体目标设定下提出的，即完善和发展中国特色的社会主义制度，推进国家治理体系和能力的现代化。

二是更加注重治理结构和制度。着眼点更多地放在社会治理的结构和制度层面而不是具体内容上，这一点尤为值得注意。也就是说，社会治理概念更注重制度本身的选择而不是现有制度框架下行动的选择，这更有利于党和政府摆脱事务性的纠缠，专注于战略、方向、结构、制度层面的思考，大大拓宽了思路和创新的空间，有利于化繁为简，抓根本问题。四个治理的提出，即系统治理、依法治理、综合治理和源头治理，集中体现了这方面的考量。

三是更加明确多元主体共同参与治理。在社会管理概念下，党和政府作为社会管理单一主体色彩强，自上而下控制特性明显，责任无限，这一点在2011年2月19日中共中央总书记、国家主席、中央军委主席胡锦涛在中央党校举行的省部级主要领导干部社会管理及其创新专题研讨班上的重要讲话中可以看得很清楚。胡锦涛谈到，要"完善党委领导、政府负责、社会协同、公众参与的社会管理格局"①。在社会治理概念下，十八届三中全会通过的《中共中央关于全面深化改革若干重大问题的决定》中新的表述是："加强党委领导，发挥政府主导作用，鼓励和支持社会各方面参与，实现政府治理和社会自我调节、居民自治良性互动。"这段表述具有如下特点：首先，让人感到居高临下的统治色彩弱化了；其次，党委和政府从过去社会管理中的大包大揽变成领导及主导，社会治理包括政府的治理和社会本身的自我治理，这是一个巨大的进步；最后，社会治理比社会管理更加明确了谁来协同，谁来参与，而且方向和路径更为具体及明确。

综上分析，我们可将社会治理界定如下：社会治理是指在发挥党委领导和政府主导作用的前提下，联合多元社会主体，通过政府治理和社会自我治理的有机结合，共同致力于惠民生、强服务、保安全、促稳定的所有活动的总称。

三、社会治理和国家治理

社会治理的概念是在全面深化改革的总目标下提出的，自然就有了社会治理和国家治理的关系问题。十八大报告正式提出"全面落实经济建设、政治建设、文化建设、社会建设、生态文明建设五位一体总体布局"。对应每一个建设，都有一个治理问题，五大治理构成了国家治理体系的全部内容。因此，社会治理是国家治理体系和治理能力现代化的一个重要方面。

---

① 胡锦涛在省部级主要领导干部社会管理及其创新专题研讨班开班式上发表重要讲话[OL]. http://www.most.gov.cn/jgdj/djyw/201103/t20110330_85718.htm[2018-11-05].

第二节　社会治理的相关理论

一、社会治理的学理分析

在第一节中，社会治理主要从政策层面进行分析，这里我们从学理层面进行审视。国际上并没有与社会治理严格相对应的学科，但非常接近的学科是社会政策学，即 social policy。将社会政策学与社会治理做一些比较，有助于我们对社会治理研究做更深层次的思考。

首先，两者相同或相近的一面如下。

一是研究对象都关注民生。社会政策学叫福祉，我们叫民生，可比性很强。前者的表述是"社会政策学研究的是人类福祉（wellbeing）所必需的社会关系以及能够增进福祉的体制……福祉关心的是人们活得好不好（how well people are）而不是做得好不好（how well they do）"（哈特利·迪安，2009）。我们的表述是"紧紧围绕更好地保障民生"。因此，两者都与民众日常生活相关。

二是研究内容都比较广泛。社会政策学将研究内容称为人类服务（human services），主要包括基础性人类服务，即医疗卫生和体育；维持收入和就业的服务；住房和环境服务；为弱势群体提供的照顾和保护服务（哈特利·迪安，2009）。社会治理关注的内容也包括收入分配制度改革、基本公共服务的均等化等。

三是研究方法都具有跨学科特点。因为涉及问题广泛，社会政策和社会治理都需要吸收及运用其他社会科学的研究方法与成果（哈特利·迪安，2009）。

其次，两者不同的一面如下。

一是学科体系的成熟度不同。社会政策学已经走过了一个世纪左右的历程，无论是在研究方法、内容还是在研究团队方面都比较成熟，而社会治理研究才刚刚开始，特别需要借鉴社会政策研究的相关成果。

二是研究内容侧重点不同。源于发达国家的社会政策学更多的是研究在既定治理结构和制度背景下如何提供良好的社会服务，而社会治理不仅要关注服务提供问题，还要更多地关注如何搭建良好的治理结构和制定有效的制度。此外，由于我们处于社会转型时期，社会矛盾积聚，建立有效的预防和化解矛盾体制更成为社会治理的重要内容。

二、社会治理的相关理论

由于社会问题的广泛性和复杂性，与社会治理相关的理论较多。它们之间或角度不同或相互冲突，但是似乎有一个共同的诉求，那就是如何解决发展中的社会问题？具体来说，如何解决资本主义发展或追求狭义国内生产总值（GDP）带来的一系列社会问题，如贫穷、疾病、肮脏、无知、失业①，如何阻止大规模的社会失序，如何使社会更均衡地发展，等等。我国经济社会发展呈现的问题更加复杂，有些具有我国或地区独特性，因而理论的选择需要考虑相关度和指导性的问题。

1. 国家-社会关系理论

十八届三中全会通过的《中共中央关于全面深化改革若干重大问题的决定》指出，要"正确处理政府和社会关系，加快实施政社分开"，因此政府与社会关系，即国家和社会关系（state-society relations）问题，不仅是一个需要研究的重大理论问题，更是一个具有紧迫性的实践问题。

传统的国家界定，即国家社会发展到一定阶段、阶级矛盾不可调和的产物，是凌驾于社会之上一个阶级压迫另一个阶级的机器，是使一切被支配的阶级受一个阶级控制的机器。政府机构及官员、军队、警察、监狱等是这部机器的核心组成部分。这部机器的最大特征就是统治阶级作为主权者，拥有合法垄断暴力使用的权力。

自从我国在十一届六中全会上明确宣布，剥削阶级作为阶级不再存在、党和国家工作的重点必须转移到以经济建设为中心的社会主义现代化上来，国家本身一直处于转型过程中，总的趋势是首先经济发展职能成为核心，随后强调经济和社会协调发展，提出科学发展观，明确建设有中国特色社会主义的框架，即六大建设，再到目前提出全面深化改革，完善社会主义基本制度，推进国家治理体系和能力的现代化，实现依法治国。国家职能转型轨迹昭示，我国的改革的确进入深水区，对国家和政府职能及权力结构、国家与社会关系做深入思考刻不容缓。

说起国家和社会，似乎既容易又不易，最简单的概念往往最不易说清。传统的国家概念的核心元素，即某一疆域内合法使用强制力的垄断实体并没

---

① 按照英国福利国家的设计者贝弗里奇的分析，社会政策旨在解决社会生活中的"五大恶"：贫穷、疾病、肮脏、无知、失业（岳经纶，2009）。

有过时。但是，如果将国家概念仅限于此，可能会影响我们对国家的认识。国家是指在固定疆域内合法使用垄断强制力的政治组织，这种强制力通过对疆域所有人都具有约束力的法律应用和国家意识得到实施及加强。现代国家成为直达疆域内每个居住者的权威组织，走过了相当长的历程。过去两个世纪国家能力仍在继续增强。在此背景下，无论是在国内层面还是在国际层面，都有从权威辐射边界角度将国家等同社会的看法。然而，国家绝不是社会的同义词。从根本上说，国家是有关权力的获取、使用和保护的政治形式，而社会是指所有基于共同文化背景的人类互动的模式化形式，包括政治互动，这些互动旨在增强人类之间的相互依赖。在英文中，社会（society）一词来源于印欧语 sek，是跟随的意思，由此派生出拉丁语 societas，意指伙伴、同事、联合、联盟，即共同、互利的追随者或共同理想的追随者。根据该词的拉丁起源，英文社会一词既可指集体性历史形成体，如中国社会、美国社会，也可指新成立的具有专业功能或互助功能的协会。因此，社会一词应用范围更广（Barrow，2008）。

从权力对应关系来看，人们经常使用的不是国家和社会的概念，而是国家和公民社会（市民社会）的概念。公民社会一词来源于拉丁语 civilis societas，指不是由国家组织的、独立活动和自愿结社的领域。从黑格尔（1982）开始，公民社会概念相对固定，指介于国家与个人和家庭之间的公共社会互动领域。近三十年来，公民社会不仅成为学界的关注焦点，更成为席卷全球的社会治理运动。一是公民社会组织呈现多样化，如志愿者协会、俱乐部、社区组织、慈善组织、互助协会等（Pfaffenberger，2008），近十年引人注目的组织形式是社会企业；二是各种形式的非政府组织提供的服务和对社会问题的解决是社会自我治理的重要形式，成为政府社会治理的重要补充；三是创办社会企业成为英美大学生就业的一种选择；四是投身公民社会组织成为公民个人超越个人自利范围，寻求更有意义和价值生活的一种生活方式；五是成为衡量社会充满活力的重要标志（Pfaffenberger，2008）；六是被视为社会资本和互惠信任成长的一个重要源泉（Kenny，2007）。

从国家和公民社会概念演变至今的历史来看，至少有几点值得注意：一是现代国家形成模式呈现多样性。例如，有基于种族、宗教原因由原国家分立而成，也有脱离殖民帝国统治而成。二是无论是发达国家还是发展中国家，国家职能整体上依然呈现增长趋势。三是国家作为合法使用垄断强制力的实体没有变化。四是国家的主权不断受到超国家的国际组织或区域组织的挑战与分割，如联合国、世界卫生组织、欧盟等。五是必要的政府集权是国家强大稳定和繁荣的保障。政府集权是指将全国性的内政、军事和外交事务的领导权集中到中央政府或联邦政府的做法。在政府集权下，国家就像一个单独的人行动，它可以把广大的群众鼓动起来，将自己的权力集结和投放在它想指向的地方。六是政府能力的成长必然伴随着对政府权力的约束，以使政府权力和能力对公共利益的危害降至最低，于是法治提上议事日程。七是行政分权和社会分权不仅成为必要，更成为趋势。国家面临社会事务呈现复杂性、多样性和动态性的特征，仅靠政府，难以支撑，仅靠中央政府，更难以支撑。于是，政府内部分权及政府和社会之间分权成为必然。前者称为行政分权，即地方性事务原则上应交由地方政府办理。后者称为社会分权，即一些社会问题的处理和社会服务的提供可以全部或部分交由非政府的社会组织去办理。

2. 社会化理论

社会化是人类学、社会学、政治学、心理学等多学科关注的概念，角度各有侧重。例如，社会学更多关注的是社会化发生的机构群体，人类学则集中于更大文化背景下的社会过程。这里的社会化是指人们为了在社会中生活而经历的学习文化、明确角色、熟知规范的过程。文化的社会化包括语言学习、信仰灌输和了解人们生活于其中的文化结构。角色的社会化包括为个人在其文化中可能遇到的不同情形下如何行动提供结构性认知和指引。规范的社会化是指学习某一社会中被期待的和恰当的行为，以更好地与别人互动。社会化是一个人从生物性存在转化成社会性存在的过程。在人与社会环境互动的社会化过程中，社会正面因素和负面因素都会有所体现。良好的社会化就是要让社会环境的正能量能更有效地释放和发挥影响[1]。

社会化对任何社会的有效运行都是重要的。对于身处知识时代、信息时代、急剧变迁时代的人而言，社会化的过程伴随人的一生。但是，孩提时代的社会化特别重要，此时正是孩子人格形成时期。孩子通过社会化学习对其一生都会产生影响的语言和文化基本元素。社会化的研究者认为，在孩子社会化过程中，存在以下几个至关重要的主体。

一是家庭。家庭作为整体在社会化过程中扮演着非常重要的角色。家庭

---

① 关于社会化，参见 Hoy（2008）和 Rose（2003）。

是为孩子准备的第一个社会结构，孩子的大部分行为正是在这样的空间内完成了认知、观察、模仿和发展。作为孩子最初的照护者——母亲和父亲及其社交圈对孩子习惯和人格的培养影响很大。

二是学校。在义务教育作为公共服务越来越普及的今天，学校对每个人知识的获取、思维方式的改变、行为规范的塑造，进而对一个国家未来的国家能力，都具有至关重要的影响。学校教育"不仅是传承文化的过程，也是提供一种关于世界的另样看法并强化学生对此进行探索的愿望的过程。"（杰拉姆·布鲁纳，2009）

三是政府。政府发挥的影响广泛而全面，它可通过营造一种文化范围让所有人尤其学校受到影响；它可通过带有强制力的规定，如决定什么能学，什么不能学，进而潜移默化地告知所有孩子，什么事情是可接受的，什么事情是不可接受的。同样，它还可通过法律影响家庭，明确哪些行为是父母不能对孩子做的，如瑞典等九个欧洲国家 1979 年就明确规定对孩子进行体罚是非法的。

四是国际组织。国际组织的影响也呈现上升趋势，如联合国 1966 年通过、1976 年生效的《经济、社会和文化权利国际公约》和 1989 年通过的《儿童权利公约》。这两个公约规定了儿童权利的思想原则，即非歧视原则，儿童的最大利益原则，生命、存活和发展权原则，尊重儿童意见原则。上述公约对所有签约国都有法律效力（黄金荣，2011）。

除上述主体之外，媒体和宗教组织的作用也不可低估。

第三节　社会治理的架构

基于治理概念和相关理论的分析，本书认为，社会治理的终极目标是增进国家和地方人民的福祉，让人们生活得更好，其核心理念是坚持政府社会治理和社会自我治理相结合。它侧重从社会关系、社会结构和制度层面去思考如何实现"统筹社会力量、平衡社会利益、调节社会关系、规范社会行为"这样的目标。首都社会治理是国家社会治理的重要组成部分，自然要遵循国家相关的战略、法律、法规和政策。首都作为一个国家性的概念和独特的区域，其社会治理应该有独特的立足点、原则和架构。

一、首都社会治理原则

1. 首都功能原则

首都功能是首都社会治理的立足点。首都功能可称为"五都四中心"，五都即国际活动聚集之都、世界高端企业总部聚集之都、世界高端人才聚集之都、中国特色社会主义先进文化之都、和谐宜居之都；四中心即全国政治中心、文化中心、国际交往中心、科技创新中心。

2. 中央地方共治原则

首都的功能决定了首都社会治理应体现中央和地方共治原则。其实这也是国际通行惯例。这就需要从理念、法治、体制、机制上进行系统考虑。

3. 政府和社会合作原则

与其他地方不同的是，首都面临的社会问题往往是国家问题和地方问题的交织，党和政府的强势地位固然必需，但社会多元主体和公众的参与同样不可忽视。

4. 正式法制和非正式法制相结合的法治原则

依法治国是社会治理的根本要求。首都作为首善之区应成为国家法治先行示范区，不仅要重视正式法制下的法治建设，更要重视非正式法制下的法治建设。应引导、鼓励社会多元主体在国家法律法规许可的范围内，结合自身的情况制定细致且可操作性强的行为规范准则、事务连续性管理标准、社会责任标准等，将政治法治化和生活法治化结合起来。

5. 京津冀协同治理原则

在惠民生、强服务、保安全、促稳定四大方面，按照京津冀协同发展规划的要求，创新和构建跨域性的治理体制及机制。

二、首都社会治理架构

综合学理和政策考虑，本书提出创新首都社会治理的"两大方向"和"六大板块"（图 1-1）。"两大方向"是指，一方面，要改进并创新党委领导和政府主导的社会治理体系；另一方面，要依法构建多元主体参与的社会自我治理体系。"六大板块"是指，党委领导和政府主导板块、家庭的基础主体板块、学校的基础主体板块、企业的商业主体板块、社会组织的社会板块、社区的生活居住板块。

图 1-1　首都社会治理架构

第二章
现阶段首都经济和社会总体特征
及社会治理面临的挑战

首都治理是国家治理体系和治理能力现代化的重要内容。首都北京市在推动科学发展、加快转变经济发展方式等方面取得了显著的成就，但是长期快速发展积累起来的矛盾和问题也更加突出，如人口膨胀、交通拥堵、空气污染、房价高涨等一系列"大城市病"凸显。研究首都的社会治理，首先要准确把握特定时期内首都经济社会发展的总体特征，只有立足现实，并且明确未来的发展方向后，才能有针对性地解决问题。明确现阶段首都经济和社会总体特征，对分析研究首都社会治理具有重大意义，也是实现首都社会治理创新的根本出发点。

第一节　首都社会建设成就显著

北京市作为首都，高度重视社会建设，在全国率先成立了专门负责社会建设的职能部门，着力在制度建设和制度创新上下功夫，取得了一系列显著成就。例如，社会保障制度率先实现城乡一体化，公共服务水平进一步提升；社会管理体制改革走在全国前列，形成了社会组织"枢纽型"工作体系和社会建设政策体系框架；和谐社会建设取得明显成效，社会动员机制不断完善，志愿服务世人称赞，群防群治成果显著，首都社会保持和谐稳定。

一、社会保障制度率先实现城乡一体化，公共服务水平进一步提升

率先实现养老、医疗保险制度城乡全覆盖，职工基本养老保险制度和居民基本养老保险制度实现城乡一体化，建立城镇居民基本医疗保险、新型农村合作医疗、"一老一小"大病统筹等医疗保障制度。实施"大民政"工作思路，社会福利由补缺型向适度普惠型发展，以最低生活保障制度为基础、专项救助制度相应配套、临时救助和社会互助为补充的城乡救助体系基本形成，以居家为基础、社区为依托、服务机构为支撑的新型养老助残服务格局基本形成。普惠加特惠的残疾人社会保障和服务体系制度框架初步建立。城乡老年人同等享受老年优待、高龄津贴、居家养老（助残）券、老年医疗补助、无保障老年居民福利养老金等待遇。重点优抚对象抚恤补助和义务兵优待金实现城乡同标准、全覆盖。大力实施保障性安居工程，解决了中低收入家庭的住房困难。

公共服务体系日趋完善，基础教育、医疗卫生、文化体育、公共安全等服务资源人均拥有量和保障水平全国领先，有些指标接近或达到发达国家平均水平。教育投入持续增长，基本公共教育服务均等化水平进一步提高，城乡教育差距显著缩小。来京务工人员随迁子女接受义务教育得到切实保障，教育普及程度基本达到发达国家平均水平。卫生事业取得新突破，广泛开展全民健康促进行动，全面提升居民健康素质。公共卫生体系不断完善，公共卫生突发事件处置、应急救治和大型活动保障能力显著提高。居民主要健康指标达到发达国家水平。文化设施建设成效显著，文化服务功能明显增强，市、区、街道（乡镇）、社区（村）四级公共文化设施服务网络基本形成。全民健身活动蓬勃开展，体育生活化社区建设初见成效，城乡居民经常参加体育锻炼的人数比例达到国际化城市水平。基层基本公共服务设施建设加快推进，城市社区党组织、社区居民委员会、社区服务站实现全覆盖。

二、社会管理体制改革走在全国前列

市、区成立社会建设工作领导小组，设立社会建设工作机构，形成党委领导、政府负责、社会协同、公众参与的社会管理格局，先后认定四批共 36 家"枢纽型"社会组织，形成社会组织"枢纽型"工作体系。规模以上非公有制企业全部建立党组织，全市共有 1297 座商务楼宇基本实现了党建工作站、社会服务站、工会工作站、共青团工作站、妇联工作站"五站合一"全覆盖，组建了 2370 个党组织（含 127 个商务楼宇党组织），覆盖了 4.9 万余名党员、7.4 万多个"两新"组织、93 万余名从业人员（邓凯等，2017）。先后出台了《北京市加强社会建设实施纲要》、《北京市社会服务管理创新行动方案》、《中共北京市委关于加强和创新社会管理全面推进社会建设的意见》和《北京市"十三五"时期社会治理规划》等一系列文件，实施居家养老（助残）服务"九养政策"等 20 多项惠民政策，建立社会建设专项资金，加快推进政府购买社会组织服务，初步形成社会建设政策体系框架。

三、和谐社会建设取得明显成效

社会动员机制不断完善，志愿服务世人称赞，群防群治成果显著。加快推进社区工作者专业化、职业化和志愿服务经常化、科学化，大力培育发展社会组织，加强和创新非公有制经济组织服务管理，社会协同、公众参与的局面初步形成。大力开展和谐社区、和谐村镇创建活动，和谐社区示范单位建设成效明显。不断扩大各类人群服务管理覆盖面，着力加强流动人口和特定人群服务管理，加快推进"温馨家园"、"新居民互助服务站"和"阳光中途之家"建设步伐，完善和推广劳动纠纷调解"六方联动"机制、"人民调解进派出所"和"信访代理制"等，不断完善群众利益协调机制、群众权益保障机制、社会矛盾调处机制和社会稳定风险评估机制。不断完善社会治安防控体系，切实加强食品药品安全监管工作，进一步健全应急管理体制机制，公共安全保障能力显著提升，首都社会保持和谐稳定。

第二节 现阶段首都经济社会总体特征：三大转变

首都从社会管理向社会治理的转型，与经济社会的发展和转型密切相关。当前，首都经济和社会总体特征可以概括为三大转变。一是经济结构从粗放和高端产业混合型向高精尖产业主导型转变；二是社会生活水平从经济型小康社会向生活品质优质的发达社会转变；三是区域发展战略从"现代大都市"向"京津冀特大城市群"转变。

"三大转变"给首都社会治理提出了新的课题：一是产业转型和首都功能的疏解会涉及相当数量人口的转移，需要建立区域性协同治理机制，提供良好的人口有序流动和安置氛围，化解可能引发的矛盾和纠纷，促进区域基本公共服务的均等化，确保首都的社会稳定；二是应首都社会转型要求，如何创新公共服务的供给方式，使首都公共服务更趋优质化、差异化和国际化。当前阶段，北京市将继续迈向东西方文化交汇、多元文化共融、传统与现代交相辉映的世界文化中心，具备强大的高端要素聚集能力、科技研发能力和良好高技术创业环境的、世界级的高技术中心，生产清洁、生活低碳、环境优美、资源高效利用的绿色现代化世界城市。

一、产业升级：从粗放和高端产业混合型向高精尖产业主导型转变

从产业结构来看，北京市创新驱动的成效显著。2017年，北京市全社会研发经费支出占地区生产总值的6%左右，居全国首位；万人发明专利拥有量94.5件，是全国平均水平的9.6倍；技术合同成交额4485亿元，同比增长13.8%，在全国占比33.4%；中关村示范区总收入超过5万亿元，保持11%的增速；北京市综合科技创新水平位列全国省区市首位[1]。三次产业结构调整为0.5∶19.3∶80.2（北京市统计局和国家统计局北京调查总队，2017），第三产业比重持续增长。服务业中，金融业、批发零售业、信息服务业、商务服务业、科技服务业比重较高，共计占地区生产总值的54%[1]。尽管北京市的经济产业结构已经大大优于全国水平，相对高端的生产性服务业已占地区生产总值的50%以上。但是产业"大而全"的特征较为明显。一些传统的高耗能、高污染制造业虽然规模不大，但是消耗着北京市处于"紧平衡"状态的资源，少数低端产业就业以外来人口为主，聚人多、占地多、易拥堵，吸引着大量的流动人口，加重了资源和环境承载的压力。虽然近几年北京市

---

① 以习近平新时代中国特色社会主义思想为指引 更加奋发有为推进科技创新中心建设 迈向新征程（2018 年全国科技创新中心建设工作会议报告）[OL]. http://kw.beijing.gov.cn/art/2018/2/6/art_981_43289.html [2018-09-28].

产业转移升级有序进行，但由于粗放产业类型广、涉及人群较多，转移升级难度较大。因此，北京市还需要进一步优化产业结构，实现粗放和高端混合的产业结构向打造高精尖产业聚集地的方向迈进。

北京市的战略地位不提经济中心，并不是要放弃经济发展和产业发展，而是要放弃发展"大而全"的经济体系，腾笼换鸟，构建"高精尖"的经济结构，使经济发展服务于城市战略定位。利用要素禀赋比较优势，有利于提高首都经济竞争力、影响力和辐射力，拓展区域产业合作和发展空间。缓解首都人口资源环境矛盾，也需要充分考虑环境容量和资源承载能力，从产业源头上做出调整，解决城市功能过多的问题。

对于北京市产业结构的深化调整和升级，要突出高端化、服务化、集聚化、融合化、低碳化，形成高端引领、创新驱动、绿色低碳的产业发展模式。要把一般性产业，特别是带有污染性质的产业清理出去，坚决退出高消耗、重污染产业，疏解区域性物流基地、区域性专业市场等部分第三产业。结合功能疏解，集中力量打造城市副中心，做强新城核心产业功能区，做优新城公共服务中心区，构建功能清晰、分工合理、主副结合的格局。

二、生活宜居：从经济型小康社会向生活品质优质的发达社会转变

在经济社会快速发展的同时，北京市也出现了特大城市发展的典型问题。

一方面，人口增加过快难以控制，构成了首都社会治理面临的首要问题。根据 2005 年 1 月 12 日国务院常务会议讨论并原则通过的《北京城市总体规划（2004 年—2020 年）》，到 2020 年，北京市的常住人口控制目标是 1800 万人。截至 2017 年末，北京市常住人口为 2170.7 万人[①]，首次出现人口负增长现象，比 2016 年末减少 2.2 万人（北京市统计局和国家统计局北京调查总队，2017），但距离 1800 万人的目标仍相差较大，人口无序增长导致城市不堪重负。

另一方面，交通拥堵和大气污染大大降低了居民的生活品质。2012～2017 年，北京市私人汽车保有量呈不断上升趋势（图 2-1），北京市拥堵程度进一步加剧。2015 年，平均每天中心城区约有 2742 万人次搭乘各种交通工具出行，工作日平均每天堵车约 3 个小时，比 2013 年增加了近 1 个小时（刘冕，2016）。交通拥堵对人们的生活工作造成了消极影响。

---

① 全市年末常住人口[OL]. http://edu.bjstats.gov.cn/tjsj/yjdsj/rk/2018/index.html[2018-09-28].

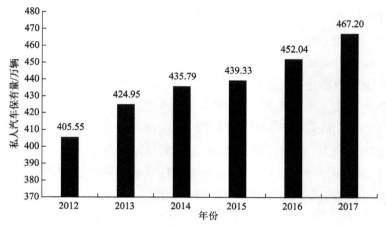

图 2-1　2012～2017 年北京市私人汽车保有量[①]

同时，虽然在 2013～2017 年，北京市空气质量持续改善，但北京市空气质量状况仍不令人满意。以 2017 年为例，北京市空气质量达标天数，即优良天数为 226 天，比 2013 年增加 50 天；全市细颗粒物 $PM_{2.5}$ 年平均浓度值为 58 微克/米^3，比上年下降 20.5%；二氧化硫年平均浓度值为 8 微克/米^3，比上年下降 20%，达到国家标准；二氧化氮年平均浓度值为 46 微克/米^3，比上年下降 4.2%；可吸入颗粒物 PM_{10} 年平均浓度值为 84 微克/米^3，比上年下降 8.7%。但 2017 年，北京市空气质量优良天数仍然远少于 2011 年，全市 $PM_{2.5}$ 年平均浓度值仍然超过国家标准 0.66 倍，二氧化氮年平均浓度值超过国家标准 0.15 倍，可吸入颗粒物 PM_{10} 年平均浓度值超过国家标准 0.2 倍，空气质量仍有较大的改善空间（北京市统计局和国家统计局北京调查总队，2018）。

随着经济体制改革不断深入，社会结构深刻变化，新经济组织、新社会组织快速发展，各类各阶层社会成员的需求日益多样化，居民幸福指数受到普遍关注，社会服务管理面临诸多难题。急剧增加的流动人口引发的流动人口服务管理问题，人口老龄化催生的养老服务压力，北京市作为国家政治、文化和对外交往中心对重点人群及外籍人士的服务管理，以及人均 GDP 超过 11.82 万元后人民群众对美好生活的新期待等，都对进一步完善社会服务管理体系提出了新要求。当前公共服务不均衡、不配套的现象还比较严重，社会服务管理主体单一、责任不清、层次不明等问题还比较突出，就业、住房、

---

① 2012～2016 年数据源自中华人民共和国国家统计局国家数据库（http://data.stats.gov.cn）；2017 年数据源自北京市统计局和国家统计局北京调查总队（2018）。

教育、医疗、社会保障等领域仍受总体供需矛盾和内部结构性矛盾的双重制约。因此，当前阶段，首都发展的一个主要任务是建设和谐宜居城市，通过借鉴国外城市建设的有益经验，加快建立城乡一体化的社会保障体系，进一步提高公共服务的质量和水平，不断加强和创新社会治理，提高生活性服务业品质，努力把北京市建设成为国际一流的和谐宜居之都。

三、区域协同：从"现代大都市"向"京津冀特大城市群"转变

北京市的问题，表面上是人口过多带来的，深层次上是功能太多带来的。从国际经验来看，城市功能并非多多益善。而疏解北京市非核心功能的根本出路是推动京津冀协同发展、一体化发展。过去，北京市作为国家的首都，城市职能定位是"四个服务"，即为党政机关服务、为扩大的国际交往服务、为科教文卫的发展服务、为首都市民的生活服务。这种思维在一定程度上忽视了北京市与周边地区的协同发展，限制了北京市的发展空间。河北省在教育、医疗、社会保障等公共服务方面与北京市形成了巨大的政策落差，虹吸效应长期存在，人才、技术、资金等优质要素越来越在北京市聚集，而难以向外扩散。北京市与周边地区的交通建设存在"衔而不通、通而不捷、捷而不惠"的现象。社会事业和公共服务的主要机构、重大项目和经费安排都是属地化管理，缺乏高层次、高效率统筹机制，不但做不到"一盘棋谋划"和"一张图规划"，反而会不断强化"一亩三分地"的思维。

根据世界城市的发展经验，伦敦、纽约、东京、巴黎周边都形成了庞大的城市群或城市带。这些世界级大都市也是世界级超大规模城市群的所在地，很难想象周边还存在集中连片的贫困带。因此，今后，首都发展必须以区域协同的视角来考虑社会治理的问题，将北京市的战略规划与国家对京津冀协同发展的部署相统一，着力配合环首都经济带和京津冀城市群的建设及发展，既带动周边地区发展，又通过周边城市在资源、能源、环境方面的合作和支持共同实现首都经济圈的战略性发展。

第三节　社会治理态势分析

一、优势

首都社会治理的优势可以概括为政治地位高、经济实力强、公共服务综

合水平高、中央支持力度大。

1. 政治地位高

北京市一直备受国内外关注。作为首都，北京市是伟大祖国的象征和形象，是全国各族人民向往的地方；作为世界著名古都、历史文化名城，北京市是向全世界展示中国的首要窗口；作为特大型现代化大都市，北京市对京津冀和环渤海地区的发展有巨大的带动作用，影响力远远超出区域和国界的限制，辐射整个东北亚。这种政治地位培养了北京市强大的政治动员能力，各种国家级政治性会议、国际交流活动使首都市民具有较高的政治素养，以及对公共事务参与的高涨热情和对志愿服务的奉献精神。

2. 经济实力强

2017 年，北京市地区生产总值达到 2.8 万亿元，按常住人口计算，人均地区生产总值达到 12.9 万元，已经达到了高收入国家和地区水平。城镇居民人均可支配收入达到 62 406 元，比 2016 年增长 9.0%；农村居民人均纯收入达到 24 240 元，实际增长 8.7%。2017 年全市服务贸易实现进出口 9688 亿元，同比增长 10.1%，占全国服务贸易进出口的 20.6%，服务贸易平稳增长。2017 年全市服务业实现增加值 22 569.3 亿元，比 2016 年增长 7.3%，占 GDP 比重达 80.6%，比试点前提高 2.7 个百分点，拉动经济增长作用凸显（北京市统计局和国家统计局北京调查总队，2018）。良好的经济基础和巨大的发展潜力使北京市政府能把更多的精力及更大的财力投入到社会治理中，为社会治理目标的实现提供施展的空间。

3. 公共服务综合水平高

北京市社会发展综合水平位居全国前列，一些指标已经接近高收入国家水平。北京市的基本社会公共服务初步普及，社会公共服务体系基本形成。教育、卫生、公共文化资源非常丰富。同时，北京市的社会福利水平不断提高，社会化养老服务体系初步形成。公共服务向着标准化、均等化的方向持续改进。高水平的公共服务体系意味着北京市社会治理的全面提升。

4. 中央支持力度大

不断发展的北京市面临着许多令人揪心的问题，如人口过多、交通拥堵、生态环境有待改善等。治理日益严重的"大城市病"，防止社会矛盾的积聚，只有坚定不移地改革创新，突破一城一地的局限，以开放包容的心态，加强与周边区域的合作，赢得可持续的发展空间。由中央主导的治理北京市日益严重的"大城市病"的决心大、力度大，为首都社会治理创新提供了有力的国家支撑。

二、劣势

1. 人口增长过快，疏解转移难度巨大

人口流动是资源流向的最突出表现。户籍管理缺乏统筹成为北京市人口调控的一大制约因素。中央、军队和北京市属三大系统共 26 个单位拥有进京户口审批权限，有些审批条件长期没有调整，已经不适应严格控制人口规模的要求。

人口机械增长主要受社会因素影响，一般来说，经济发达的地区增长速度快，而经济落后的地区增长速度较慢，甚至是负增长。按目前的发展情况看，当前阶段，北京市控制新增人口的压力依然非常大。2016 年，北京市常住人口达到 2172.9 万人。分功能区来看，城市功能拓展区人口最多，达到 1033.8 万人，占比为 47.6%；分行政区来看，朝阳区的人口最多，常住人口为 385.6 万人，海淀区位居第二。但从常住人口密度来看，核心区人口最稠密，每平方公里超过 2 万人，西城区为 24 916 人/公里^2，东城区为 20 975 人/公里^2（北京市统计局和国家统计局北京调查总队，2017）。可见，北京市中心城对人口有相当大的吸引力。

此外，随着各领域改革的不断推进，社会的流动性和开放性显著增强，随着机关和企事业单位承担的社会管理功能更多地社会化，人和单位的关系慢慢减弱，单位的社会职能逐渐剥离，越来越多的"单位人"成为"社会人"，人的社会需求也呈现出多层次、多元化的特点。过去，没有北京市户口在北京市是无法生存的，生活得不到保障。目前，北京市流动人口数量众多，"蚁族"和"北漂"等特殊群体大量集聚，部分外来人口长期不能融入城市，城乡接合部治安隐患突出，给首都城市管理和社会治理带来巨大压力。

2. 资源对外依存度高，生态环境保护形势严峻

一是水资源严重缺乏。随着京津冀都市圈人口高度集中，用水量急剧增加，水资源供需矛盾和水事纠纷日趋突出，水资源紧缺及其造成的生态环境恶化已成为制约京津冀经济和社会可持续发展的重要因素。2016 年，北京市

人均水资源为 161.4 立方米，只占全国平均水平的 6.7%，低于国际公认的严重缺水警戒线（500 立方米）（北京市统计局和国家统计局北京调查总队，2017）。

二是能源消耗总量巨大，对外依存度高。北京市的能源消耗远远大于能源生产，如 2016 年北京市能源消耗总量达到 6961.7 万吨标准煤，但一次能源和二次能源生产总量仅为 3727.3 万吨标准煤。北京市电力来源以外调电为主，电力自给率仅为 58% 左右，且逐渐下降（北京市统计局和国家统计局北京调查总队，2017）。北京市没有天然气的自供给能力，全部依赖外部区域的输入。

三是污染严重，生态脆弱。目前北京市河道水环境依然较差，无水河段比例较高，河道水质不达标比例高，河道水质污染严重，主要湖泊普遍存在水质污染和富营养化的问题。2018 年 7 月，仅有 45.2% 的天数空气质量达到优良，全市细颗粒物 $PM_{2.5}$ 平均浓度值为 50 微克/米^3，位列全国第 168 位；二氧化氮平均浓度值为 26 微克/米^3，位列全国第 124 位；可吸入颗粒物 PM_{10} 年平均浓度值为 53 微克/米^3，位列全国第 108 位。总体而言，北京市在全国空气质量排名中名列第 157 位（共 169 位）[1]。

3. 公共服务（基础设施）吸引力强，负载过大

一是城市公共交通体系压力过大。公共交通已经成为广大北京市民的主体出行方式。2017 年，地铁客运量达到 38 亿人次[2]，地铁每天客流 1000 万人次已是常态[3]，处于全球第一。其中，短距离出行占比较高，75% 的线路高峰小时满载率超过 100%，10 条线路的 54 座车站在工作日早、晚高峰都要采取限流措施[4]，站内、车内环境拥挤，安全风险进一步增加。而地面公交年客运量总体呈下降趋势，轨道交通占公共交通出行的比例达一半以上，但轨道交通与地面交通换乘不便，接驳能力仍然较差。

二是优质教育资源集中，进而导致人口过度集聚。目前，全国"211"重点大学中，24 所在北京市，超过总数的 1/5。北京地区的教育公共服务水平

---

[1] 2018 年 7 月全国城市空气质量报告[OL]. http://www.mee.gov.cn/hjzl/dqhj/cskqzlzkyb/201809/P020180905326235405574.pdf[2018-07-30].

[2] 北京轨道交通年客运量达 38 亿人次 将推进 10 条线路建设[OL]. http://rail-metro.com/index.php?c=content&a=show&id=12085[2018-10-14].

[3] 京地铁客流连续两周刷新纪录 千万客流已成常态[OL]. http://news.cnr.cn/native/gd/20160327/t20160327_521721027.shtml[2018-10-14].

[4] 北京地铁线七成高峰满载率超 100% 54 站常态限流[OL]. http://www.chinanews.com/sh/2014/07-08/6363455.shtml[2018-10-14].

也远远高于周边地区：北京市学前三年毛入园率达到 95%，义务教育毛入学率保持在 100%以上，高中阶段教育毛入学率达到 99%，高等教育毛入学率达到 60%，高考录取率连续多年保持在 80%以上，主要劳动年龄人口中受过高等教育的比例达到 40%，新增劳动力平均受教育年限达到 15 年，从业人员继续教育年参与率达到 60%①。如此优质的教育资源和高水平的教育公共服务使得人口不断向北京市聚集，增加了北京市人口疏解转移的难度。

三是北京市优质医疗资源主要集中在中心城区即五环内，吸引了大量外来就医人员。复旦大学医院管理研究所《2016 年度中国医院排行榜》显示，中国排名前 10 的医院中 3 家在北京市；《2016 年度中国医院专科声誉排行榜》中北京市的医院也名列前茅，如神经内科专科声誉排行榜前 5 的医院中有 3 家在北京市。这些优质资源的过度集中吸引了大量的外来就医人员，加大了北京市的城市承载压力，特别是中心城区的交通压力，加剧了首都社会治理的难题。北京市外来就医人员占据相当高的比例。2017 年，全市医疗机构（含诊所、医务室和村卫生室，以及驻京部队医疗机构）总数为 10 834 个，卫生工作人数为 346 255 人，诊疗人次数达 23 884.4 万人次，其中外来就医形成的流动人口日均约 70 万人（按就诊人员与陪护人员 1∶1.5 测算），占北京市流动人口的 8%②。随着医疗保障水平的提升和医疗服务需求的不断增长，今后相当长一段时期，外来就医人员仍将持续增加。

4. 社会治理行政色彩浓厚，社会力量弱，多元主体参与难度大

政府在社会管理中处于主导地位，是现代国家的通例。在中国，尤其是在首都北京市，政府等级色彩强，行政配置资源力量大。这一方面表现为，北京市各类社会组织过度"行政化"，缺乏自主性；另一方面表现为，居民委员会的行政色彩越来越浓。因此，面对各种社会新问题的不断涌现，政府承担的责任过大，职能过重，事情越干越多，难找社会组织帮手。

5. 首都社会治理关系复杂，政府治理体制机制创新和改革难度大

首都社会治理涉及领域广泛，事务复杂，部门众多，常常出现"一个部门管不了，多个部门管不好"的问题。构建分工明晰、协调有力的体制和机

---

① 北京市十三五时期教育改革和发展规划（2016—2020 年）[OL]. http://www.csdp.edu.cn/article/2074.html[2018-10-14].

② 根据北京市统计局官方网站（http://edu.bjstats.gov.cn/tjsj/）数据整理而得。

制是首都社会治理创新必须解决的问题。一是中央政府和北京市政府的协调体制机制如何与时俱进及进一步制度化；二是北京市与天津市、河北省周边省市政府的跨域治理体制和机制有待构建；三是北京市政府内部治理结构和政府与社会之间的分工及合作关系也需要进一步理顺。

三、机遇

一是京津冀协同发展得到前所未有的重视，并且在诸多领域取得了突破性的进展。京津冀区域是我国最重要的政治、经济、文化与科技中心，其地域相连，文化相近，具有地域的完整性和人文亲缘性，已成为我国北方最大的都市经济区和建设创新型国家的重要支撑区域，是我国参与全球竞争和率先实现现代化的全球城市区域。

二是国家治理体系和治理能力现代化为社会治理改革创新提供了良好的社会氛围。越来越多的人开始关注首都的社会问题，希望通过更全面和宏观的顶层设计来统筹解决社会治理的问题。政府治理能力的全面提升也能进一步为社会治理消除制度性障碍。十八届三中全会明确提出要"使市场在资源配置中起决定性作用"。在社会治理层面，市场的决定性作用意味着政府与社会的关系将发生进一步的改变，从管理到治理，意味着淡化行政等级色彩。政府要把该管的事情管好管住，重点是创造良好的发展环境，而不是自己去当"运动员"。以政府为主导构建的多元治理体系，要求政府逐步从直接地提供公共服务中解脱出来，调动社会力量和主体的积极性，与家庭、学校、企业、社会组织、基层社区等主体在社会治理架构下，合作共治，实现治理目标。

三是法治社会、法治国家建设为社会治理创新提供了新的路径和标准。全面推进依法治国是一个系统工程，是国家治理领域的一场广泛而深刻的革命。国家和社会治理需要法律及道德共同发挥作用。必须坚持一手抓法治、一手抓德治，大力弘扬社会主义核心价值观和中华传统美德，培育社会公德、职业道德、家庭美德、个人品德，既重视发挥法律的规范作用，又重视发挥道德的教化作用，以法治体现道德理念，强化法律对道德建设的促进作用，以道德滋养法治精神，强化道德对法治文化的支撑作用，实现法律和道德相辅相成、法治和德治相得益彰。

四、挑战

1. 内部挑战

随着整体收入水平的不断提高，人民生活的需求将更加多样化，民众社会权益意识将进一步增强，因此对政府管理提出了更高要求。社会结构更加多元化，群体利益和矛盾更加复杂化，不安定因素增加，社会安全面临极大的挑战。收入分配两极分化的趋势不容乐观，随着人对公平诉求的提高，矛盾更容易激化，社会稳定形势更加严峻。高房价仍然偏离合理的区间，持续影响百姓安居，是诱发社会矛盾的潜在危险因素。城市非户籍人口群体日益庞大带来的非户籍常住人口的市民化待遇问题，人口老龄化加速带来的老龄社会的服务和管理问题，以及弱势群体的扶助问题等都迫切需要解决。维护首都安全的任务十分艰巨。

一是社会治理任务繁重，社会有效参与不足。目前，北京市有70%以上的人群和组织处在传统体制之外，组织体系相对松散，组织概念相对淡化，而党的组织和党的工作还没有实现对所有人群及组织的有效覆盖。要把众多社会成员的行为纳入一个规范框架中，把庞大且种类繁多的社会活动治理得秩序井然，首都社会治理的任务异常繁重。这就要求激发社会活力，动员全体社会成员参与。但是当前社会参与还明显不足，社区发育还不够完善，居民自治能力还有欠缺；社会组织活力相对不足，服务社会能力相对有限；企业社会责任不清，作用发挥不明显；公民参与渠道不够通畅，参与程度不高。这些需要深化社会体制改革，扩大社会参与，从而充分发挥各类社会主体在社会建设中的协同、自治、自律、互律作用。

二是社会矛盾凸显，矛盾化解机制不健全。随着现代化建设和改革开放的不断深入，首都正处于经济转轨和社会转型的关键时期，征地拆迁、环境污染、劳资纠纷、就业安置、特殊群体利益诉求等产生的社会矛盾大量出现，阶层分化、利益博弈、群体冲突等矛盾加剧。而化解矛盾纠纷的综合调处机制尚未建立，工作机制僵化滞后，适应新形势调解各种新矛盾、新问题的办法不多。基层干部引导群众通过法律途径解决矛盾和问题，依法调处矛盾纠纷的能力水平有待提升，"信访不信法"和"重维稳轻维权"的问题比较突出。社会组织化解社会矛盾纠纷力量薄弱，社会专业力量参与调解工作机制尚未建立，作用发挥非常有限。

三是公共安全问题多发，公共安全体系不完善。面对食品药品、安全生产、社会治安、突发事件等公共安全问题多发频发的新态势，人民群众的生命、健康、财产面临着传统、非传统公共安全事故的多重挑战，消除公共安全隐患、增强人民群众安全感成为提高人民群众幸福指数的一个重要方面，也成为推动科学发展、维护社会稳定的一个基本条件。适应公共安全形势变化的新特点，亟待加强预知、预警、预防、应急处置能力建设，完善和规范安全技术防范工作，广泛开展平安创建活动，加强公共安全设施建设，推动建立主动防控与应急处置相结合、传统方法与现代手段相结合的公共安全体系。

2. 外部挑战

从京津冀协同角度来看，人口、产业及公共服务需求外溢难度大，主要体现在：交通设施"衔而不通、通而不捷、捷而不惠"；教育、医疗、养老等公共服务设施分布不均，利用率不高；资源和服务供给与需求脱节；周边生活设施配套不完善；信息共享机制缺失，互联互通难以实现；跨域统筹不够，协同发展层次尚浅。

总之，首都社会治理目标明确，但任务艰巨，主要问题是治理能力与治理需求之间的矛盾。要实现首都社会治理的善治，必须要从两方面入手。一方面，要构建多元主体共同发力的治理模式；另一方面，要提高政府自身的治理能力。

首都社会治理创新的态势分析如图 2-2 所示。

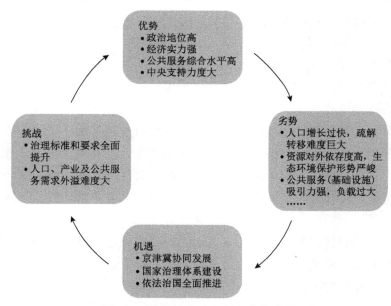

图 2-2　首都社会治理创新态势分析

第二部分　主　体　篇

3 | 第三章
党和政府与社会治理

在首都社会治理中，党和政府一直发挥着决定性的作用，并且党和政府扮演的角色也在不断发生改变。"十三五"时期以来，北京市党和政府在社会治理中逐渐由过去单纯的"管理者"角色向"领导者、示范者、执行者、维护者"角色转变，党组织、政府机构、社会组织、公民群众多元治理的格局正在不断形成，北京市的社会治理开始逐步迈向法治化、规范化、科学化、系统化。然而在这个转型过程中，北京市党和政府依然面临着一系列的问题，包括厘清不同主体之间的职责，搭建多元协同体系，提高多方参与的积极性，等等。本章主要从以下几个方面展开。

第一，明确首都社会治理不同于一般地区社会治理的特殊性。

第二，厘清党在首都社会治理中的"领导者、示范者、执行者、维护者"的职责，在此基础上总结党在首都社会治理中的工作思路。

第三，重点分析北京市党建工作的重要领域，包括社区党建、非公有制经济组织党建、商协会党建，明确不同领域党建工作中的职责分工，梳理存在的问题。

第四，梳理政府在首都社会治理中的职能和结构，明确参与社会治理的政府各部门之间的分工和协作模式。

第五，总结政府在首都社会治理中的创新模式，指出系统治理、依法治理、综合治理、源头治理方面的创新工作模式。

第六，从社会服务体制改革、社会治理体制改革、城市服务管理网格化体系建设、街道社区管理体制改革四个方面分析首都政府治理的现状与问题。

第七，从坚持党的领导、厘清多元主体的协作关系和社工人才培养三个方面提出相应的政策建议。

第一节　首都社会治理的特殊性

作为首都，北京市享有"四个中心"的地位，即政治中心、文化中心、国际交流中心和科技创新中心。北京市的中心地位一方面吸引着全国大量的优秀人才和优质企业进驻北京市，使得北京市集聚了全国最优质的资源；另一方面也给北京市带来了极大的维稳、社会服务、社会救济等压力。因此，北京市在社会治理方面存在和其他普通城市不同的特殊性。

第一，治理机构特殊。从管理机构来看，北京市社会建设工作办公室和中共北京市社会工作委员会合署办公，既是党委的机构，也是政府的机构。

第二，治理规模大，治理对象复杂。就常住人口密度而言，核心区是北京市人口最稠密的地区，每平方公里人口超过 2 万人。如此巨大的人口基数、大量的流动人口及高人口密度，使得北京市在社会治理过程中出现大量细节化的问题，基于户籍管理系统很难实施治理政策。

第三，参与社会治理的各式主体数量多。一方面，大量优质的"国字头"企业集聚北京市，为北京市推动多元化和社会化的社会治理模式提供了潜在保障；另一方面，较多可参与社会治理的企业和其他社会团体也给北京市政府带来了认证、管理、监督的潜在压力。

第四，北京市政府治理模式具有示范性。由于北京市享有"四个中心"的地位，北京市一方面是各项重大国家政策的首要执行者，另一方面也是其他省（自治区、直辖市）的执行标杆。北京市的治理模式，不仅影响北京市本身的社会状况，也对其他省（自治区、直辖市）起着决定性的示范作用。

第二节　党在社会治理中的一般职能

根据《中国共产党党章》规定，中国共产党是中国工人阶级的先锋队，同时是中国人民和中华民族的先锋队，是中国特色社会主义事业的领导核心。根据《中国共产党党章》，对于党的职能可概括如下：一是代表职能，中国共产党代表中国先进生产力的发展要求，代表中国先进文化的前进方向，代表中国最广大人民的根本利益；二是领导职能，中国共产党领导人民发展社会主义市场经济、发展社会主义民主政治、发展社会主义先进文化、构建社会主义和谐社会、建设社会主义生态文明，坚持对人民解放军和其他人民武装力量的绝对领导；三是维护发展职能，中国共产党维护和发展平等团结互助和谐的社会主义民族关系，同各民主党派、无党派人士、各民族的爱国力量团结在一起，坚持独立自主的和平外交政策，坚持和平发展道路，努力为我国的改革开放和现代化建设争取有利的国际环境。

党在社会治理中的定位，可概括为"领导者、示范者、执行者、维护者"四位一体，领导者即党在依法治理中占据主要地位；示范者即党员和党组织在社会治理中起到带头示范作用，以优良党风带动政风、民风；执行者即党必须秉承法治的基本原则，全面推进依法治理，不搞人情治理、法外治理；维护者要求党在治理过程中要制定监督反馈机制，使治理从源头制定到具体实施上下贯通，形成良性互动。

一、政策制定的领导者

党的领导是中国特色社会主义最本质的特征，是我国推进依法治理最根本的保证。要将党的领导贯彻到社会治理的全过程和各方面，由党带动全社会推进社会治理改革。《中华人民共和国宪法》确立了中国共产党的政治领导地位。《中共中央关于全面推进依法治国若干重大问题的决定》指出，"坚持党的领导，是社会主义法治的根本要求，是党和国家的根本所在、命脉所在，是全国各族人民的利益所系、幸福所系。"一方面，党的领导地位要求党要在我国社会治理重大决策方面占据主导地位，党必须组织、参与、领导社会治理过程中的各项重大决议；另一方面，在党的领导下推进以法治为核心的治理模式，既要求党依据宪法法律制定具体的治理法规，也要求党依据党内法规管党治党。必须坚持党领导立法、保证执法、支持司法、带头守法，把依法治国基本方略同依法治理的基本方式统一起来，全面实现党对社会治理的领导。

二、治理改革的示范者

中国共产党是中国人民和中华民族的先锋队，代表着中国最广大人民的根本利益。党的一举一动牵动着全国人民的利益，而党员又是党贯彻自身意志，落实既定政策的具体执行人。新时期我国社会发展的一项重要趋势是，社会对党和政府的执政能力给予了殷切期望，同时也对党风、政风给予了更高的期待。党必须从自身出发，从两个方面提高党的自身形象，发挥带头示范作用。一是从党内教育上加强党员的自身建设。努力提高党员自身素质，尤其要加强知法守法、依法办事的观念，要制定相关的考核机制，提拔任职时优先考虑法律意识强、自我约束高的党员同志。二是加强党内法纪法规的建设。制定细致的处罚惩治条例，对党员各项行为尤其是可能产生重大社会影响的行为做出明确规定。要充分发挥党员在我国社会治理各领域、各机构的领导地位，既从教育上，也从制度上加强党员自身建设，努力使党员成为社会治理过程中的标杆，充分实现"党风带动政风，政风带动民风"。

三、治理制度的执行者

党既领导我国社会治理各领域的改革，同时也执行着党自身对于社会治理的各项重大决策。在社会治理的具体过程中，第一，要推进多层次多领域依法治理。必须坚持习近平总书记在主持中共中央政治局第二十三次集体学习时强调的"系统治理、依法治理、综合治理、源头治理"的治理观念，提高社会治理法治化水平。深入开展多层次多形式治理创建活动，由党组织协同政府、社会组织和个人，共同参与社会治理。在执行过程中，要支持各类社会主体自我约束、自我管理。发挥市民公约、乡规民约、行业规章、团体章程等社会规范在社会治理中的积极作用。第二，要发挥人民团体和社会组织在法治社会建设中的积极作用。建立健全社会组织参与社会事务、维护公共利益、救助困难群众、帮教特殊人群、预防违法犯罪的机制和制度化渠道。

支持行业协会商会类社会组织发挥行业自律和专业服务功能。发挥社会组织对其成员的行为导引、规则约束、权益维护作用。

四、治理体系的维护者

党的维护者地位要求党要在社会治理的末端环节进行监督，同时对系统化的治理体系进行系统维护。

在党内，要依纪依法反对和克服形式主义、官僚主义、享乐主义和奢靡之风，形成严密的长效监督机制。完善和严格执行领导干部政治、工作、生活待遇方面的各项制度规定，着力整治各种特权行为。深入开展党风廉政建设和反腐败斗争，严格落实党风廉政建设党委主体责任和纪委监督责任，对任何腐败行为和腐败分子，必须依纪依法予以坚决惩处，决不手软。

在党外，要健全立法机关和社会公众沟通机制，开展立法协商，充分发挥政协委员、民主党派、工商联、无党派人士、人民团体、社会组织在立法协商中的作用，探索建立有关国家机关、社会团体、专家学者等对立法中涉及的重大利益调整论证咨询机制。拓宽公民有序参与立法途径，健全法律法规规章草案公开征求意见和公众意见采纳情况反馈机制，广泛凝聚社会共识。

第三节　党在社会治理中的工作思路

党在社会治理中的工作思路如图 3-1 所示。

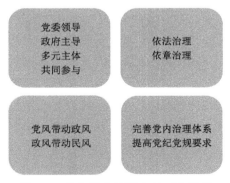

图 3-1　党在社会治理中的工作思路

一、党委领导，政府主导，多元主体，共同参与

党在社会治理中的职能要求党制定和维护社会治理的主要目标和重大政策。党委领导下的社会治理，要以党委领导，政府主导，多元主体，共同参与为主要思路。这就要求：第一，党要充分发挥自身在社会治理中的领导地位，党中央及党内高层组织必须参与制定国家社会治理的重大决策，基层党组织必须严格贯彻党关于社会治理的重要指示精神，在实务层面积极落实党关于社会治理的各项政策。第二，各级党组织要联同政府、社会组织与个人，共同进行社会治理，逐步搭建"多元治理"的新格局，保证决策体系多元化。第三，党既要对政府、社会组织与个人进行政治目标、政治方向上的领导，也要体现党关于社会治理的先进价值观和先进思路，要实现党对政府、社会组织与个人的政治领导和精神领导相统一。

二、依法治理，依章治理

十八届四中全会中通过的《中共中央关于全面推进依法治国若干重大问题的决定》中明确指出，"依法治国，是坚持和发展中国特色社会主义的本质要求和重要保障，是实现国家治理体系和治理能力现代化的必然要求，事关我们党执政兴国，事关人民幸福安康，事关党和国家长治久安。"强调依法治理，依章治理，不仅要求在党外要依法依章办事，还要求在党内依法依章进行提拔和处罚。

我国的社会治理，必须牢牢把握"依法治国"的基本原则。必须看到，我国现状同全面推进依法治理的预期相比，还有一定的距离。一些党员同志特别是领导干部依法治理的观念不强，在执行过程中不按规章制度办事，搞人情治理、法外治理。之所以出现这样的现象，从根源上来说，是一些党员尤其是党员领导干部缺乏一定的法治思维，在治理实践中人治思想大于法治思想。因此，必须在党内贯彻落实法治思维，只有在治理中体现法治原则，依法治理，才能做到令人信服，令人民群众满意。党内建设工作，必须进一步加强党员尤其是党员领导干部的法治教育，同时定期对党员领导干部的法治思想进行考察，将之与党员党内考核进行挂钩，形成党员尤其是党员领导干部学习和实践法治思想的激励机制。

三、完善党内治理体系，提高党纪党规要求

党的社会治理和党内治理是密不可分的。坚持党在社会治理中的领导，充分发挥党在社会治理中的积极价值，不仅要求党通过教育使党组织和个人对新时期党的治理目标有充分认识，还要求党要进一步完善党内治理体系，建立符合治理目标的党纪规章，从制度上对党员自身和各级党组织形成约束。

2014 年 10 月 8 日，习近平总书记在《在党的群众路线教育实践活动总结大会上的讲话》中明确指出，"必须以锲而不舍、驰而不息的决心和毅力，把作风建设不断引向深入，把目前作风转变的好势头保持下去，使作风建设要求真正落地生根。"新形势下坚持从严治党，要落实从严治党责任，要坚持思想建党和制度治党紧密结合，要严肃党内政治生活，要坚持从严管理干部，要严明党的纪律，要发挥人民监督作用。制度上要做到奖惩分明，有章可依，要让党员充分认识到自身建设与党的建设密不可分，完善自身建设必须依据新时期党纪规章的高要求、高标准。只有从党纪制度上对党员的个人行为准则提出明确要求，才能在现实中指导党员规范自身行为，提高自我要求，树立标杆形象。

四、党风带动政风，政风带动民风

党的领导者和示范者地位要求党员自身要起到示范作用。党员作为党的意志的实践者和具体执行人，直接面对社会，党员尤其是党员领导干部的行为，直接影响党在人民群众中的形象。"四风"问题，不仅严重损害党的形象，更会动摇党在社会治理过程中的公信力和领导地位。如何树立清明廉洁的党风，将党中央四个反腐倡廉法规文件，包括《中国共产党巡视工作条例（试行）》、《关于实行党政领导干部问责的暂行规定》、《国有企业领导人员廉洁从业若干规定》和《关于开展工程建设领域突出问题专项治理工作的意见》落到实处，全面实现"党风带动政风，政风带动民风"的格局，是当前党内建设亟待解决的问题。

从身为领导干部的党员同志开始，树立廉洁自身的党员领导干部形象，提高党员同志在社会治理过程中的法治意识，加强以法治手段解决社会治理过程中遇到的实际问题，获取民众支持，发挥党员在领导和开展社会治理中的带头示范作用。必须认识到，党员领导干部是全面推进依法治理的重要组织者、推动者、实践者，要自觉提高运用法治思维和法治方式深化改革、推

动发展、化解矛盾、维护稳定的能力，高级干部尤其要以身作则、以上率下。把依法治理成效作为衡量各级领导班子和领导干部工作实绩的重要内容，纳入政绩考核指标体系。把能不能遵守法律、依法办事作为考察领导干部的重要内容。在相同条件下，优先提拔使用法治素养好、自我约束力高的领导干部，对特权思想严重、法治观念淡薄的领导干部要进行批评教育，情节严重者必须按照党纪依章处理并对社会公开，从而带动党风健康发展。

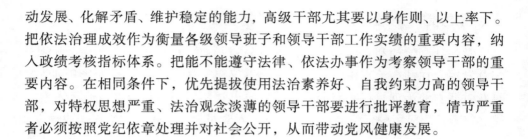

第四节　基层党建与社会治理

2009 年，北京市政府发布《北京市人民政府关于机构设置的通知》（京政发〔2009〕2 号），正式设立社会建设工作办公室，与中共北京市社会工作委员会合署办公，市社会建设工作办公室主任兼任市社会工作委员会书记，负责全面工作。此次调整使得机构增加了对社会公共服务和社会领域社会动员体制机制的建设、统筹、协调职能，强调了机构培育扶持社会组织尤其是"枢纽型"社会组织的职责。至此，北京市基层党建工作的业务核心进一步明确，市党建工作开始向有序化、系统化、创新化的方向发展。

一、社区党建

1. 北京市社区党建的现状

北京市社会建设工作办公室下辖处室——社区党建工作处直接负责北京市社区党建的相关工作，其职能如下：一是拟订本市社区党建工作规划和政策措施，提出加强社区党建工作的意见和建议；二是指导社区党的基层组织建设和党员队伍建设；三是指导街道社会工作党组织相关工作；四是负责社区党建工作情况的考核评价工作。

从社区党建工作实践成果来看，一是组织开展了一系列高质量的社区党建课题研究，以科学化、组织化的方式探讨北京市社区党建的创新模式，组织一批注重总结经验、探索规律、研究问题的社区党建研究课题，为进一步推进北京市社会领域基层党的建设工作提供了理论指导和实践依据。二是多次举办社会领域党建工作专题扩大会议和培训班，积极推进"两贯彻一落实"和"两学一做"学习教育，深入学习和探讨中央反腐倡廉、意识形态学习等专题内容，提高党员尤其是基层党支部负责人对党的政策、党的方针、党的纪律的认识，推进基层党员尤其是基层党建负责人以党政党策指导行为，以党风党纪约束自身。三是积极推进一系列党建体制机制建设，在深入理解中央《党委（党组）意识形态工作责任制实施办法》的基础上不断落实意识形态责任制；加大覆盖基层党建第一责任人制度，促进相关人把党建工作放到自己工作的重要位置；加强落实"三会一课"制度，完善党员日常学习监督机制；等等。

总的来说，北京市社区党建已经逐渐由过去的形式化、口号化、零散化向具体化、体制化、系统化的方向发展，形成了一套党委层层领导、上下信息畅通、内容联系实际、考评系统完善的党建工作体制。

2. 北京市社区党建存在的问题

在体制机制建设方面，一是社区党建活动形式单一，以集中学习为主，未能形成多元化的党建活动体系，难以充分调动基层党员和群众的参与积极性。二是缺乏有效的流动党员管理制度，北京市的流动人口规模庞大，其中有不少党员和预备党员，针对这部分群体北京市社区党组织缺乏有效的接转手续。此外，流动党员往往对党组织关系归属的认识程度不强，缺乏主动申报党组织关系的动力，也加大了流动党员管理的难度。

在工作覆盖程度方面，一是"两学一做"等学习教育活动覆盖面不够，高龄党员行动不便，参加集体活动难度大，部分党员对手机、电脑的操作不熟悉，难以进行线上学习；二是社区党支部、楼委会和议事会基层事务繁多，未能深入群众开展思想工作，使得社区群众对党的纲领、党的政策、党的纪律的认识存在一定程度的缺位。

在财政方面，社区党建的经费难以得到保障，经费获取渠道单一。学习、团队建设等活动需要一系列场地、人工、实物成本，然而目前社区党建工作的经费完全依赖上级单位全额拨款，且以专款专用的拨款方式为主，社区三套班子在财权上的自主权太少，客观上限制了党建活动和党建工作的展开。

二、非公有制经济组织党建

1. 北京市非公有制经济组织党建的现状

北京市社会建设工作办公室下辖处室——非公有制企业和社会组织党建工作处直接负责北京市非公有制经济组织党建的相关工作，其职能包括：一是负责拟订本市非公有制企业和社会组织党建工作规划及政策措施，提出加强非公有制企业和社会组织党建工作的意见及建议；二是指导非公有制企业和社会组织党的基层组织建设和党员队伍建设；三是按照分工，管理部分"枢纽型"社会组织和部分较大规模非公有制企业的党组（党委）；四是负责非公有制企业和社会组织党建工作情况的考核评价工作。

从非公有制经济组织党建工作实践成果来看，一是充分重视课题研究成果，利用北京市新经济组织党建研究会等平台发布北京市新经济组织党建研究课题指南，积极开展非公有制经济组织党建体制机制、创新模式等相关研究。二是由党校或委托专业机构举办一系列北京市商务楼宇党建培训班，围绕国际形势与国家安全、我国经济形势与企业策略、商务楼宇党建与社会治理创新、楼宇党员志愿服务及基层党建实务等专题开展专题辅导。三是积极推进"两新"组织党建工作覆盖，协助建立各类商务楼宇党建工作站，如先后在高登大厦、大悦城和昌盛大厦分别建立了面积为 260 平方米、300 平方米和 450 平方米的"六站合一工作站"及"街道党群活动服务中心"，全市实现非公有制企业党组织覆盖率 83%，建立 623 个商务楼宇（联合）党组织，覆盖率逾 62.1%，并以"枢纽型"社会组织为依托，推动社会组织党建工作，全市社会组织党组织覆盖率达 67%[①]。四是加强非公有制经济组织人才队伍建设，制定实施《关于为社会组织提供党建管理岗位补贴办法（试行）》（京社领办发〔2017〕12 号），在市级层面指令性下拨 3898 个"两新"组织党员发展专用名额，聘请 1500 名离退休党员干部担任非公有制经济组织党建指导员，集中实施"两新"组织党建覆盖"百日推进工程"[①]，支持社会组织配备、配齐、配强党建工作人员，促进其职业化、专业化建设，确保社会组织正确的发展方向。

总的来说，北京市非公有制经济组织党建以"集中示范、梯次搭建、扩大覆盖"的方式，成功打造了一批质量好、评价高的商务楼宇党建工作站，实现了党建工作有专人、党建岗位有补贴、党建活动有特色的相对完善的党建工作体系，其解决经费来源、人员分配等问题的方式为其他领域党建工作提供了很好的范例。

---

① 回眸 2016——2016 年全市社会领域党建工作广泛覆盖[OL]. http://zfxxgk.beijing.gov.cn/110049/ywdt52/2017-02/27/content_788361.shtml[2018-10-14].

2. 北京市非公有制经济组织党建存在的问题

在体制机制建设方面，一是缺乏有效的一以贯通的管理体制，条块职责分工不明确，北京市社会建设工作办公室和街道党工委、乡镇党委分工不够明确，职责存在交叉和缺位的情况，造成多头管理和空白管理的现象；二是缺乏有效的流动党员管理制度，与社区党建一样，非公有制经济组织内也同样存在流动党员的管理问题，对非公有制经济组织内短期借调人员、短期实习生、临时工作人员等流动人员缺乏针对性的管理，没有建立短期党组织接转安置制度和流动党员信息采集制度。

在队伍建设方面，非公有制经济组织党建队伍党建申报岗位和开展工作的动力不足。虽然出台了《关于为社会组织提供党建管理岗位补贴办法（试行）》（京社领办发〔2017〕12 号），然而仅仅提出对党建工作中的关键性岗位进行补贴，并未明确具体补贴金额，同时也缺乏与补贴办法配套的工作指导手册，造成工作不明确、补贴不具体的局面，对党建专业人才和优秀人才的吸引力十分有限。

三、商协会党建

1. 北京市商协会党建的现状

目前北京市尚无专项负责商协会党建的职能部门，主要由市委组织部、市社会工作委员会通过试点扩散的方式推进商协会建立党委。截至 2018 年 5 月 15 日，北京出租汽车暨汽车租赁协会、北京市注册税务师协会、首都互联网协会等多个商协会已成功建立党委，并按期召开基层党建工作述职评议考核会向市委组织部、市社会工作委员会等相关部门述职。总的来说，北京市商协会的党建工作目前尚处于起步阶段，相比社区党建和非公有制经济组织党建工作，商协会党建工作拥有流动党员少、党员归属感强和党建工作与商协会业务交叉度高的先天优势，目前第一要务是扩大党委的覆盖面，为未来发展成熟的商协会党建体系打下基础。

2. 北京市商协会党建存在的问题

目前商协会党建工作由于处于起步期，面临的问题较多。

在体制机制建设方面，一是商协会党建系统活动少、形式单一，缺乏主观创新，以学习活动作为主要的活动形式甚至是唯一的活动形式；二是存在与非公有制经济组织党建和社区党建活动内容同质化的现象，三者之间未能形成功能互补、彼此完善的局面，如学习教育类活动，基层党员在社区学一遍，在企业学一遍，在商协会还要再学一遍，无形中增大了基层党员的学习压力，降低了基层党员参加党建活动的积极性；三是管理体制不成熟，缺乏职责明确、分工细致的党建领导系统，商协会党建工作以协会成员为单位开展的居多，未能上升到协会整体层面进行有效的统筹安排。

在财政方面，目前北京市委、市政府尚未就商协会党建活动的经费来源做出安排或者规定，在缺乏物质条件的基础上，绝大部分需要场地、人工、实物成本的党建活动难以展开，这也在客观上导致学习活动成为商协会党建活动主要甚至唯一的活动形式，因为学习活动成本较低、组织难度较小。然而实践证明，单纯依靠学习活动难以增强基层党员的凝聚力和向心力，尤其是聆听式的乏味枯燥的学习活动更加难以提高基层党员参加党建活动的积极性，并在一定程度上影响基层党员对商协会党委的信任度，加大了商协会党委开展党建工作的阻力。

第五节　政府社会治理的职能与结构

一、政府职能在社会治理中的转变

目前，北京市政府开始逐渐脱离过去社会治理中"管理者"的角色。北京市不断推进形成党委领导、政府主导、多元主体、共同参与的社会治理模式。北京市的社会治理将"坚持党委领导，发挥政府主导"作为第一原则，把党的领导、社会参与和法治纳入社会治理的具体实践。深化需求改革，在党的领导下实现政府、社会和市场的良性互动；深化以问题为导向的改革，着力改善社会服务，治理"大城市病"，促进京津冀协调发展。

一是澄清政府的权力和责任，建立法制体系和法治社会。提高北京市各级政府依法管理的能力；推进权力清单、责任清单和否定清单制度，实施动态管理；加大力度开展依法行政培训；加强政府行政审查的四项措施，建立具有科学功能，严守法定权力，严格执法，公开、公正、廉洁、高效的法治政府。

二是深化服务型政府建设，建立符合首都经济社会发展的政府公共服务职能体系。建立高效合理的公共服务资源配置和供给体系；推进政府公共服务事项公开；简化服务流程优化，创新服务方式，不断提供优质、高效、便捷的公共服务。

三是简化管理，进一步将管理职能和公共服务供给职能转移到社会。制定政府指导意见和转移项目清单，将职能转移到社会组织，并分阶段向社会组织转移一些社会服务和管理职能；梳理相关政府部门的职能，使社会力量自我解决、市场机制自我调整、行业组织可以解决自律问题，通过政府购买服务委托给社会力量；限制在社会服务领域建立新的机构，支持公益性二级机构参与政府采购服务，整合优质社会资源，提高社会服务的整体供应水平，简化和优化政府职能。

四是深化行政管理体制改革，提高政府行政效率。优化政府机构设置、功能配置和工作流程；加强社会治理绩效考核；在社会治理领域建立多部门联席会议机制，形成一个全面的运行机制，使决策权、执行权和监督权相互制约及协调。

二、首都政府治理结构

当前北京市社会治理的核心任务有六项：一是加快推进政府职能转变，促进社会治理体制创新；二是加快推进社会服务方式转变，引入市场机制；三是加快推进社会组织改革，激发社会发展活力；四是加快推进街道社区管理体制改革，实现党和政府社会服务与城市管理工作重心下移；五是加快推进社会协同，动员社会公众有序参与；六是加快推进社会工作队伍建设，形成社会工作专业化、职业化，志愿服务常态化、规范化的局面。

在这个过程中，北京市委、市政府牵头成立的北京市社会建设工作领导小组负责主持全市社会工作领域的全面工作，市社会工作委员会是负责北京市社会建设工作的市委派出机构，市社会建设工作办公室是负责北京市社会建设工作的市政府组成部门，二者合署办公，负责研究提出全市社会建设的总体规划、重大方案和重要政策；宏观指导、统筹协调和组织实施全市社会建设工作；指导和督查各区及各部门社会建设工作落实情况等相关工作。其中，市文化局、市教育委员会、市科学技术委员会、市卫生和计划生育委员会、首都精神文明建设委员会办公室、市人力资源和社会保障局作为北京市社会建设工作领导小组成员单位，在文教科卫及就业领域，根据全市社会建设的规划、方案和政策，协调推进社会公共服务体系建设；市公安局负责组织实施全市社会治安综合治理相关政策和规划；市城市管理委员会联合市城市管理综合行政执法局负责组织实施城市管理领域相关政策和规划，市规划和国土资源管理委员会、市住房和城乡建设委员会、市交通委员会负责组织实施公共服务设施及包括交通设施在内的城市基础设施建设相关规划、方案和政策。市民政局则在社会工作人才和社区建设两个方面重点配合市社会工作委员会、市社会建设工作办公室，会同拟订社会工作人才相关政策，协调配合社会工作人才队伍建设相关工作；参与拟订全市社区建设总体规划，拟订社区建设的相关配套政策并组织实施。

同时，市社会工作委员会、市社会建设工作办公室负责指导及督查各区社会工作委员会和社会建设工作办公室在社会建设工作方面的落实情况；并对区社会组织进行统一管理，充分发挥"枢纽型"社会组织在政治上和社会工作组织上的桥梁纽带作用，对其他社会组织包括各类协会、非公有制经济组织和社团进行管理、指导和服务。街道（乡镇）社会工作委员会负责指导、督查、管理社区党委、居民委员会、服务站、商务楼宇工作站在社会建设方面的相关工作。此外，市民政局对社区服务站建设也负有指导责任。

图 3-2 为北京市党委领导、政府主导的社会治理结构。

第六节　首都社会治理中政府的创新

首都社会治理中政府的创新，要从"四个治理"的原则出发，结合首都"四个中心"的特殊地位，深化体制、机制改革。

一、系统治理创新

随着社会的发展、北京市产业结构的变化、北京市居民生活物质水平的普遍提升，北京市人群层次更加多样化、复杂化，这就要求北京市的社会治理既要能切合当前不断提高的物质生活水平，也要针对不同人群多样化的需求结构来进行。与之相比，北京市当前的社会治理体系尚未发展成熟，政府依旧处于"一家独大"的地位，其他主体发挥作用成效不显著。因此，明确

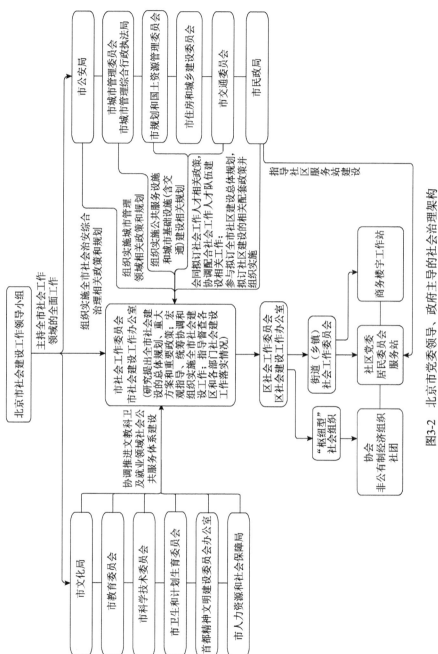

图3-2 北京市党委领导、政府主导的社会治理架构

北京市社会治理结构，明确党委、政府、社会各方面不同的角色作用，搭建并深化发展行之有效的社会治理体系是北京市社会治理改革的重要目标。

北京市系统治理创新，要推进"党委领导，发挥政府主导作用，鼓励和支持社会各方面参与，实现政府治理和社会自我调节、居民自治良性互动。"[①] 首先，共同提升政府治理能力和社会自我治理能力，将其列为国家治理能力现代化的核心内容；其次，政府要鼓励、培育社会力量，帮助社会力量成长和发展；最后，政府要建立有效的社会各方参与社会治理机制，将政府和社会共治落到实处。

二、依法治理创新

社会治理的终极目标是使得社会治理的受众所应享有的权利和地位得到充分保障。因此，公平公正的原则，应该贯穿我国社会治理的始终。北京市由于其特殊的首都地位，聚集了大量不同层次的人群、企业和社会组织，如何公平公正地赋予并保障不同层次的人群、企业和社会组织应享有的权利和地位，是社会治理的一项难点。因此，将法治思维和法治方式有效纳入社会治理中，是下一步北京市开展社会治理工作的重要内容。

北京市依法治理创新，要在明确政府和其他治理主体权责的基础上，"加强法治保障，运用法治思维和法治方式化解社会矛盾"[①]。首先，要加强法治教育，灌输法治意识，逐步养成民众要守法、政府更要守法的意识；其次，加强社会法的立法研究，从社会权利和社会义务平衡的角度，解决社会问题；最后，依法促进和推动多元主体治理格局的形成。

三、综合治理创新

北京市由于其庞大的人口、复杂的产业构成及其在京津冀中所处的重要地位，仅仅依靠正式的治理手段，难以达到全面、深入、持久的社会治理效果。因此，进一步开拓北京市社会治理的手段，将非正式治理手段纳入北京市社会治理方法体系中显得尤为必要。

北京市综合治理创新，要实现治理手段多元化，除法律途径外，还要"强化道德约束，规范社会行为，调节利益关系，协调社会关系，解决社会问

---

① 《中共中央关于全面深化改革若干重大问题的决定》。

题"①，特别要注重多元社会主体自身的规制。一方面，支持和鼓励多元社会主体在国家宪法及法律范围内制定具体的、带有自我规制的行为规范准则；另一方面，政府可颁行"社会组织社会责任指南"，引导社会组织履行其社会责任。

四、源头治理创新

良性的社会治理模式必须是双向化、互动的。北京市高速发展的经济，使得北京市居民的生活水平和生活结构不断改变，从而导致各层人群的社会治理需求不断变化。过去政府依靠自身经验确定社会治理目标、政策的方式，已经难以及时地反映不断变化的社会治理需求。政府只有从源头上及时把握北京市社会发展的动态，才能制定合理有效的治理目标和政策。

北京市源头治理创新，要"标本兼治、重在治本"，以"社会化服务为方向，健全基层综合服务管理平台，及时反映和协调人民群众各方面各层次利益诉求"①，构建合理的利益表达和吸纳机制、重大决策审议和公开机制、重大决策执行和跟踪机制、重大决策评估和监督机制。

第七节　首都社会治理体制的现状与问题

2016 年 11 月 23 日，北京市社会建设工作办公室发布《北京市"十三五"时期社会治理规划》，从社会服务、社会管理、社会动员、社会环境、社会关系和党的建设方面提出城市社区"一刻钟社区服务圈"覆盖率99.99%，以及公共文化设施覆盖率 99.99%等社会治理主要发展指标。北京市社会治理"十三五"中期主要发展指标完成情况如表 3-1 所示。

表 3-1　北京市社会治理"十三五"中期主要发展指标完成情况

类别	序号	指标	目标	数据时点	指标完成情况
社会服务	1	城市社区"一刻钟社区服务圈"覆盖率	99.99%	201806	89%
	2	每百户居民社区公共服务配套设施面积	30 平方米	201712	109.7 平方米
	3	城市社区服务管理用房面积达标率	100%	201712	99%
	4	公共文化设施覆盖率	99.99%	201712	98.36%

① 《中共中央关于全面深化改革若干重大问题的决定》。

续表

类别	序号	指标	目标	数据时点	指标完成情况
社会服务	5	每千名户籍老人养老机构床位数	40 张	201712	77.5 张
	6	人均期望寿命	＞82.4 岁	201803	完成年度增长指标
	7	五项社会保险基金收缴率	≥98%	201712	101.5% 101.6% 101.6% 101.5% 101.6%
	8	学前三年毛入园率	95%	201808	100%
	9	义务教育毛入学率	≥100%	201708	100%
社会管理	10	城六区常住人口下降百分比	15%	201712	完成年度目标
	11	城市服务管理网格化体系覆盖率	99.99%	201712	100%
	12	单位地区生产总值生产安全事故死亡率下降百分比	【20】%		五年累计指标
	13	社区工作者持社会工作职业水平证书比例	50%	201803	66.4%
社会动员	14	每万人常住人口拥有社会组织	25 个	201712	22.4 个
	15	基层自治组织选举居（村）民参与率	90%	201712	100%
	16	老旧小区自我服务管理覆盖率	99.99%	201806	45%
	17	实名注册志愿者人数占全市常住人口的比例	20%		
社会环境	18	中心城绿色出行比例	75%	201712	96%
	19	重点食品安全监测抽检合格率	＞98%	201712	完成
	20	药品抽验合格率	＞99%	201712	完成
	21	群众安全感指数	≥90%	201803	100%
社会关系	22	市民公共行为文明指数	85	201712	100.8%
	23	城镇登记失业率	＜4%	201804	完成
	24	企业集体合同签订率	≥80%	201804	完成
党的建设	25	社区党组织覆盖率	100%	201806	100%
	26	"枢纽型"社会组织联合党组织覆盖率	100%		
	27	规模以上非公有制企业党组织覆盖率	100%	201712	95%
	28	商务楼宇党群工作站覆盖率	100%	201806	100%

注：①城六区常住人口下降百分比，是"十三五"期末与 2014 年相比下降 15% 左右；目标值为 99.99% 的各项指标，其目标文字表述为"基本实现全覆盖"；"数据时点"列中"201712"意为"截至 2017 年 12 月"。②第 12 项指标【 】内为五年累计数，因此中期数据未填写；第 17 项和第 26 项指标，因指标需要根据实际调整未填写。③第 26 项指标相关数据：2017 年 8 月底，已推动 51 家市级"枢纽型"社会组织全部成立党建工作机构，实现党的工作覆盖率 100%

2015 年 8 月 12 日，北京市委出台了《北京市人民政府关于深化北京市社会治理体制改革的意见》，明确指出了北京市社会治理改革的方向。北京市政府主要从深化社会服务体制改革、深化社会治理体制改革、全面加强城市服务管理网格化体系建设、深化街道社区管理体制改革四个方面集中发力改善首都社会治理状况，并在各个方面取得了一系列的成就。

一、社会服务体制改革的现状与问题

近年来，北京市政府主要从以下几点出发进行社会服务体制改革。

一是改善社会服务供给模式，不断完善政府主导、覆盖城乡、持续发展、优质高效的基本公共服务体系。进一步引入市场机制，不断加大社会资本参与社会服务设施建设和运营管理的力度，推进经营性社会服务产业化，完善便民服务体系。进一步引导社会力量参与，建立政府主导、社会参与、多元供给的社会服务模式，不断完善社会公益服务体系。

二是改变社会服务工作方式，政府提供基本公共服务尽可能采取购买服务方式，可由第三方提供的事务性管理服务交给市场或社会承办。明确"政府统一领导、财政部门牵头、业务部门分工配合"的原则，建立健全政府向社会力量购买服务的统筹协调机制。市、区社会建设工作领导小组持续发挥窗口平台、桥梁纽带作用，协助做好相关工作，并进一步完善使用社会建设专项资金购买社会组织服务的机制。研究制定政策，鼓励经营性事业单位向社会组织、企业方向发展，支持公益二类事业单位积极参与政府购买服务，鼓励企业在社会治理中发挥积极作用，承担更多的社会责任。

然而北京市社会治理能力的提高还需更加系统的谋划。社会治理能力的提高需要全体市民的参与，从实际情况来看，全体市民的公民意识还有待提高，参与公共事务的热情和能力还需要培养；现有的社会组织缺乏专业人才，服务能力还不适应首都发展的需要；社会领域主管部门人员的业务素质也有待提升；社区服务水平和社区自治能力还达不到市民的需求。

二、社会治理体制改革的现状与问题

近年来，北京市政府不断重视培育和发展功能型社会组织，推进政府职能转变，为社会组织发展和发挥作用让渡空间。

一是构建"枢纽型"社会组织工作体系，基本建成市、区、街道（乡镇）

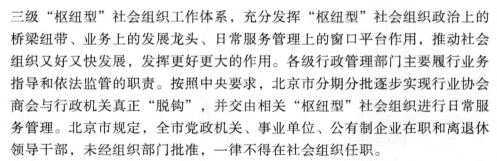

三级"枢纽型"社会组织工作体系，充分发挥"枢纽型"社会组织政治上的桥梁纽带、业务上的发展龙头、日常服务管理上的窗口平台作用，推动社会组织又好又快发展，发挥更好更大的作用。各级行政管理部门主要履行业务指导和依法监管的职责。按照中央要求，北京市分期分批逐步实现行业协会商会与行政机关真正"脱钩"，并交由相关"枢纽型"社会组织进行日常服务管理。北京市规定，全市党政机关、事业单位、公有制企业在职和离退休领导干部，未经组织部门批准，一律不得在社会组织任职。

二是完善社会组织登记制度。结合北京市实际，积极稳妥地推进社会组织登记制度改革。重点培育和发展行业协会商会类、科技类、公益慈善类、城乡社区服务类社会组织，其成立时可直接到民政部门依法申请登记。引入竞争机制，探索"一业多会"。取消社会团体分支（代表）机构设立、变更、注销登记审批。提高社会组织登记审批效率，实行公开承诺制度，根据不同类别，限期办结登记审批手续。

三是完善社会组织培育发展机制。一方面，不断为社会组织发展创造空间，社会力量能够自主解决、市场机制能够自行调节、行业组织能够自律解决的事情，政府尽可能转移或委托出去；适合社会组织承办的政府事项，尽可能通过政府购买服务等形式委托社会组织办理；社会组织能够提供有效服务的领域，不再设立新的事业单位。另一方面，加快推进社会组织服务基地建设，完善北京市社会组织孵化中心职能，各区和具备条件的街道（乡镇）都要建立社会组织服务体系，加快形成全市社会组织服务工作网络，为社会组织提供政策咨询、业务培训、项目指导、信息发布等专业化服务，为其发展和发挥作用创造良好条件。为社会组织参与公益服务搭建平台，深入开展社会组织"公益行"活动，创立公益品牌。

三、城市服务管理网格化体系建设的现状与问题

2015年底，北京市基本建成覆盖全市各区、街道（乡镇）、社区（村）的城市服务管理网格化体系；2016年底，基本实现城市管理网、社会服务管理网、社会治安网（简称"三网"）融合发展；2017年底，基本实现"三网"一体化运行。

一是科学划分网格，有序推进城管综合执法网与城市管理网、社会服务管理网、社会治安网融合发展。一方面，北京市政府根据《城乡社区网格化

服务管理规范》国家标准的部署，按照"方便群众、易于管理、无缝衔接、全面覆盖"的要求，结合时间、空间、地域变化动态，调整划分社会服务管理网格，以"边界清晰、大小适当、有机统一"为原则，将城市管理网格、社会治安网格、城管综合执法网格等与社会服务管理网格进行融合对接，形成服务管理责任网格。目前，全市共划分基础网格 3.65 万个[①]。另一方面，市社会建设工作办公室与市城市管理综合行政执法局协调实施举措，加强城管执法系统融合工作培训，推动城管执法力量下沉街道（乡镇）和网格一线。将西城、平谷确定为市级融合试点。市各区按照《北京市城市服务管理网格化体系建设指导目录（试行）》确定的信息系统、网格划分、基础数据、指挥系统等 9 项融合内容，对表对标，加强系统升级，加快融合发展。目前，市级层面已有城市管理、社会服务管理、社会治安、城管综合执法、环保、消防、气象、禁毒等 12 类相关部门职能纳入网格化工作监管。

二是完善网格化相关政策，积极推进网格化标准化建设。为深入推进城市副中心网格化体系建设，全面提升城市服务管理水平，北京市政府将网格化体系建设列入《北京城市副中心社会建设三年行动计划（2018—2020 年）》的重点任务。从具体政策来看通州区出台《关于深入推进网格化治理体系建设的实施意见》，推进网格化治理运行模式建设。从具体做法来看，一方面，北京市政府积极对标国标与地标，在全市信息化工作培训班上邀请专家对这些标准进行了系统解读，指导各区做好《城乡社区网格化服务管理规范》国家标准和《网格化社会服务管理信息系统技术规范》，进一步明确了网格划分、机构设施、队伍构成、平台数据和通用接口等各项内容规范。另一方面，北京市政府不断细化完善已有标准，市城市管理综合行政执法局推进指挥中心、监管流程、执法事项和部件管理四个标准的地标立项，不断细化完善《北京市城市服务理网格化系统基本规范（试行）》101 项标准内容。例如，房山区出台了区级委办局、乡镇（街道）级指挥分中心、社区（村）工作站等工作规则。门头沟区制定了统一规范网格编码规则、统一规范基础网格员名称、统一规范服务管理信息录入、统一规范街道指挥中心设置"四个统一规范"。怀柔区组织开展了街道（乡镇）网格化指挥分中心标准化建设试点，提高了各层级工作运行的规范性。密云区编制了《农村地区网格化体系建设

---

① 北京建网格化体系 老百姓生活问题有专人管[OL]. http://news.ifeng.com/a/20180210/55940352_0.shtml [2018-10-14].

工作标准》，被国家标准化管理委员会确定为国家级服务业标准化试点项目，并以 95 分的综合评分通过国家标准化管理委员会专家组的考核评估。

三是强化网格化队伍建设。一方面，建立市、区、街道（乡镇）三级网格化培训体系。组织开展全市社会建设信息化示范培训班，各区结合实际，强化网格化队伍培训。延庆区组织三级队伍轮训，进一步提高基层网格队伍的理论素质和履职能力。另一方面，扎实推进网格化督导员招录工作。北京市政府制定印发了《关于加强网格化工作督导员队伍建设的工作方案》。全市共招录 483 人，基本实现一街道（乡镇）一名督导员。全市共配备各类网格员 18.1 万人，其中专职 1.26 万人[①]。东城、大兴、平谷、通州等区还对网格员实行持证上岗，接受群众日常监督。

四是积极开展各类试点，深入实施"网格化+"行动计划。①积极开展"厅网站"试点。全市遴选 21 个街道（乡镇）开展"厅网站"集约化试点，推动街道（乡镇）网格分中心信息系统与"一站式"办公大厅和社区（村）服务站平台通过办公室自动化（office automation，OA）系统进行融合对接，汇聚集成各类服务管理事项，并通过开设 APP、微信和网站等形式延伸服务，实现服务管理事项"一端"发布和查询办理，提高居民办事效率。例如，朝阳区团结湖街道投入 300 万元对街道综合服务中心进行升级，融合服务网站、热线、自助端等功能，拓宽"一端受理"途径，已实现计生、残联等 43 项业务线上运行。海淀区西三旗街道加快实施政务通办、联动建设，通过业务流转，实现 26 项个人事项就近受理，为居民提供便捷、高效的服务。昌平区霍营街道确立了"以电子化政务、网格化社区、数字化生活"为支撑的三位一体的"厅网站"信息化建设和发展方向，形成了电子化政务及信息化建设格局。②深入实施"网格化+"行动计划。组织开展"网格化+"为老关爱服务课题研究，形成专题调研报告，汇总了 41 种老年人应急智能产品信息，提出了有针对性的对策建议。16 个区共启动"网格化+"行动计划 51 项，涉及"网格化+"社会组织服务、便民服务、治安维稳、社会领域党建、拆违打非、京津冀协同发展等内容，进一步提升了网格化综合服务水平。例如，丰台区推进"网格化+"为老关爱服务，为空巢老年人配备智能腕表，引起市领导的高度关注。通州区梨园镇推出"网格化+"健康服务，为空巢老年人提供

---

① 北京建网格化体系 老百姓生活问题有专人管[OL]. http://news.ifeng.com/a/20180210/55940352_0.shtml [2018-10-14].

健康检查、预约挂号和急救等多项服务。顺义区开展"网格化+"清洁空气行动计划，建立了 719 个高精度、便携式的空气质量监测小微站，通过网格化管理，加强责任落实、严格责任追究。③扎实推进网格化 E 通车工作。按照"多网融合发展、综合指挥调度、发现解决问题、绩效考核评价、信息交流共享、数据分析应用"的功能要求，逐步推动各区上传相关数据，做好信息系统对接工作。目前，已录入 7 万余名网格员基本信息。④推广"微网格"微信公众号。各区开设了随手拍、在线服务、信息发布和社区论坛等各类服务管理和特色功能。东城区、丰台区、密云区启动了微网格矩阵平台建设项目，强化网格化服务管理效能。东城区实现了 178 个社区"微网格"和"96010"为民服务热线系统的对接。丰台区实现了辖区 323 个社区"微网格"微信公众号的全覆盖。石景山区 9 个街道全部建立了微信平台，40 个社区开通了微信公众号。截至目前，全市共有 744 个社区（村）开通"微网格"微信公众号，40.4 万余名市民群众关注使用，报送城市管理、社会治安等各类事件 9.1 万余件①。

五是建立市政府各部门资源共享、联合办公的机制。市社会建设工作办公室会同市住房和城乡建设委员会、市公安局、市民政局在全市范围开展了视频监控系统大摸排，做好查缺补漏和全域入网准备，助力"雪亮工程"建设。各区继续加大视频系统自建力度，强化网格化信息系统与区域各类视频系统资源的整合工作，公安、交通、城管执法、环保、园林、国土、民防等部门和社区物业、社会单位的视频系统均纳入整合范畴。目前，怀柔区已整合各类视频系统 2.7 万路。通过视频监控系统与网格化信息系统的融合对接、联通共享，实现了网格化体系全景式、全方位、全时空的动态监督和指挥调度，特别是对重点地区、重点部位、重要场所、重要设施等实现了全覆盖。健全完善疑难案件协调办理、督察督办、网格议事和民意立项、联合执法和网格运行情况报告等机制，确保每个工作环节有人管、有人负责，实现各类服务管理事项能够及时发现、上报和处置。完善闭环工作流程和"简单问题立即办，复杂问题研究办，交叉问题会商办，部门问题移交办，紧急问题抓紧办"五办工作法，进一步提升服务管理效能。2017 年，全市 16 个区网格化信息系统共接报各类事件 554.46 万件，解决 520.40 万件，解决率为 93.86%①。

---

① 2017 年全市网格化体系建设工作总结[OL]. http://shb.beijing.gov.cn/2018/0330/9505.shtml[2018-10-14].

然而，北京市社会服务管理网格化体系虽已经初步搭建，但发挥的作用还不够理想。如何利用大数据理念和技术，改进社会治理方式，提高治理效能；如何创新虚拟社会治理，用好、管好、发展好新媒体等都是党和政府在社会治理领域面临的关键问题，尤其是如何将市场化机制引入养老、助残等社会服务领域的政策体系中还需要不断完善。

四、街道社区管理体制改革的现状与问题

近年来，北京市街道社区管理体制改革取得了较大的成绩。北京市政府提出，要把社会服务和城市管理的职能下沉到街道，剥离街道的经济和专业管理职能，组建街道协管队统筹管理协管员，建立街道地区管理委员会制度，并将街道办事处原有的议事协调机构并入街道管理委员会，成立首家社区公益基金会试验居民自治模式，同时实现社区网格化管理2015年底北京市全覆盖。

一是进一步把社会服务与城市管理职能下沉到街道。充分发挥街道加强区域党建、开展公共服务、统筹辖区治理、组织综合执法、指导社区建设等职能，夯实社会服务与城市管理基础，实现党和政府社会服务与城市管理工作重心的下移。街道党工委要进一步发挥在街道各类组织和各项工作中的领导核心作用；街道办事处要进一步发挥在辖区社会服务与城市管理中的综合协调作用。要健全完善街道管理委员会制度，建立健全街道政务服务中心。市、区有关部门要加强对街道工作的宏观指导和支持帮助。

二是进一步理顺街道与区政府职能部门的关系。按照权责一致、属地为主的原则，进一步规范街道与区政府职能部门派出机构的关系。区政府职能部门派出机构党的工作，原则上由街道党工委管理，行政管理视具体情况实施街道属地或双重管理。区政府职能部门派出机构负责人任免前，应书面征求街道党工委意见。区政府职能部门派出机构负责人可在街道党政领导班子中兼职。建立健全社会服务管理综合考评体系，完善街道与区政府职能部门工作绩效双向考评机制。

三是加快推进社区服务体系全覆盖。坚持以社区居民需求为导向，不断完善社区服务体系。通过着力推动"一刻钟社区服务圈"全覆盖，各级政府部门要按照"缺什么、补什么"的原则，逐步完善社区基本公共服务项目和服务设施。社区居民委员会要建立健全社区服务需求登记制度，及时反映居

民服务需求，协调推进社区服务项目落实，切实满足社区居民特别是老年人、残疾人服务需求。加快推进村庄社会服务体系建设，将社区建设成果逐步向城乡接合部和广大农村地区扩大延伸。

四是积极推进街巷长制度。北京市在社会治理体制改革中将"街乡吹哨，部门报到"作为全市的1号改革工程，由北京市城市管理委员会牵头，全面推行街巷长制度，以精细化管理为主线，在每条街巷设置"街长"或"巷长"，通过"一街（巷）一长"的设立，把街巷日常管理责任落实到人。根据《关于在全市推行街巷长制的指导意见》（京管函〔2018〕155号）的规划，北京市将逐步完成区、街两级街巷长组织体系建立，完成街道层面街巷长选派和上岗培训，有条件的乡镇试点建立街巷长制度，逐步实现街巷长组织体系健全、日常管理规范，在城市精细化管理中切实发挥有效作用的目标。

五是深化完善社区居民自治。北京市政府认真贯彻《中华人民共和国城市居民委员会组织法》，深入开展以居民会议、议事协商、民主听证等为主要形式的民主决策实践，以居民自我管理、自我教育、自我服务为主要目的的民主治理实践，以居务公开、民主评议为主要内容的民主监督实践，全面推进居民自治制度化、规范化、程序化。引导居民积极参加社区公共事务和活动，动员居民有序参与社会治理，鼓励和支持居民协助政府做好社会服务工作，依法保障居民对社会治理和社会服务的知情权、参与权、决策权、监督权。适应社区新形势、顺应居民新期待，不断完善党组织领导的、充满活力的基层群众自治机制，推广"参与型"社区协商、社区居民代表常务委员会（居民监督委员会）等模式，拓宽居民参与范围和途径，丰富居民参与内容和形式，发挥居民在基层社会治理中的主体作用，促进政府治理与居民自治良性互动。健全完善社区公共服务事项准入制度，制定社区居民委员会公共服务事项清单，进一步规范社区居民委员会承担的公共服务事项；取消社区层面的各类评比考核项目，清理在社区设立的组织机构、工作台账等，切实减轻社区居民委员会的工作负担。

六是加强协管员队伍建设和管理。协管员队伍由街道办事处负责具体管理，区政府职能部门不再负责具体管理工作。街道办事处根据实际工作的需要，研究提出协管员的岗位需求，报送区政府职能部门核定。协管员的招录工作由区政府职能部门负责。鼓励通过购买社会服务管理岗位等方式，引导社会组织、专业社工机构承接政府辅助类工作，逐步实现专业化、社会化、市场化运作。

虽然目前北京市街道社区的管理体制已经基本理顺，然而在具体内容方面仍需进一步改善。一方面，街道社区机构臃肿、队伍庞大，街道本身的机构设置、人员配备缺乏法制化的编制管理，各街道机构的设置与规定基本根据上级指示和行政控制，各类由街道管理的协管员也缺乏规范化的科学安排；另一方面，街道和社区工作名目繁多，负担较大，真正深入群众的时间不足，一味取消社区层面的各类评比考核项目也容易出现人员动力不足的问题，需要进一步平衡。

第八节　创新首都社会治理体制的对策建议

一、坚持党的领导地位，做好顶层设计

在首都社会治理大格局中，必须坚持党的领导。应发挥党委领导核心作用、基层党组织战斗堡垒作用、领导干部模范带头作用和共产党员先锋模范作用。党应该是社会治理政策制定的领导者、改革的示范者、制度的执行者和体系的维护者。

一是要落实社会治理的领导责任，在北京市层面设立社会治理创新协调小组，由市委主要领导任第一责任人，小组成员由市级各主要职能部门、各区党政主要领导、重点社会组织代表等成员组成，全面协调首都社会治理的各项工作。在社会治理创新协调小组牵头并充分协商的基础上，做好"首都社会治理创新十三五规划"，从目标、原则、体系构建、重点工作等方面全面统筹首都的社会治理工作。

二是成为改革的示范者，进一步完善党内治理体系。党的社会治理和党内治理是密不可分的。坚持党在社会治理中的领导，充分发挥党在社会治理中的积极价值，不仅要求党通过教育使党组织和个人对新时期党的治理目标有充分认识，还要求党要进一步完善党内治理体系，建立符合治理目标的党纪规章，从制度上对党员自身和各级党组织形成约束。只有从党纪制度上对党员的个人行为准则提出明确要求，才能在现实中指导党员规范自身行为，提高自我要求，树立标杆形象。

三是制度的执行者，进一步完善区域化党建工作格局。在符合条件的街道和社区建立"大工委"和"大党委"，扩大覆盖面。落实中央关于加强社会组织党建工作的意见，进一步扩大党组织覆盖面，研究制定《关于进一步

加强和改进全市社会组织党的建设工作的实施意见》。加强非公有制经济组织党建工作，着力提高商务楼宇党建工作水平，集中打造一批中心站和示范站，增强党组织在非公有制经济组织中的影响力和凝聚力。指导加强社区换届选举工作，研究制定换届选举工作方案，选优配强社区党组织领导班子，圆满完成社区党组织换届选举。

四是体系的维护者。要健全立法机关和社会公众沟通机制，开展立法协商，充分发挥政协委员、民主党派、工商联、无党派人士、人民团体、社会组织在立法协商中的作用，探索建立有关国家机关、社会团体、专家学者等对立法中涉及的重大利益调整论证咨询机制。拓宽公民有序参与立法途径，健全法律法规规章草案公开征求意见和公众意见采纳情况反馈机制，广泛凝聚社会共识。

二、确立政府的主导作用，厘清多元主体的协作关系

政府在社会治理体系中的主导作用，以政策层面的宏观引导为主，以不同主体之间的沟通协调为主。

在社会公共服务的组织中，区分提供与生产。政府的职责包括五个方面的内容。一是决定为何提供：汇集和表达市民的愿望及要求，代表市民利益，将其愿望和要求化为集体决策；二是决定提供什么：提供哪些公共产品和服务，提供的质量和数量标准；三是决定由谁来提供：政府自身、市场购买抑或政府和市场联合提供等；四是筹措资金和投入；五是制定公共服务生产和消费行为的规范。

在新型的社会治理体系中，政府职责集中在以下五个方面：一是制定政策，确立多元主体公平参与规则；二是联合和协调，使多元主体形成强大合力；三是培育、引导和规范社会组织，提高其自我治理的能力；四是依法、有序扩大公民参与，发挥其积极性和主动性；五是鼓励和引导多元主体制定切实可行的成员行为规范准则。

三、系统构建社会治理能力提升工程，注重社工人才培养

在中小学教育中开始强化公民教育，以社会主义核心价值观带动公民意识的培养；加大对政府相关部门在社会治理领域的培训力度，尤其注重理念和方法的培训；整合现有资源，不断开拓新的渠道支持社会组织能力建设项

目；重视和鼓励社会创新创业，扫除政策障碍，释放社会活力；加强社工人才队伍建设，将社工人才纳入整体人才队伍建设，建立健全职业序列、教育、培养和激励机制。通过构建社会治理能力提升工程，完善人才培养模式，不断提高首都社会治理能力。

4 第四章
家庭与社会治理

　　家庭是组成社会的基本单位，家庭治理是社会治理的基础。但是，家庭这一主体却长期游离于首都社会治理体系框架之外，国内对家庭和社会治理的学术研究及政策研究也远远不够。因此，我们取一章解释家庭的含义、作用，以及将家庭纳入社会治理体系框架的原因和依据，进而提出首都家庭治理政策建议。具体包括以下几个内容。

　　第一节是家庭的定义。从家庭的界定、国外学者和国内学者对家庭的分类、家庭的主要功能、对人们产生重要影响的家庭关系等方面对家庭的内涵、外延和基本特点进行了介绍。

　　第二节是将家庭纳入社会治理框架的依据。一方面是家庭治理的历史依据，从传统的家风家训中梳理出家庭治理的历史脉络，并结合习近平总书记在第一届全国文明家庭表彰大会上的讲话，指出现今仍旧应当弘扬传统家庭治理精华；另一方面是家庭治理的现实依据，从夫妻关系、亲子关系两方面论述了家庭对成人和儿童成长、生活方面的重大影响，并指出家庭治理符合社会治理多元化的要求和国际大趋势。

第三节是首都家庭治理现状与问题。通过对首都家庭基本数据、管理机构及其职能的国际对比、家庭相关法律政策等内容的总结和梳理，归纳出目前首都家庭治理出现的问题。

第四节是健全首都家庭治理对策建议。从理念、制度、主体、重点任务和技术五个层面，提出了改善首都家庭治理的政策建议。

第一节　家庭的定义

一、家庭的界定

家庭是指基于血缘关系、婚姻关系、同居关系、收养关系等组成的人类团体，是共同生活居住、共同经济核算、相互合作发挥作用的人所组成的基本单位。

在汉字中，"家"是一个会意字。上面是"宀"，表示与房屋有关，下面是"豕"，就是猪。古代生产力低下，人们多在房屋内养猪，所以房屋内有猪就成为家的标志。家的本意是"屋内、住所"。家庭一词随后出现，其基本含义是指一家之内，如《后汉书·郑钧传》："常称疾家庭，不应州郡辟召。"

对家庭含义本质的认识是从近代开始的。马克思和恩格斯（1961）认为，每日都在重新生产自己生命的人们开始生产另外一些人，即繁殖，这就是夫妻之间的关系，父母和子女之间的关系，也就是家庭。弗洛伊德认为，家庭是"肉体生活同社会机体生活之间的联系环节"。美国社会学家伯吉斯和洛克在《家庭》一书中指出，家庭是"被婚姻、血缘或收养的纽带联系起来的人的群体，各人以其作为父母、夫妻或兄弟姐妹的社会身份相互作用和交往，创造一个共同的文化"（杨善华，2006）。这些定义体现了家庭所具有的最基本的两个特点：①家庭具有人口繁殖的基本功能，绝大多数家庭都是由父母和子女组成的；②家庭具有社会功能，家庭成员之间具有社会关系，家庭是整个社会的组成部分。

从广义上讲，家庭一词也常常与整个亲属关系，尤其是近亲联系起来，任何具有亲属关系的人都可以称为一家人。这里的家庭含有家族和宗族的含义。家族是指具有共同的祖先、血缘或姻亲关系、养育关系的人组成的社会网络，不一定居住在一起但彼此承诺、承担一定的责任和义务，在中国一般以五服为界；而宗族则是指同宗、同姓、同地域的家族结成的群体。在日常生活中，也有人将家族和宗族称为家庭。

二、家庭的分类

1. 国外学者对家庭的分类

国外多数学者将家庭分为核心家庭、复合家庭、联合家庭和大家庭四种类型。

核心家庭（nuclear family）是指由结为夫妇的男性和女性，以及他们的子女共同组成的家庭。核心家庭是一个普遍的人类社会群体，无论是作为最基本、最常见的一种家庭类型，还是作为更复杂的家庭形式的基本单位，它在每个已知的社会中都作为一个独特而强大的功能群体存在。

复合家庭（compound family）是由多个核心家庭或核心家庭的一部分组成的家庭。例如，中华人民共和国成立之前的一夫多妻家庭由一位丈夫和数位妻子组成，就是典型的复合家庭。

联合家庭（joint family）是指由两个或多个具有夫妻关系、亲子关系或亲属关系的人组成，共同居住且拥有同一个权威的家庭。例如，父母与一位或者多位已婚子女共同居住，这样的家庭就是典型的联合家庭。

大家庭（extended family）是联合家庭的分散版本，一个大家庭的成员并不都住在同一个住所，但是他们通常生活在一起，从事共同的活动。

2. 国内学者对家庭的分类

我国和西方国家的传统及社会环境相差较大。在我国，按照家庭层次和亲属关系这两个基本标准，可以将我国的传统家庭分为核心家庭、主干家庭和联合家庭三种类型（杨善华，2006）。

核心家庭是现代家庭的主要形式，指一对夫妇与未婚子女所组成的家庭，由婚姻和血缘两条纽带联系，规模小、家庭关系简单，是最基本的家庭状态。核心家庭可以进一步分为以下几种类型：①夫妇核心家庭，只有夫妇两人组成的家庭；②一般核心家庭，一对夫妇与其未婚子女组成的家庭；③缺损核心家庭，又称单亲核心家庭，指夫妇一方和子女组成的家庭；④扩大核心家庭，父母与已婚子女组成的家庭，或者是已婚的兄弟姐妹及其子女与未婚的兄弟姐妹组成的家庭；⑤过渡核心家庭，指父母和结婚不久的儿子或女儿组成的家庭。

主干家庭是传统家庭模式的代表，由两代或两代以上夫妻组成，每代最多不超过一对夫妻，且中间无断代的家庭，如父母和已婚子女组成的家庭。有时，在子女结婚之后父母身边只留一个已婚子女组成家庭，其余子女另立门户，组成核心家庭。这些家庭之间保持着紧密的联系，父母关心和支援子女，子女为父母尽赡养义务，在节假日一般都聚集于父母身边，共享天伦之乐。

联合家庭是指父母（或单独一方）加上其子代中两对或两对以上的夫妻，再加上孙代所组成的家庭。联合家庭的特点是人数多、结构复杂，家庭内存在一个主要的权力和活动中心，几个权力和活动的次中心。

与传统家庭类型相对的就是非传统家庭类型，如表 4-1 所示。

表 4-1　非传统家庭类型

非传统家庭类型	含义
独身家庭	主要包括丧偶以后不与子女共同生活的丈夫或妻子、孤儿、独身主义者等
丁克家庭	是指不生育子女，只由丈夫和妻子组成的家庭
空巢家庭	一般是指家庭中子女外出工作或学习而使得老年人独居的家庭
留守儿童家庭	是指父母双方或一方外出到城市打工，留下子女与上辈亲人、父母亲的其他亲戚朋友在农村一起生活的家庭

三、家庭的功能

家庭承担着生殖、性别、教育、经济等多方面的功能，是社会最基本的组成单位（杨善华，2006）。一般来讲，家庭包括以下功能。

（1）生产功能：包括家庭的生产、分配、交换和消费。家庭是生产资料的占有单位、生产劳动的组织单位、劳动产品的分配和交换单位、产品的消费单位。

（2）生育功能：家庭是生育的基本单位，是种族绵延的保障。

（3）抚养和赡养功能：抚养是父母对子女生活上的供养，表现为上一代人为下一代人尽的责任和义务。赡养是子女对父母的供养和照顾。

（4）教育功能：家庭是人生的"第一课堂"，也是一所"终身制"的学校，家长是孩子的第一任老师。家庭教育担负着传授知识、培养品德、指导行为规范、使人实现社会化的责任。

（5）娱乐和情感慰藉功能：家庭是人的娱乐场所之一，娱乐能够增加家庭生活乐趣，丰富家庭生活内容。同时，家庭也是家庭成员感情交流最充分的场所，为家庭成员提供安全感和归属感。

四、家庭关系

家庭关系有着广义和狭义之分，广义上的家庭关系是指在宏观社会视角下，基于婚姻、血缘或法律产生的个体家庭的不同成员之间权利和义务的关系，而狭义的家庭关系则是从代际关系的视角出发，是与自己有着血缘或姻缘的家庭成员之间的交往关系（王跃生，2013）。

家庭关系存在于家庭成员之间，而其成员又分为血缘、姻缘和收养等关系，同时又有代际和代内之分。根据这些因素，将家庭关系分为夫妻关系、亲子关系、兄弟姐妹关系和亲属关系四大类，如图4-1所示。

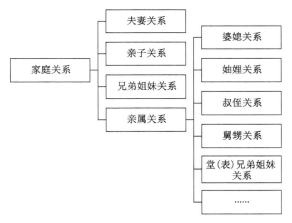

图 4-1　主要家庭关系类型图

我国最主要的家庭类型是以一对夫妇和未婚子女组成的一般核心家庭，夫妻生活是否幸福、亲子关系是否和睦又对人的心理健康、成长和发展起着重要作用。因此我们认为，对人们的日常生活、心理健康、个性发展乃至社会最重要的家庭关系是夫妻关系和亲子关系。

1. 夫妻关系

夫妻关系是基于婚姻而成立的家庭关系，是家庭关系的基础，也是人类特有的社会关系。周红（2013）根据婚姻的现实结果和生活状态及结成婚姻的动机和目的等因素，将夫妻关系分为亲密型夫妻关系、鸟巢型夫妻关系、平顺型夫妻关系、平等合作与分工型夫妻关系、懒惰型夫妻关系和怨偶型夫妻关系。具体如表4-2所示。

表4-2　根据现实结果和生活状态的夫妻关系分类

类型	描述
亲密型夫妻关系	夫妻之间的关系非常亲密、不易分离。其原因包括情欲、双方稳重成熟的性格、相互依赖、类似的个性和理想等
鸟巢型夫妻关系	夫妻双方的关系只是暂时的，并不稳定，随时有分离的可能。其原因包括同病相怜等主观因素；也包括分居、一方生命所剩无多等客观因素
平顺型夫妻关系	除夫妻双方感情之外，其他因素也对夫妻生活的稳定起着重大作用。例如，事业、家族关系、生活背景、媒妁之言等
平等合作与分工型夫妻关系	夫妻双方平等分担家庭事务，各取所长，在家庭中扮演各自的角色，对家庭较有责任感
懒惰型夫妻关系	男女双方在建立夫妻关系之后，对婚姻失去热情，没有紧张和冲突，也没有对婚姻的享受和乐趣
怨偶型夫妻关系	夫妻相处以冷暴力或争吵、肉体伤害的形式表现出来。其原因可能是无效沟通、生活习惯不一致、家庭情况或社会阶层相差过于悬殊等

根据结成婚姻的动机和目的，将夫妻关系分为爱情型夫妻关系、功利型夫妻关系和建设型夫妻关系。具体如表4-3所示。

表4-3　根据结成婚姻的动机和目的的夫妻关系分类

类型	描述
爱情型夫妻关系	夫妻双方因为爱情和相互吸引，结成夫妻关系，包括美貌与性吸引型和人格型夫妻两种类型
功利型夫妻关系	以功利为目的的婚姻关系，这些功利因素包括出身、学历、财产、社会关系等，爱情在婚姻中的位置相对较弱
建设型夫妻关系	因为有共同的生活目标而结成的夫妻关系，双方可以围绕这些目标密切合作，共同生活。这些目标包括成家立业、教育子女等

2. 亲子关系

亲子关系是父母与子女之间的相互关系，是以血缘和共同生活为基础，家庭中父母与子女互动所构成的人际关系。父母作为青少年最重要的交往对象，会通过言语教育、行为榜样等对青少年的行为起到塑造作用并产生影响，因此亲子关系是家庭中影响个体发展和适应的最重要变量。常用的亲子关系指标主要包括亲子依恋、亲子关系特征和父母教养方式。

亲子依恋是由英国心理学家 Bowlby（1969）提出，指婴儿与抚养者（主要是母亲）之间形成的情感联结状态。在早期的依恋关系中，儿童会形成一种内部工作模式，即对自己和他人的一种表征，内部工作模式会持续地影响儿童之后的行为。亲子依恋可分为安全型依恋和不安全型依恋，不安全型依恋又可分为回避型和焦虑矛盾型。具体如表 4-4 所示。

表 4-4　亲子依恋类型

依恋类型	具体类型	内部工作模式
安全型依恋		能体验父母的爱，与父母建立安全依恋关系，在成人之后将形成一个与别人建立信任关系的无意识的内部工作模式
不安全型依恋	回避型	与人交往和建立关系的基调是不信任，孤独、缺乏社会交往
	焦虑矛盾型	过分依赖、患得患失，与人交往时以不信任为主，具有破坏性，难以与他人相处

亲子关系特征包括父母支持、亲子冲突等因素。父母支持是社会支持的一种，指儿童所觉察到的来自父母或重要监护人的尊重、关爱和帮助，是影响儿童社会适应的重要因素；亲子冲突是指亲子双方表达出的不一致，如观念或情绪的对立、沉默、退缩或逃避等，在青少年认知、社会认知、社会情绪、社会理解能力及社会关系的发展中发挥着重要作用（俞国良和周雪梅，2003）。

父母教养方式是指父母的教养观念、教养行为及其对儿童的情感表现的一种相对稳定的组合方式，基本不随情境的变化而改变（Darling and Steinberg，1993）。Baumrind（1967）根据父母在对子女的教养过程中控制的严格程度和态度的温和程度，将教养方式分为权威型教养方式、专制型教养方式、溺爱型教养方式和忽视型教养方式。

第二节　将家庭纳入社会治理框架的依据

一、家庭治理的历史依据

家庭治理从古代开始早有渊源，古人通过家风、家训、家谱等内容加强家庭成员对家庭的归属感和认同感，达到教育子孙后代、团结宗族家庭的目的。要想在社会治理中发挥家庭的作用，应当激发家庭自身的积极性，家训、家风的作用必不可少。

1. 家风家训的历史渊源

我国有着五千年的文明史和深厚的文化底蕴，传统家训家风文化作为其重要组成部分，也有着深刻的历史渊源。家训是以教育子孙后代、指导家庭内部成员关系为目的的思想指导，其中包含着大量为人处世的道理，是连接中国五千年灿烂文化的重要载体。

我国古代家风家训是农耕文明不断发展的结果，发端于我国古代乡土亲缘社会。在当时的氏族大家庭中，个体家庭隶属和依附宗族，《礼记·祭统》中说，"礼有五经，莫重于祭"，就是通过祭祀仪式，加强宗族内部成员的伦理关系。在单个小家庭内部，长辈对晚辈的培养、教导同整个宗族大家长对其成员的培养、教导方式具有很大的相似性，形成了我国古代家风家训的雏形。

先秦时期，诸子百家的家训思想呈现出百花齐放的繁荣景象，后人通过追忆和整理的方法，使我国先秦家训得以记载和保存下来，流传千古。其中，孔子的后人和学生整理出的《孔子家训》中，记载着孔子教育儿子应当学诗、学礼，体现了孔子主张诗礼传家的家训传统。

魏晋南北朝时期，我国历史进入大分裂时期，战乱不断、社会不稳，国家层面的官方教育远远不足。古人从口头教育子孙及家庭成员的经验逐步认识到，家训对教育子女具有不同于社会教育和官方教育的独特优势。因此，重视家庭教育的官员和饱读诗书的文人自觉为自己的家庭撰写家训，文献家训就此产生。此时的家训包括家书、女训、遗训等多种形式，主要传达儒家的伦理思想，提倡孝敬父母、兄弟和睦、勤俭持家等内容。最为著名的家训之一是南北朝时期颜之推所编《颜氏家训》，分为《序致篇》、《教子篇》、《兄弟篇》等二十篇，为家族成员的道德修养、儿童教育、家庭关系、婚丧嫁娶、学业勉励、入世为官等各个方面做出了规定和要求。其《教子篇》中提到"父子之严，不可以狎；骨肉之爱，不可以简。简则慈孝不接，狎则怠慢生焉"，强调子女应当尊敬父母，父母也应当给予子女充分的爱。这些思想至今也是非常宝贵的精神财富。

唐宋时期是我国古代家训的繁盛阶段，这一时期传统家训文化开始逐步大众化，上至帝王，下至百姓，都十分重视对家庭成员的教诲和训导。唐宋时期家训的主要内容包括儒家思想的忠孝、仁爱、礼义思想，如何处理人际关系，要求子女严于律己、宽以待人。这一时期最为著名的家训为《朱氏家训》，该家训用短短 300 余字教诲子女要遵守忠孝仁爱的思想道德，勿以善小而不为，勿以恶小而为之。全篇通俗易懂，易于流传，体现了唐宋时期家训的成熟和繁荣。

明清时期，各种各样的家训数量繁多，内容丰富多彩，形式多样。其不仅包括传统的忠孝观念、仁义思想、待人接物、兄弟和睦、治家理财、耕读传家等观念，还包括贞操观念、女子家训、养生健康、民族气节等内容。到了晚清时期，以曾国藩、左宗棠为代表的洋务派接受了西方的家庭观念，在家庭教育中主张顺应时势，以开明的态度教育家庭成员，主张读书与经世致用相结合，开创了传统家训的新风。

2. 新时代对家风家训的新要求

十八大以来，习近平总书记高度重视家风家训问题。习近平总书记在 2016 年 12 月召开的第一届全国文明家庭表彰大会上发表的《以千千万万家庭好家风支撑起全社会好风气》的讲话中指出："家风是社会风气的重要组成部分。家庭不只是人们身体的住处，更是人们心灵的归宿。家风好，就能家道兴盛、和顺美满；家风差，难免殃及子孙、贻害社会……广大家庭都要弘扬优良家风，以千千万万家庭的好家风支撑起全社会的好风气。特别是各级领导干部要带头抓好家风。"[①]因此，响应习近平总书记的号召，在全社会加强家风建设，有助于培养人才，惠及家庭家族，造福社会。

总之，从古至今，人们都非常重视家庭建设，并以家风家训的形式凝聚家庭、教育子女。家庭稳，社会基础才能稳，家庭好，社会矛盾才会少。因此，应该响应习近平总书记的号召，重视家庭在社会治理体系中的作用。

二、家庭治理的现实依据

1. 家庭是社会治理框架的基础

一方面，家庭是社会的基本组成单元，是社会最基本的单位结构，也是最重要的初级群体，家庭的安宁和稳定对于社会的稳定十分重要；另一方面，

---

① 习近平：以千千万万家庭好家风支撑起全社会好风气[OL]. https://www.jfdaily.com/news/detail?id=39430[2018-10-16].

家庭内部的组织方式或结构类型发生变化，会促使家庭功能及家庭成员的关系模式发生改变，从而对整个社会产生影响。

2. 家庭是男性和女性处理夫妻关系，完成向丈夫和妻子、父亲和母亲角色转变的场所

随着家庭的建立和子女的出生，男性及女性实现了向丈夫和妻子、父亲和母亲角色的转变。这样的转变不仅包括生理上，更是包括众多心理上的转变，主要包括在子女出生之后对新的家庭生活、夫妻关系的重新适应等。具体体现在以下几个方面。

（1）子女出生后对婚姻生活的重新适应和调整。在子女出生后，无论男性还是女性，都或多或少地面临着婚姻满意度下降的情况。其原因有很多：第一，子女出生之后，夫妻双方都不可避免地将部分情感和精力分割给了子女，而对伴侣的情感和精力上的付出有所减少，夫妻双方容易产生落差，影响夫妻感情和婚姻满意度。第二，抚养子女所需要付出的时间、金钱和精力增加了家庭的经济压力及夫妻双方的工作量，可能降低家庭生活的幸福感。第三，如果丈夫或妻子本身对结婚或生育拥有负面记忆，在子女出生之后又没有得到良好的安慰和支持，就有可能导致抑郁等心理问题。

（2）女性在生育之后面临的心理问题。Berg 和 Dahlberg（2001）的研究认为，女性在向母亲过渡的过程中如果没有来自家人和丈夫的适当帮助，可能会对母亲本身、子女和家庭带来严重的后果。妻子在生育后的第一年之内，抑郁症和心理障碍的发生率比其他任何时候都要高。另外，如果女性没有在这个阶段得到丈夫恰当的支持，甚至得到丈夫的负面反馈，则将伤害她们对丈夫的感情，降低对丈夫的支持程度和信任度，使她们进入更加焦虑的状态。这种情况将大大减少女性照顾子女投入的感情和努力，从而不利于子女的生存和成长。

（3）生育之后职业女性的工作压力。随着我国社会的发展，大部分女性都活跃在自己的工作岗位上。因此，如何平衡工作和照顾年幼子女的关系就成为年轻母亲的巨大挑战。Hyde 等（1995）的研究发现，在双职工家庭中，子女出生之后女性比男性有着更大的压力。压力的来源包括家庭和社会两个层面：在家庭层面，受传统"男主外、女主内"观念的影响，丈夫有可能对照顾子女不合作、负责较少，导致家庭内部育儿工作分配不合理，加大了妻子的负担；在社会层面，产假天数不够、儿童保育工作不完善等因素都制约了女性重返工作岗位时的工作能力，加大了女性在平衡工作和家庭方面的压力。

（4）男性对角色转变的不熟悉和养育子女技能的缺乏所带来的压力。和女性相比，男性在成为父亲之前婚姻关系的质量对他适应父亲角色的难易程度有很大影响。一方面，如果妻子出现产后抑郁的情况，将严重影响夫妻关系，并可能使男性对子女的感情和对养育子女的热情下降；另一方面，如果男性认为自己没有做好当父亲的准备，但为了维持关系同意怀孕时，这样的夫妻关系很有可能在子女年幼时破裂，这时父亲无法对年幼的子女承担责任，进而会对子女的成长产生严重的伤害。

3. 家庭是父母教养子女，保证子女健康成长的场所

在家庭中，父母对子女的教养方式主要包括两种：一种是养育，父母通过照顾、抚养和情感交流，构建亲子关系，对子女的生理和心理等各个方面进行广泛及潜移默化的影响；另一种是教育，由父母在家庭中通过言传身教和亲身实践，对子女有意或无意之间产生教育和影响。父母对子女的教养方式对子女的性格养成和社会化、心理健康、身体健康及能力发展都有着非常重要的作用，具体如下。

1）父母的教养方式影响子女的性格养成和社会化

美国著名心理学家 Baumrind（1970）根据父母对子女的教育态度是否温和及无微不至、父母对子女的控制是否严格两项因素，将父母的教养方式分为权威型、独裁型、溺爱型和忽视型。权威型的教养方式中，父母对子女态度严格，通常以沟通、辩论的方式解决问题；独裁型的教养方式中，父母对子女不仅态度严格，在做决定时也主要依靠父母对子女的强制力；溺爱型的教养方式中，父母对子女态度温和，对子女的行为控制程度低；忽视型的教养方式中，父母对子女放任自流，态度也不够温和。具体如表 4-5 所示。

表 4-5　父母教养方式主要类型

项目		态度温和程度	
		高	低
控制程度	高	权威型	独裁型
	低	溺爱型	忽视型

上述四类不同的教养方式会导致子女形成不同的性格特质，如表 4-6 所示。

表 4-6　由不同教养方式形成的子女性格特质

教养方式类型	子女的性格特质
权威型	心情愉快；独立、自制力强；在新环境中表现出兴趣和好奇心；充满活力；容易和同伴建立友情；能够配合成年人；能够很好地面对压力
独裁型	情绪化、不快乐、没有目标；瞻前顾后、忧虑、易怒；被动顺从、消极敌对；行为在攻击和消极撤退之间摇摆；经常受到压力的影响
溺爱型	咄咄逼人、霸道、不顺从；易怒，但也容易恢复到正常情绪；缺少自制力和独立性；冲动；目标不明确，缺少目标导向性的行动
忽视型	喜怒无常、依赖性强、冲动、好斗、不顺从、不负责任；自尊心弱、和家庭疏远、不成熟；社会化程度低，缺乏社会生活需要的技能；难以与人交往

综上可知，父母的教养方式对子女的性格养成和社会化方面有着重要的影响。

（1）性格养成。当父母对子女的行为采用权威型的严格管理，并以民主、沟通的方式和子女交流时，子女倾向于养成独立、有活力、友善、努力的性格特质。而独裁型、忽视型和溺爱型的教养方式养成的子女，则或多或少地具有一定的性格缺陷。

（2）社会化。权威型教养方式下成长的儿童容易和同伴建立友情，也能够很好地配合成年人；独裁型教养方式下成长的儿童在社会中一般会表现出被动顺从、消极敌对的特点；溺爱型教养方式下成长的儿童在社会中常常表现出霸道和不顺从的现象；忽视型教养方式下成长的儿童对他人则经常表现出疏远的特点。

2）父母的教养方式影响子女的心理健康

根据国外许多学者的研究，父母的教养方式对青少年的心理健康有着很大的影响。总体而言，接纳、民主、尊重、激励、理解及管教等积极的教养方式对青少年的心理健康和行为规范有着促进作用，而拒绝、独裁、惩罚、责备及控制等消极的教养方式与青少年的心理障碍和青少年违法行为的产生密切相关（Meleod et al., 2007）。蒋小娟等（2013）根据对 200 例临床确诊的心理行为障碍青少年患者（病例组）和正常青少年（对照组）的对照研究，认为父母的教养方式与儿童和青少年的心理症状存在显著相关，其中父母接纳、父亲关心、父亲理解、父母责备、父母温情、父亲粗暴、父母控制和父母苛求等维度对心理症状的影响最为显著。左阿珠等（2016）认为父母的教养行为对子女的心理健康的影响主要表现在以下方面。

（1）儿童认知。张茜洋等（2017）认为，儿童认知刺激的核心作用是在家庭中，虽然遗传因素可能影响教养方式和儿童认知能力，但儿童早期智力发展可以通过教养实践的干预来提高。积极回应、负有责任的亲子关系和教养方式对儿童早期认知能力的发展具有重要作用。

（2）情绪。父母在社会化过程中的行为方式、情绪管理和对子女情绪管理所采取的策略对子女调节自身情绪都具有较大影响。在母亲与子女的关系中，儿童积极性低与母亲的关爱程度低有关，且儿童的负面情绪与母亲在心理和行为上的高度控制有关，过度保护、过度控制的教养方式可能会限制儿童能力发展的机会，导致儿童产生焦虑和心理问题。

（3）社会行为。不良的教养方式与儿童的反社会行为有因果关系。左阿珠等（2016）的研究表明，父母低温暖的教养方式及和子女的不支持的沟通态度与青少年自杀呈正相关。另外，父亲和母亲不同的教养方式影响着儿童的攻击性行为，家庭中一个采用专制型的教养方式，另一个采用宽松型的教养方式，这种类型的家庭教养和儿童的攻击性行为呈正相关。

3）父母的教养方式影响子女的身体健康和能力发展

父母的教养方式影响子女的身体健康和能力发展主要体现在如下方面。

（1）健康相关行为。不仅儿童的社会行为等外化行为会受到教养方式的影响，儿童的睡眠、饮食、身体锻炼等健康相关行为也会受到教养方式的影响。有研究证明，父母强制性控制的教养方式与儿童频繁的甜食消费呈正相关，与儿童的睡眠时间呈负相关；温暖、鼓励、支持的教养方式会给儿童带来更为健康的饮食习惯；父母过度保护的子女在饮食上吃的更少；等等（左阿珠等，2016）。

（2）智力发展和学习能力。林莉和侯玉波（2007）的研究认为，儿童学习不良（智力正常的儿童实际学习能力远远低于其年龄和智力应当达到的水平）现象的出现受到父母教养方式的影响。父母在子女学习方面采取的不良教养方式有两种，一种是父母受"望子成龙"心态影响，对子女的学习实施强迫、干涉和责罚，这种行为会使得子女对自己的自我评价降低，进而形成对学习的恐惧或痛恨心理，甚至以违纪来发泄内心的自卑和不安；另一种是父母过分娇惯子女，导致子女任性、娇气、不愿在学习方面动手动脑。

4. 家庭教育有其他教育无法替代的独特特点

（1）多功能性。家庭虽然有教育的功能，但教育不是唯一的功能。人们在家庭这样一个拥有多种功能的组织内受到教育、影响和训练，得到多方面的熏陶，学到各方面的知识和技能，增强社会适应能力。

（2）双重身份。家庭中的教育者和受教育者的关系不是单一的，同时也是家长和子女的关系。

（3）无选择性。人们从做父母的第一天起，就要承担起教育子女的责任，这是不能推卸的。无论他们称职与否，都无可选择地成为子女的监护人和教育者。

（4）关系长久。父母与子女的关系是永久的，是以血缘关系为纽带、以亲情为基础、以法律为保障的人伦关系，不会因为岁月的流逝发生变化。

（5）体现家长的意愿。在培养目标的确定上，家庭教育在很大程度上取决于家长，会受到父母的经历、思想、文化素养、职业、志向和爱好的影响。

（6）无计划性。家庭教育一般没有计划，也没有系统的、固定的教育教学内容，常常是家长认为需要教什么就教什么，发现什么问题就进行相应内容的教育和训练。

（7）终身性。家庭教育是终身教育，无论是子女进入社会之前还是之后，父母的教育都持续不断。只不过是从行为规范、智力开发、启蒙学习、思想品德和身体保健等方面转变为为人处世、学业、工作、婚恋、夫妻关系、亲子关系等方面。

由上可以得出：第一，家庭教育贯穿人从出生到死亡的各个阶段，是最初始的也是终身的教育；第二，父母通过家庭教育对子女施加影响，促成子女人格的形成，在不同类型的家庭教育中成长的子女，养成的性格特质差别巨大，当子女进入社会之后，不同的性格特质对社会的影响更是千差万别。因此，每一对父母都应当正视家庭教育的重要性，承担起家庭教育的责任。

但在目前，学校在一定程度上承担了父母应当承担的教育责任，造成了家长对于子女教育的"卸责"。有很多家长认为，儿童教育是国家和学校的事情，家长的职责只是负责将适龄儿童送入学校，对儿童的教育过程和应承担的教育责任关心不够，对身为父母的教育作用有所忽视。因此，北京市政府应当加强首都家庭治理，从政府和社会层面为家庭教育提供良好的基础及环境。

5. 家庭治理符合社会治理多元化的要求

长期以来，我国社会治理的主体主要是政府和企业，结构相对单一。目前，我国社会正处在体制转型和发展转型的特殊阶段，社会问题日益复杂，这就使得社会治理难度不断加大，社会结构呈现出复杂性、多元性及不确定性。政府必须与社会力量合作，共同解决社会治理出现的种种问题。在此背景下，家庭应当作为重要主体，纳入社会治理体系框架。

6. 重视家庭治理是国际大趋势

联合国早在 1948 年便在《世界人权宣言》中强调"家庭是天然的和基本的社会单元，并应受社会和国家的保护。"2004 年，联合国在"国际家庭年" 10 周年之际提出"健康稳定的家庭架构是人类福祉的基础"，并呼吁"各国政府应把帮助解决家庭问题和让家庭发挥作用纳入国家发展大纲"[①]。2014 年，联合国了举办"国际家庭年" 20 周年活动，并将主题定为"进一步推进各国家庭政策的制订"。由此不难看出，家庭的稳定与和谐，对于顺利实现社会治理必不可缺。

第三节　首都家庭治理现状与问题

一、首都家庭基本数据

根据北京市统计局和国家统计局北京调查总队（2018）发布的最新数据，截至 2017 年底，北京市共有常住人口 2170.7 万人。其中，常住户籍人口为 1359.2 万人，占常住人口的比重为 62.6%，常住外来人口为 794.3 万人，占常住人口的比重为 36.6%。

结合人口数据和户籍性质，2016 年北京市家庭规模基本状况如表 4-7 所示。

表 4-7　2016 年北京市家庭规模基本状况

项目	调查家庭总户数/户	家庭户规模所占比重/%				
		一人户	两人户	三人户	四人户	五人及以上户
全市	154 028	20.1	31.3	27.8	10.8	10.1
城镇	125 300	20.3	31.0	29.2	10.5	9.0
乡村	28 728	19.1	32.4	21.8	11.9	14.9

资料来源：北京市统计局和国家统计局北京调查总队（2017）

注：受四舍五入影响，表中数据略有误差，余同

[①] 世界人权宣言[OL]. https://www.ohchr.org/EN/UDHR/Documents/UDHR_Translations/chn.pdf[2018-05-11].

从表 4-7 可以看出，首都家庭中有 81.35% 为城镇户口，远远超过乡村的 18.65%，反映出首都较高的城镇化水平，这将进一步影响到首都家庭的经济收入水平。从家庭规模角度分析，北京市两人户和三人户所占比重较大，而规模在三人以上的家庭（不含三人户）总计只有约 20.9%，反映出北京市家庭普遍规模较小和少子化的特点。从年龄结构上看，2016 年北京市常住人口年龄构成如表 4-8 所示。

表 4-8　2016 年北京市常住人口年龄构成

年龄组	常住人口数/万人	比重/%	年龄组	常住人口数/万人	比重/%
0～4 岁	96.4	4.5	50～54 岁	177.8	8.2
5～9 岁	75.5	3.5	55～59 岁	143.6	6.6
10～14 岁	51.9	2.4	60～64 岁	118.0	5.4
15～19 岁	59.2	2.7	65～69 岁	80.4	3.7
20～24 岁	191.6	8.8	70～74 岁	52.9	2.4
25～29 岁	256.9	11.8	75～79 岁	44.3	2.0
30～34 岁	236.8	10.9	80～84 岁	33.2	1.5
35～39 岁	187.9	8.7	85 岁及以上	19.6	0.9
40～44 岁	171.0	7.9	合计	2172.9	100.0
45～49 岁	175.9	8.1			

资料来源：北京市统计局和国家统计局北京调查总队（2017）

北京市人口年龄结构的变动受外来人口流入影响较大，常住外来人口的年龄集中在 20～39 岁，伴随外来人口的不断流入，北京市常住人口的年龄结构呈现出"两头小、中间大"的特点，这表明短期内，北京市劳动力资源丰富，尚处于"人口红利"的黄金时期。但除去外来人口后，常住户籍人口则呈现明显的老龄化趋势，这部分家庭的养老负担将进一步加大。

二、家庭机构设置的国际对比

1. 国家层面家庭机构设置

在国家层面，根据 2018 年公布的《深化党和国家机构改革方案》，我国目前负责家庭管理的中央政府机构主要包括民政部、人力资源和社会保障部及国家卫生健康委员会。其中，国家卫生健康委员会下设妇幼健康司，负责制定妇幼卫生健康政策、标准和规范，指导妇幼卫生工作。这些部门的具体职责如表 4-9 所示。

表 4-9　国家层面家庭管理相关政府机构及职能

政府部门	家庭相关职能
民政部	①拟订民政事业发展规划和方针政策，起草有关法律法规草案，制定部门规章，并组织实施和监督检查。 ②拟订优抚政策、标准和办法，拟订退役士兵、复员干部、军队离退休干部和军队无军籍退休退职职工安置政策及计划，拟订烈士褒扬办法，组织和指导拥军优属工作，承担全国拥军优属拥政爱民工作领导小组的有关具体工作。 ③拟订社会福利事业发展规划、政策和标准，拟订社会福利机构管理办法和福利彩票发行管理办法，组织拟订促进慈善事业的政策，组织、指导社会捐助工作，指导老年人、孤儿和残疾人等特殊群体权益保障工作。 ④拟订婚姻管理、殡葬管理和儿童收养的政策，负责推进婚俗和殡葬改革，指导婚姻、殡葬、收养、救助服务机构管理工作
人力资源和社会保障部	①拟订人力资源和社会保障事业发展规划、政策，起草人力资源和社会保障法律法规草案，制定部门规章，并组织实施和监督检查。 ②统筹建立覆盖城乡的社会保障体系。统筹拟订城乡社会保险及其补充保险政策和标准，组织拟订全国统一的社会保险关系转续办法和基础养老金全国统筹办法，统筹拟订机关企事业单位基本养老保险政策并逐步提高基金统筹层次。会同有关部门拟订社会保险及其补充保险基金管理和监督制度，编制全国社会保险基金预决算草案，参与制定全国社会保障基金投资政策
国家卫生健康委员会	负责计划生育管理和服务工作，开展人口监测预警，研究提出人口与家庭发展相关政策建议，完善计划生育政策

除此之外，中华全国妇女联合会、中国共产主义青年团、中国少年先锋队等非政府机构也通过履行其职能，维护妇女权益，促进男女平等，为维护青少年权益方面做出努力，为政府机构的职能履行做出协助和补充。其具体职能如表 4-10 所示。

表 4-10　国家层面家庭管理相关非政府机构及职能

机构	家庭相关职能
中华全国妇女联合会	①维护妇女儿童合法权益，倾听妇女意见，反映妇女诉求，向各级国家机关提出有关建议，要求并协助有关部门或单位查处侵害妇女儿童权益的行为，为受侵害的妇女儿童提供帮助。 ②教育和引导广大妇女践行社会主义核心价值观，发扬自尊、自信、自立、自强的精神，提高综合素质，实现全面发展。宣传马克思主义妇女观，推动落实男女平等基本国策，营造有利于妇女全面发展的社会环境。宣传表彰优秀妇女典型，培养、推荐女性人才。 ③关心妇女工作生活，拓宽服务渠道，建设服务阵地，发展公益事业，壮大巾帼志愿者队伍，加强"妇女之家"建设。加强与女性社会组织和社会各界的联系，推动全社会为妇女儿童和家庭服务

续表

机构	家庭相关职能
中国共产主义青年团	①把帮助青年确立正确的理想、坚定的信念作为首要任务。 ②坚持服务青少年的工作生命线。以青少年为中心，从青少年的需求出发，强化服务意识，提升服务能力，挖掘服务资源，千方百计地为青少年排忧解难，更多地关心和帮助困难青少年，维护青少年合法权益，使团组织成为广大青少年遇到困难时想得起、找得到、靠得住的力量
中国少年先锋队	①团结教育少年儿童，听党的话，爱祖国、爱人民、爱劳动、爱科学，爱护公共财物，努力学习，锻炼身体，参与实践，培养能力，立志为建设中国特色社会主义现代化强国贡献力量，努力成长为社会主义现代化建设需要的合格人才，做共产主义事业的接班人。 ②维护少年儿童的正当权益

2. 北京市层面家庭相关机构设置

北京市从市级和区级两个层面管理家庭。在市级层面，主要是由北京市民政局、北京市卫生和计划生育委员会、北京市人力资源和社会保障局等政府部门及中国共产主义青年团北京市委员会等非政府机构从不同方面参与家庭管理；在区级层面，各区政府承担了户籍管理、婚姻登记、社会保障等许多方面的具体工作。总体来讲，这些机构的关系如图 4-2 所示。

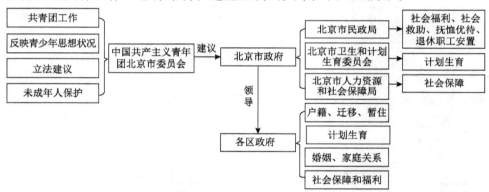

图 4-2　北京市家庭管理相关机构关系图

在北京市层面，履行管理家庭相关职能的主要市级政府机构是北京市民政局、北京市卫生和计划生育委员会、北京市人力资源和社会保障局，市级非政府机构是中国共产主义青年团北京市委员会。其中，北京市民政局主要负责婚姻管理、儿童收养、社会福利、社会救助、抚恤优待等工作；北京市卫生和计划生育委员会主要负责计划生育管理及服务工作；北京市人力资源和社会保障局主要负责社会保障及社会保险体系的建立；中国共产主义青年团北京市委员会主要负责未成年人保护、青少年教育等方面的工作。具体如表 4-11 所示。

表 4-11 北京市层面家庭管理机构及其职能

机构类型	机构名	家庭相关职能
政府机构	北京市民政局	①拟订本市社会福利事业发展规划、政策和标准；指导老年人、孤儿和残疾人等特殊困难群体的权益保障工作。 ②组织拟订本市城乡社会救助规划、政策和标准；健全城乡社会救助体系，负责城乡居民最低生活保障、医疗救助、临时救助、城市生活无着的流浪乞讨人员救助工作；负责农村五保供养工作。 ③拟订本市抚恤优待政策、标准和办法，组织和指导拥军优属、抚恤优待和烈士褒扬工作。 ④拟订本市退役士兵、复员干部、军队离退休干部和军队无军籍退休退职职工安置政策。 ⑤拟订本市婚姻管理、殡葬管理和儿童收养政策，负责推进婚俗和殡葬改革，指导婚姻、殡葬、收养、救助服务机构管理工作。 ⑥负责本市社会工作人才登记管理和继续教育工作
	北京市卫生和计划生育委员会	①负责贯彻落实国家计划生育政策，组织实施促进出生人口性别平衡的政策措施，组织监测本市计划生育发展动态，提出发布计划生育安全预警预报信息建议；制定计划生育技术服务管理制度并监督实施；制定优生优育和提高出生人口素质的措施并组织实施；推动实施生育生殖健康促进计划，降低出生缺陷人口数量。 ①组织建立本市计划生育利益导向、计划生育特殊困难家庭扶助和促进计划生育家庭发展等机制；负责协调推进有关部门、群众团体履行计划生育工作相关职责，建立与经济社会发展政策的衔接机制，提出稳定低生育水平的政策措施。 ③负责本市流动人口计划生育服务与管理，制定流动人口计划生育服务管理制度并组织落实，推动建立流动人口计划生育信息共享和公共服务工作机制。 ④组织拟订本市卫生和计划生育科技发展规划并组织实施；负责统筹首都卫生发展科研专项资金管理和医疗卫生科技成果推广、应用工作；组织实施计划生育科学研究，指导避孕节育的技术推广和科学普及工作。 ⑤负责对卫生和计划生育法律法规与政策措施落实情况进行监督检查，组织查处重大违法行为；监督落实计划生育一票否决制。 ⑥负责本市卫生和计划生育宣传、健康教育、健康促进、爱国卫生和信息化建设等工作，依法组织实施统计调查，参与北京市人口综合信息平台建设
	北京市人力资源和社会保障局	①统筹建立覆盖城乡的社会保障体系。拟订并组织实施本市城乡社会保险及补充保险政策和标准。 ②会同有关部门拟订社会保险及补充保险基金管理和监督制度，参与拟订本市社会保障基金投资政策
非政府机构	中国共产主义青年团北京市委员会	①负责全市共青团工作和青少年工作的理论研究。 ②向市委、市政府反映青少年思想状况，参与协调处理各种与青少年利益相关的工作。 ③对青少年工作中的重大问题提出立法建议，参与有关全市性青少年法规的起草、实施、监督等工作。 ④承担北京市未成年人保护委员会办公室的工作

　　虽然北京市政府及其下属各部门在市级层面负责家庭的相关工作，但上述四个市级机构的职责较为广泛且机构人手有限，很难在更加具体的层面管理家庭。与家庭和居民生活密切相关的具体工作由各区政府承担。

　　区政府对家庭的管理包括以下几个方面：第一，户籍、迁移、暂住方面，为居民办理户籍，解决在京入户问题；第二，计划生育方面，包括计划生育、为新生婴儿办理出生登记等；第三，婚姻、家庭关系方面，包括婚姻登记、监护人指定、寄养等；第四，社会保障和福利方面，包括养老、最低生活保障、家庭补助等。具体如表 4-12 所示。

表 4-12　北京市区政府家庭管理职能

领域	具体措施
户籍、迁移、暂住	①为本市户籍人员办理迁往市外户口登记； ②刑满释放、解除劳教人员在京入户； ③退学、退兵人员入户登记； ④为本市户籍人员办理户籍登记事项的变更更正； ⑤为来京人员办理暂住登记和居住证； ⑥市内迁移登记； ⑦为死亡、宣告死亡、宣告失踪人员办理户口注销； ⑧为本市户籍人员办理分户、立户登记； ⑨为出国、出境定居人员注销户口； ⑩居民身份证办理
计划生育	①为新生婴儿办理出生登记； ②对北京市农村部分计划生育家庭奖励扶助对象的资格确认； ③再生育行政确认
婚姻、家庭关系	①婚姻登记； ②家庭寄养协议的备案； ③安置因家庭暴力处于危险状态的无民事行为能力人、限制民事行为能力人； ④担任未成年人监护人、临时监护人； ⑤同意其他愿意担任监护人的个人或组织对未成年人进行监护； ⑥对受胁迫结婚的婚姻进行撤销
社会保障和福利	①对日托型社区托老所给予补贴； ②对符合条件的见义勇为人员及其家属给予参保资助； ③对见义勇为牺牲人员的家属、致残人员及其家属给予经济补助； ④为见义勇为牺牲人员的家属发放定期抚恤金； ⑤对申请最低生活保障待遇家庭进行调查核实

3. 国外家庭管理机构和职能概况

在此，我们对日本、美国和英国三个国家的家庭管理机构及其职能进行了梳理，并对这三个国家家庭管理机构的特点进行了简单总结，具体如下。

1）日本的家庭管理机构

在日本的中央层面，家庭相关事务由厚生劳动省[①]下的雇佣均等·儿童家庭局负责。该机构的宗旨是为减少少子高龄化，帮助民众创造有利于抚育儿童的环境。同时，中央政府、地方公共团体、地方政府、企业、学校、社会教育设施、儿童福利设施等主体共同构建育儿支援体系，最大限度地保护儿童的权益。具体如表 4-13 所示。

表 4-13　日本中央政府家庭管理机构及职能

主要职责	具体阐释	政策内容
育儿和工作双方面支援政策的推进	通过产假制度、减少劳动时间，为母亲创造安心育儿的雇佣环境；建立多样化、弹性化的保育所制度	①颁布《育儿、介护休业法》和《次时代育成支援对策推进法》；②产假和产假补贴政策；③建立公共场所托儿设施；④帮助因养育儿童而辞职的人实现再就职；⑤减少劳动时间；⑥提升保育体系的多样化和弹性化；⑦扩充幼儿保育、延长保育、临时保育事业；⑧多功能化保育所的准备；⑨儿童放学后对策的充实
建立安心、安全的母子保健医疗体制	建立男女共同分担、照顾子女的社会环境，强化家庭育儿支援政策；建立有助于母亲安心生产的母子保健医疗体制	①根据地区建立母子保健医疗体制；②婴幼儿健康支援服务事业的推进
住宅和生活环境的准备	为了给儿童创造良好的生活环境，加大良好住宅的供给；建立公园等家庭交流场所、儿童保健设施、运动设施、社会教育设施、文化设施；建立安全的生活环境	①建设良好家庭供给优质住宅；②实现育儿和家庭两立的愉快的居住生活；③儿童游乐场、安全生活环境的准备
宽松的教育环境和培养健全的青少年	为减少养育儿童的心理负担，建立宽松的教育环境；为儿童创造团体活动、文化体育活动等多样化生活和文化体验；鼓励儿童和同伴玩耍、与地区社会接触、参与志愿者活动，建立有助于儿童健全性格养成的家庭和社会环境	①建立宽松的教育环境；②提供校外体验等活动机会；③建立育儿相关的协商体制，充实家庭教育

① 厚生劳动省是日本中央省厅下的政府机构，于2001年改编成立，是日本负责医疗卫生和社会保障的主要部门，主要负责日本的国民健康、医疗、儿童权益保护、儿童养育、社会福利、雇佣劳动、养老金等职责，参见 https://zh.wikipedia.org/wiki/%E5%8E%9A%E7%94%9F%E5%8B%9E%E5%8B%95%E7%9C%81[2018-09-22]。

续表

主要职责	具体阐释	政策内容
儿童养育费用的减少	为了减少家庭的养育负担，考虑社会全体的支援方案	①减少幼儿园、学校等教育机构的学费； ②在减轻乳儿和多子家庭保育费的同时，谋求减轻双方都有工作的夫妻的负担，促进保育费负担的公平化； ③减轻经济负担，改善税制、儿童照料等社会保障制度
育儿支援的基础准备	建立地区育儿支援中心；地方自治机构也应为此做出相应准备	
防止虐待儿童	预防虐待儿童事件的发生；虐待儿童事件发生时做出迅速准确的反应；受虐待儿童的自我保护；儿童虐待情况的年度报告	①建立保护儿童对策地区协会、市区町村儿童家庭综合支援中心、儿童商谈所等机构； ②乳儿家庭全户访问、养育支援访问、地区育儿支援中心建设； ③帮助受虐待儿童自立，重新构筑亲子关系

在地方层面，日本的地方政府机构也有相应的机构管理女性、青少年等家庭事务。以东京都为例，有关家庭管理的机构主要包括青少年·治安对策本部、生活文化局和福利保健局三个机构。这三个机构有关家庭的职责如表 4-14 所示。

表 4-14　东京都政府家庭管理机构及职责

机构名称	职责内容	家庭相关的职责内容
青少年·治安对策本部	推进青少年健全育成、治安、交通安全相关的综合措施	①东京都儿童、青少年问题对策会议，以及青少年健全育成条例； ②青少年自立支援； ③地区青少年的健全育成； ④儿童安全对策； ⑤青少年问题协议会，以及东京都儿童、青少年支援协议会的运营； ⑥青少年施策的普及事业
生活文化局	广告、广播活动、文化、法人的认可、男女平等推进、私学振兴、消费生活	①推进男女平等；颁布《东京都男女平等参画基本条例》、《东京都男女平等参画推进综合计划》和《东京都家庭暴力对策基本计划》等政策； ②女性活跃推进：女性工作、育儿-工作两立、女性创业、女性烦恼商谈等； ③生活-工作平衡； ④建立东京女性广场； ⑤区市町村施策

续表

机构名称	职责内容	家庭相关的职责内容
福利保健局	儿童家庭·老年人·残疾儿童·女性福利、介护保险制度、国民健康保险制度、生活保护、福利建设、民间社会福利设施的指导·检查、医疗对策、精神疾病患者的保健福利、身心残疾人的保健医疗、食品药品安全、母子保健·成人保健、环境保健、环境卫生、动物爱护、传染病对策	①东京都青年被害女性支援事业； ②儿童家庭政策：新生儿听觉检查会议、东京都母子保健运营协议会、培育育儿支援员、东京都儿童福利审议会、东京都儿童·育儿会议、安心儿童基金、儿童虐待案件跟踪发表、地区少子化对策等； ③怀孕、生产：不孕不育治疗费补贴、入院助产补贴、妊娠高血压补贴、婴幼儿事故预防、东京都妊娠医疗设施、产后支援状况调查、医疗机关与儿童监护人关系调解等； ④育儿支援：育儿支援东京护照事业、东京都母婴室建设、育儿支援东京会议、儿童相关津贴、东京育儿信息服务、子女夭折、生育儿女的配给住宅供给； ⑤保育服务：东京都待机儿童对策协议会、保育所·保育设施整备认证事业、保育员培训、家庭保育事业、医院内保育所联营事业、患病儿童保育事业、儿童观·儿童俱乐部·儿童游乐园工作、工作单位保育设施支援； ⑥单亲家庭支援：生活商谈、就业支援、育儿支援、经济支援、母子·父子福利团体、东京都单亲家庭自立支援计划、区市町村单亲福利施策实施计划； ⑦家庭暴力商谈； ⑧养父母制度

2）美国的家庭管理机构

美国在家庭管理机构设置方面更加注重儿童的保护。中央政府层面的家庭管理机构为儿童和家庭管理局（Administration for Children and Families，ACF），是美国卫生与公共服务部之下的政府机构。下设美国原住民管理局、儿童局、儿童早期发展办公室、家庭和青少年服务局、儿童照料办公室、儿童支持执行办公室、社会服务办公室、家庭援助办公室、领先办公室、公民服务应急反应办公室、难民安置办公室、贩卖人口办公室及儿童、青少年和家庭管理局 13 个办事机构。其中，儿童局、儿童早期发展办公室、家庭和青少年服务局、儿童照料办公室、儿童支持执行办公室及儿童、青少年和家庭管理局 6 个机构主要负责家庭管理事务。这些机构的主要职责如表 4-15 所示。

表 4-15　美国中央政府家庭管理机构及职能

机构名称	主要职责
儿童局	致力于减少虐待和忽视儿童、增加收养数量和增设寄养项目，改善儿童和家庭的生活
儿童早期发展办公室	主要工作是促进各方面合作，发展幼儿教育，促进幼儿发展
家庭和青少年服务局	致力于防止青少年无家可归、青少年怀孕和家庭暴力
儿童照料办公室	通过儿童保育财政援助来支持低收入劳动家庭，并通过提高早期保育和教育的质量及课外项目来促进儿童的学习
儿童支持执行办公室	与联邦、州、部落和地方政府及其他人一起督促父母承担责任，这样即使在单亲家庭中，子女也能得到父母的支持
儿童、青少年和家庭管理局	监督主要的联邦项目，这些项目向各州、社区组织和学术机构提供财政援助及服务，开展研究和示范活动，并承担管理培训、技术援助和信息传播工作

在地方层面，以纽约州为例，主要的家庭管理机构为州政府之下的家庭与儿童服务办公室。其职能如表 4-16 所示。

表 4-16　纽约州政府家庭管理机构及其职能

职能	具体说明
儿童保育	提供一系列资源，帮助父母解决其儿童保育需求，帮助那些想开始或正在执行儿童保育计划，以及任何关心儿童在日托计划中的健康或安全的人
儿童福利	进行包括收养、寄养、家庭健康、亲属抚养、离家出走、青少年服务、家庭暴力防范等方面的工作
儿童保护	提供家长保护及儿童自我保护的热线、录像和文件资料
少年法庭	青少年司法和青年机会司由一名副专员领导，由三名协理专员协助。由社区伙伴关系协理专员、设施管理协理专员、青年方案和服务协理专员，负责监督和治疗由法院判决的青少年。青少年司法和青年机会司包括质量保障与改进局、管理和计划支持局、社区伙伴关系办公室、社区服务局、分类和运动局，以及一系列配套设施
家庭暴力	颁布"家庭暴力防治法"，为家庭暴力受害者服务；为家庭暴力受害者提供庇护所和服务
成人服务局	地区提供的强制执行的服务，包括对成年人的经济剥削、身体虐待、情感虐待等行为的制止，并为受害者提供法律帮助

3）英国的家庭管理机构

英国中央政府的家庭管理机构为卫生与社会关怀部（Department of Health and Social Care）。其主要业务包括两方面，一是出生、死亡、婚姻和照料；二是儿童养育。其具体职责如表 4-17 所示。

表 4-17 英国中央政府家庭管理机构及其职能

政府机构	具体职责
出生、死亡、婚姻和照料	姓名或性别的变更；出生证明、死亡登记、婚姻登记；儿童福利金和福利金资格的确认；死亡、遗嘱认证和遗产税；生育和领养；父母权利和子女抚养费；离职关照；离婚；国外结婚
儿童养育	怀孕和分娩；产假和经济支持；儿童培养、领养和代孕；妊娠、生产期间的帮助；儿童福利和税收减免；儿童保育工作；儿童入学；离婚、分居等法律问题；亲子关系帮助

4）日本、美国和英国三个国家庭管理机构及其职能的共同特点

在机构设置方面，日本、美国和英国三个国家虽然地理位置、经济发展程度、实际国情不同，但都在中央和地方设置了专门的家庭管理机构。这些机构形式不一，如美国和英国都是由单个机构负责全部家庭事务的管理，日本的东京都政府则将家庭管理任务进行划分，分配到政府的不同机构，但家庭事务始终占据这些管理机构职能的全部或重要部分。因此可以说，这些机构都对家庭事务做到了专门管理。

在机构职能方面，日本、美国和英国对家庭事务的侧重点基本一致。三国都将未成年人保护、女性权益保护和儿童保育工作作为家庭事务的主要工作，并基本按照这样的标准，对家庭管理工作进行划分，分配给相应的政府机构。

在机构地位方面，日本、美国和英国都坚持政府在家庭管理工作中的主导地位。虽然社会组织、企业等非政府机构是这些国家家庭服务的重要提供者和政府的合作伙伴，但这些工作均接受政府的管理和监管，保证青少年权益保护、防止家庭暴力、儿童保育等关系到公民生存权、发展权等合法权益的工作处于政府的时刻掌控之下。

4. 我国与国外家庭管理机构的比较

在机构的专门化程度方面，我国与日本、美国、英国的最主要差别在于这些国家无论是中央政府还是地方政府，都有负责管理家庭事务的一个或多个机构。这些机构可能除家庭相关事务外还负责其他工作，但一定将家庭事务作为其业务的全部或重要组成部分。而我国负责家庭事务的机构多而杂乱，且家庭工作占其业务总量的比重并不大，容易造成政府机构对待家庭事务专业化不足的状况。

在机构的职能方面，国外一般将家庭事务划分为女性权益保护、儿童保育、未成年人保护等几大方面，并根据这一分类将这些工作分门别类地交由

各政府机构管理。而我国政府一方面对家庭事务的分类尚欠明确，另一方面对家庭管理事务没有实现合理分工和完全覆盖。

在机构的组成方面，国外的家庭事务管理更加强调政府的主体地位。以日本为例，日本政府一方面强调在政府在各项家庭工作的主导地位，由政府处理男女平权、儿童保育等重要工作；另一方面致力于实现政府、社会、企业、家庭自身等主体在家庭事务方面的合作，建立儿童保育的多元主体合作体系。而我国政府机构只负责家庭事务中的计划生育、户籍管理等最基础部分，妇女权益保护、儿童养育等体现高水平家庭服务的工作几乎完全交给中华全国妇女联合会、中国共产主义青年团等非政府机构和社会组织、企业进行，在一些重要工作上缺乏政府的管理和支持。

三、首都家庭政策现状

家庭政策是指以家庭本身和个人在家庭中的角色、行为作为对象的法律、法规和政策总和。具体包括以下两类：一类是以家庭作为适用单位，从家庭整体状况出发考虑政策适用条件；另一类是以个人的家庭角色和其在家庭中的行为为规范对象。

总体而言，无论是国家层面还是北京市层面，都有数量众多的法律、地方性法规、政策文件保护和管理家庭，在法律和政策体系的构建方面取得了一定的成果。在此，从国家和北京市两个层面，对北京市现行有效的家庭政策进行总结和梳理。

在国家层面，与家庭相关的法律包括《中华人民共和国宪法》、《中华人民共和国民法通则》、《中华人民共和国婚姻法》、《中华人民共和国继承法》和《中华人民共和国兵役法》等法律和法律修正案。这些法律也是规定我国人民生产和生活的基础性法律，在宏观层面为家庭生活制定了最基本的政策。

在北京市层面，与家庭产生一定联系的法律和地方性法规可以分为三个方面：第一，人口与计划生育政策，生育子女数量直接决定了家庭的规模和结构，影响家庭的保障功能。为了补偿计划生育家庭对社会的贡献，增强计划生育家庭在养老等方面的保障能力，国家和北京市都制定实施了不少对计划生育家庭的奖励和扶助政策。第二，家庭福利政策，包括以最低生活保障制度为核心的对城乡困难家庭的收入支持政策和相关配套政策，对"零就业"家庭的就业支持政策，农村老年人基础养老金政策，城乡高龄老年人的津贴补助政策，城市住房保障政策，以家庭为单位的公积金贷款政策，等等。第三，家庭关系政策，包括婚姻、收养、家属户籍随迁、抚养赡养义务、性别平等、家庭暴力防范等的法律规定，如图 4-3 所示。

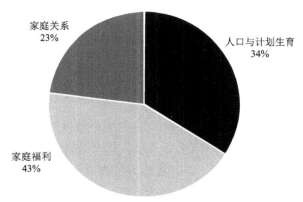

图 4-3　北京市家庭相关法律占比统计图

根据表 4-18 统计而来

通过梳理北京市的家庭政策，将北京市在相关领域的法律法规现状总结如表 4-18 所示。

表 4-18　北京市现有家庭政策

类别	政策名称
人口与计划生育	①《全国人民代表大会常务委员会关于调整完善生育政策的决议》；②《北京市人口与计划生育条例》（2016 年修正）；③《中华人民共和国老年人权益保障法》（2015 年修正）；④《中华人民共和国社会保险法》；⑤《第十一届全国人民代表大会第一次会议关于国务院机构改革方案的决定》；⑥《中华人民共和国妇女权益保障法》（2018 年修正）；⑦《中华人民共和国收养法》；⑧《中华人民共和国婚姻法》（2001 年修正）；⑨《中华人民共和国人口与计划生育法》；⑩《流动人口计划生育工作条例》；⑪《计划生育技术服务管理条例》（2004 年修订）；⑫《中华人民共和国母婴保健法实施办法》（2017 年修正）；⑬《中国公民收养子女登记办法》；⑭《北京市生育服务证管理办法》；⑮《北京市社会抚养费征收管理办法》；⑯《北京市流动人口计划生育管理规定》
家庭福利	①《中华人民共和国劳动合同法》（2012 年修正）；②《中华人民共和国预防未成年人犯罪法》（2012 年修正）；③《中华人民共和国未成年人保护法》（2012 年修正）；④《中华人民共和国兵役法》（2011 年修正）；⑤《中华人民共和国就业促进法》；⑥《中华人民共和国保险法》（2015 年修正）；⑦《中华人民共和国老年人权益保障法》（2015 年修正）；⑧《中华人民共和国人口与计划生育法》；⑨《国务院关于全面建立临时救助制度的通知》；⑩《国务院关于建立统一的城乡居民基本养老保险制度的意见》；⑪《社会救助暂行办法》；⑫《北京市城乡居民最低生活保障审核审批办法（试行）》；⑬《城市居民最低生活保障条例》；⑭《关于调整本市城市特困人员医疗救助政策有关问题的通知》；⑮《关于北京市低保边缘家庭成员申请医疗救助有关事项的通知》；⑯《北京市城市特困人员医疗救助暂行办法》；⑰《北京市居家养老服务条例》；⑱《北京市就业援助规定》；⑲《北京市实施〈中华人民共和国母婴保健法〉办法》（2010 年修正）；⑳《北京市实施〈中华人民共和国妇女权益保障法〉办法》（2009 年修订）

类别	政策名称
家庭关系	①《中华人民共和国老年人权益保障法》（2015 年修正）；②《中华人民共和国宪法》；③《中华人民共和国妇女权益保障法》（2018 年修正）；④《中华人民共和国婚姻法》（2001 年修正）；⑤《中华人民共和国民法通则》（2009 年修正）；⑥《中华人民共和国收养法》（1998 年修正）；⑦《中华人民共和国继承法》；⑧《国务院关于进一步推进户籍制度改革的意见》；⑨《北京市关于预防和制止家庭暴力的若干意见》；⑩《北京市实施〈婚姻登记条例〉若干规定》；⑪《中国公民收养子女登记办法》

除法律和地方性法规之外，在北大法宝法律数据库以"家庭"为法规标题精确搜索北京市地方规章，得出北京市人民代表大会及其常务委员会、北京市政府等国家机关共颁布了 110 篇地方性规章和地方规范性文件[①]，这些地方性规章和地方规范性文件主要包括：第一，生育政策，除了对计划生育的规定之外，还包括婚前检查、社会抚养、生育保险等方面；第二，家庭福利政策，包括低收入扶持政策、住房保障政策、职工保险和养老保险政策、医疗保险政策、军人军属优待政策等内容；第三，家庭权利和义务的规定，包括婚姻、抚养、户籍、教育等方面的政策；第四，家庭日常生活的规定，包括垃圾处理、门牌、消防安全等多方面的规定。

四、首都家庭治理存在的问题

目前，首都家庭治理虽然已经在法律、政策、机构建设等方面取得了一定的成就，但是目前尚未在法律、机构、政策、发展战略等方面将家庭纳入首都社会治理体系中。这是首都家庭治理存在的最大问题。

1. 缺乏统一的家庭法，家庭治理法律体系尚未形成

目前，国家层面、北京市层面和家庭相关的法律涵盖了婚姻、计划生育、继承、家庭福利、未成年人保护等众多方面。但缺少一部统一的家庭法将各类法律统一为家庭治理法律体系，在法律层面对家庭的保障不够。

2. 缺少专门的家庭管理机构，家庭治理职能分散

缺少专门的家庭治理机构。目前，北京市民政局、北京市卫生和计划生育委员会等部门虽然负责家庭事务的管理，但除此之外还负责许多其他工作，

---

① 数据整理自北大法宝法律数据库，参见 http://www.pkulaw.cn/[2018-11-01]。

事务繁杂、专业化程度不足。以北京市民政局为例，除家庭相关工作之外，还负责北京市社区建设总体规划工作、城乡基层群众自治建设、救灾政策拟订、来京上访人员的服务管理工作、行政区划管理工作、社会工作人才登记管理和继续教育等一系列工作。

家庭政策以部门为主导，政策执行分散化、碎片化。北京市涉及家庭管理的各个部门往往仅限于各自的功能和职能定位，相互之间难免出现缺乏沟通、职责交叉、界限不明确。许多部门分散管理家庭的管理体制，容易使得家庭管理和政策执行难以形成清晰、明确、有效的体系。

3. 没有将家庭治理纳入发展战略

"十三五"时期，北京市的规划体系包括总体层面的《北京市国民经济和社会发展第十三个五年规划纲要》，社会治理、食品药品安全、安全生产、城市管理、交通五个市级重点专项规划，以及少数民族事业发展、残疾人事业、公共财政、科学技术普及、信访工作五个一般专项规划。虽然社会治理是市级重点专项规划之一，受到了较高的重视，但无论是总体规划还是社会治理规划，都对家庭治理关注不够。具体体现如下：第一，没有将家庭纳入社会治理多元主体中；第二，没有将家庭治理目标纳入社会治理目标体系；第三，社会治理评价指标体系中缺乏和家庭相关的指标；第四，没有从家庭治理的角度提出具体的措施。

4. 政策效力程度不一，分布领域不均衡

北京市现行的家庭政策大部分都是沿用国家的法律法规，只有计划生育、婚姻登记和最低生活保障这三个领域根据北京市具体情况制定了相应的效力较高的执行条例，其余重要领域的家庭相关政策大多数以政府工作文件、工作条例等形式出台，政策效力较低，没有上升到法律法规的层面。

此外，北京市的家庭政策集中在家庭关系、人口与计划生育和家庭福利三个方面，以这三类政策为中心形成了北京市家庭政策体系。但除此之外，和家庭相关的其他领域方面的政策则相对较少，主要表现为以下三点。

第一，对非传统模式家庭的重视程度不够。首都正面临社会转型和人口转变的双重复杂背景，传统婚姻家庭的模式及稳定性也在发生很大变化，独生子女家庭、单亲家庭、丁克家庭、流动人口家庭、空巢家庭持续增加，而在北京市家庭政策体系中，大部分政策着眼于传统的核心家庭和主干家庭，对其他类型的家庭（如流动人口家庭、单亲家庭）政策规定尚

显不足。

第二，对家庭日常生活规范不够。首都家庭政策集中于计划生育、家庭福利、家庭管理等方面，而家庭日常生活的管理政策出现了较大的缺口。例如，废品回收问题、家庭垃圾处理问题、消防问题、用水用电问题等方面，这些问题与人们的家庭生活密切相关，是规范人们的行为、保障人们安居乐业的基础性问题，但恰恰是这些基础性问题缺少全区、全市统一的规定，不利于首都居民日常行为规范和良好生活习惯的养成。

第三，对家庭敏感问题规定不够。居民在家庭生活中，除日常的常规问题之外，还存在许多特殊的敏感问题。例如，同居、民事结合、分居、领养、探望、父母绑架儿童、亲子诈骗等，都是影响首都人民生活质量和幸福感的敏感问题。但应对这些问题的政策不足，甚至出现政策空白，容易导致居民在寻求政府和法律帮助时遇到"清官难断家务事"的情况，不利于这一类敏感问题的合理解决。

5. 家庭治理的学术研究不足

2018年9月20日，在中国知网的核心期刊中模糊检索以"家庭"和"社会治理"为主题的文章，共检索到52篇，数量相对较少。其中第一篇发表为2009年，是陈延斌和张琳关于宗规族训的敦族睦邻教化与中国传统社会治理的文章。2015年之后，有关家庭社会治理的研究有所增长，但即使是数量最多的2016年，也只有21篇。由此可见，我国有关家庭社会治理的研究仍旧远远不足（图4-4）。

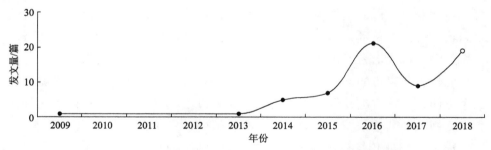

图4-4 中国知网核心期刊家庭社会治理文献增长趋势[①]

---

① 根据中国知网（http://kns.cnki.net）数据计算得出。

第四节　健全首都家庭治理对策建议

一、理念上，确立首都家庭的指导思想和原则

确立首都家庭治理的指导思想和原则，设计首都家庭治理发展目标和具体规划；具体到家庭，应当发行适合家庭使用的家庭关系读物，联合学校开展家校教育活动，在全社会弘扬良好家庭风气。

二、制度上，健全首都家庭治理制度体系

北京市现行家庭政策体系，有以下几点问题较为突出：第一，很多与家庭相关的政策领域空白化，出现了没有政策规范的真空地带。第二，现有的法律政策分散在多部法律中，缺乏专门的家庭法加以整合。第三，对居民日常生活管理不够。

1. 构建和完善首都家庭治理法律体系

在中国现行法律体系中，没有任何法律与家庭直接相关，和家庭相关的法律规定分布在《中华人民共和国婚姻法》、《中华人民共和国未成年人保护法》和《中华人民共和国教育法》等诸多法律中。因此，北京市可以通过市内的全国人大代表和法律界的学者提出倡议，对现有收养、婚姻、未成年人保护、教育等法律加以整合，形成具有首都特色的家庭法规，如表 4-19 所示。

表 4-19　首都家庭法规简要内容

包含部分	具体内容
家庭成员权利和义务	家庭住宅留住权、抚养子女、照顾配偶、财产分割
婚姻和同居关系	婚姻关系、同居关系、离婚、配偶遗产继承、家庭暴力
未成年人抚养与保护	监护与抚养、收养、未成年人保护
社会保障与福利	老年人看护与照料、家庭权利保障、社会福利
调解与法律事务	家庭纠纷调解、家庭事务仲裁、少年法庭、青少年法律援助

2. 完善首都家庭治理政策体系

目前，北京市家庭治理政策的很多政策领域相对薄弱，各领域政策数量不平衡，效力层级不一。针对这些问题，北京市应当制定如下领域的政策，

完善首都家庭治理政策体系。

（1）家庭教育政策。确定家庭教育的指导思想和原则，设计家庭教育规划，发行适合家庭使用的教材、读物，联合学校开展家校教育活动，开设家长学校，等等。

（2）家庭养老政策。北京市应该清楚认识常住户籍人口老龄化的问题，从这部分群体出发，通过家庭政策，为他们更好地提供公共服务。可行的举措包括在社会中营造尊老敬老的氛围，合理规划养老院建设，为老年人提供便捷的医疗、交通、休闲娱乐等方面的服务，建立空巢老年人关怀机制，完善养老保险制度，等等。

（3）家庭就业政策。例如，双职工家庭轮休政策、促进零就业家庭再就业计划、外来流动人口家属就业计划等。

（4）家庭财税政策。因为中国尚未实行以家庭为纳税单位的税收制度，所以财税政策在首都家庭中没有得到体现。但从国外举措来看，成功的家庭财税政策可对表现良好的家庭产生正向刺激，促进优秀家庭产生良性循环。在未来，北京市完全可以在该领域完善政策建设。通过税率杠杆来对和谐稳定的家庭予以表彰，扩散他们在社会治理中产生的正外部性。同时，也可以用税率杠杆对不遵守规范的家庭予以警告，提醒他们尽早做出改变。

（5）居民家庭生活守则。北京市还应当制定"北京市市民家庭生活守则"，统一指导和规范居民的家庭日常生活。"北京市市民家庭生活守则"应当包括的内容如表4-20所示。

表4-20　"北京市市民家庭生活守则"简要内容

应有内容	具体内容
用电守则	科学用电的必要性；用电注意事项；节约用电的方法
用水守则	科学用水的重要性；节约用水的方法
垃圾处理守则	北京市垃圾处理相关政策；垃圾处理标准
消防守则	家庭防火基础知识；防火栓的使用方法；遇到火险的处理方法
法律援助守则	相关法律的规定；家庭法律援助的一般程序和内容；可以求助的机构和部门及其联系方式

3. 建立科学高效的首都家庭治理机制

1）建立首都家庭治理协同机制

（1）建立专家对话机制。建立首都家庭治理专家协会，聘请社会学、管理学、人类学、心理学、教育学等各领域取得突出成就的专家学者长期担任协会成员；定期举行会议，就首都家庭治理如何进一步推进进行商讨并形成意见，为政府部门的相关决策提供理论支撑和保障。

（2）建立社区、家庭协商机制。定期举行社区、居民座谈会，就当前阶段家庭治理的规划、措施和成效等重大事项听取他们的意见；重大决策实施前在官方网站发布，听取各方意见；决策实施后及时发布相关信息，接受公众监督；政府相关部门负责人应经常开展家访等活动，了解社区家庭的切身需求，改进家庭治理工作；听取社区老干部、居民等的家庭治理经验，寻找民间良好家风家训，将这些优秀经验向全社会推广。

（3）建立信息公开机制。按照国家和北京市法律法规的要求，公开家庭治理的机构编制、规划文件、统计数据等资料；通过官方网站向社会公开首都家庭治理的基本情况、阶段性成果、重大政策等资料，保障社会各界的知情权；开设官方邮箱和热线，鼓励居民通过电子邮件、电话等方式参与政策制定过程等。

2）成立编制小组，编写首都家庭治理专项规划

目前，首都尚未将家庭治理纳入规划体系中。因此，应当由北京市政府会同相关专家，共同组建首都家庭治理专项规划编制小组，共同编制首都家庭治理专项规划。规划应包括如下内容：指出当前首都家庭治理的形势和面临的问题；明确首都家庭治理的指导思想和基本原则；制定首都家庭治理的主要目标和指标体系；按照上述指导思想和目标，提出首都家庭治理的阶段性措施；明确首都家庭治理规划实施保障机制。

3）建立人才保障机制

（1）建立人才招募录用机制。坚持"公平、公正、公开"的原则，制订合理的人才招聘计划；通过多种渠道发布招聘信息，举办招聘会，吸引有志于首都家庭治理的人才加入首都家庭治理队伍；与北京市各大高校建立就业合作机制，参与校园招聘，引进优秀应届毕业生。

（2）建立人才培训发展机制。建立有针对性的培训计划，鼓励员工参加在职继续学习、研讨会、讲座等各种形式的学习活动；与高等学校和企事业单位合作，建立人才教育培训基地，定期或不定期举办集中培训，获取最新知识和技能；对现行员工队伍进行评估，在此基础上有针对性地制订员工发展计划，为现行员工的成长提供多种多样的机遇和条件；安排员工到国内外实地考察，了解管理及创新实践和动态，学习借鉴先进经验；着力提高员工

履行法定职责的基本能力，将所学知识和技能应用于实践的创新能力，以及与其他组织打交道的沟通、合作和协调能力。

4）建立对外交流机制，提升首都家庭治理的国际化水平

积极前往美国、德国等家庭治理经验丰富的国家考察，开展专题研讨、培训等交流活动，充分吸收国外先进经验；在家庭治理的立法、机构建设、社会参与、具体措施等方面开展共同研究。

三、主体上，构建政府主导、社会参与、多元一体的家庭治理格局

1. 整合部门职能，在市级层面建立专门的家庭管理和服务机构

目前，首都家庭的管理由北京市卫生和计划生育委员会、北京市民政局、北京市人力资源和社会保障局等机构分别负责，彼此的职责较为碎片化，也容易出现职能交叉重叠、专业化程度低等问题。因此，一方面应当根据政府部门的职责分工，将众多且繁杂的家庭事务分门别类；另一方面，可以考虑整合卫生和计划生育委员会、民政局等部门的职责，在北京市级和区级设立家庭管理部门，根据国家和北京市相关法律及政策，为北京市的家庭提供人口和生育、养老、青少年保护、妇女权利保护等方面的管理和服务。其具体职能如表 4-21 所示。

表 4-21　北京市层面家庭服务机构具体职能

家庭服务机构职能	具体职能
人口和生育	①国家和北京市人口政策的宣传工作； ②健康生育、优生优育知识的普及和宣传工作
养老	①鼓励居家养老，为老年人提供生活照料服务； ②在社区发展社区养老，建立社区老年人照看场所； ③敬老院等养老机构的扶持； ④专业助老员的培训； ⑤联系各大医院，为老年人提供预防保健、医疗协助、康复护理、健康咨询等服务
青少年保护	①遵守《中华人民共和国未成年人保护法》，保护未成年人的生存权、发展权、受教育权等基本合法权益； ②为未成年人权利保护提供法律援助； ③维护首都家庭环境，减少家庭暴力、虐待、遗弃等违法犯罪行为； ④与学校合作，开展未成年人思想品德、自我保护等相关教育活动； ⑤与各类文化场馆、青少年宫等机构合作，为青少年提供门票优惠，扩展青少年的视野

家庭服务机构职能	具体职能
妇女权利保护	①根据《中华人民共和国妇女权益保障法》，保护妇女权利，促进男女平等； ②为妇女权利保护提供法律援助； ③减少歧视，保障妇女应有的特殊权益； ④减少虐待、遗弃、残害妇女等违法犯罪行为

此外，还应当在街道、社区管理部门设立家庭管理办公室，负责首都家庭政策宣传、信息发布、法律援助、普法教育、争端调解等基础性工作。

2. 建立政府、企业、社会组织、社区、家庭多元一体的家庭合作治理机制

明确各个主体的地位和责任。政府是家庭治理的中心，在宏观上制定家庭治理法律法规、颁布政策、建立家庭治理机构；企业是家庭治理的重要合作伙伴，为家庭治理提供丰富的产品和服务；社会组织是家庭治理的重要主体，协助政府为家庭治理提供公共产品和服务，以及智力和法律的支持；社区是与家庭直接相关的主体，承担了大量与家庭直接相关的具体工作；家庭是家庭治理的对象，一方面接受政府、企业、社会组织、社区的管理和服务，另一方面积极提出反馈，帮助上述主体改进工作。

规定各个主体参与的范围。参与范围是指公民可以合法参与的公共领域，即有公共利益存在的政治、经济、社会生活等领域。具体到家庭治理，主要包括两部分：第一，法律规定需要信息公开的事项，包括法律、规章和规范性文件，总体规划、专项规划等相关政策，首都家庭统计信息和数据，家庭公共产品和服务的收费项目、标准和采购情况，与家庭治理相关的重大建设项目的批准和实施情况，家庭治理成效的评估情况等。第二，涉及公共利益的领域，如家庭治理的收益分配情况，专业人员等的聘用情况，等等。

签订首都家庭治理协议，明确规定各个主体的地位、职责和合作机制，为多元主体参与首都家庭治理提供依据和标准。

建立首都家庭治理平台关系，以政府为主导，创建政府、社会组织、企业、社区、家庭合作平台。定期举行由政府、企业、社会组织、社区、家庭代表组成的协商会议，对家庭治理的重大问题协商讨论、共同决策。

加强志愿者招募、培训和权利保护工作。制定并颁布"首都家庭治理志愿者工作条例"，将儿童照料、养老、科普宣传等工作向志愿者开放，并将

其作为家庭治理工作的常态；加强对志愿者的培训工作，指定专人和机构负责培训；根据志愿者的工作业绩和服务态度，给予一定的奖励、补贴和证书；明确规定志愿者权利并加以保护。

3. 加强对首都家庭的宣传和教育，提升家庭自我管理、自我教育的水平

首都家庭治理除了需要政府、社会组织、企业、社区等主体的共同努力之外，更需要家庭自身的自我管理、自我教育。因此，有必要提升首都居民两个方面的意识和能力：①法治意识，在家庭生活和解决家庭纠纷的过程中，应当敢于和善于运用法律的武器，用法律手段解决家庭问题；②教育能力，每一个家庭都应当具备一定的管理家庭的知识和能力，帮助家庭成员精神得到放松、子女健康成长，建立和睦美好的家庭。

4. 引进多元主体监督机制，接受政府和社会的监督

建立听证会制度，市政府应当在政策颁布之前召开听证会，邀请社会组织、企业、社区、专家学者、社会大众的代表共同协商、畅所欲言，在决策做出之前提升其科学性和民主性。

成立监督委员会。聘请全国人大代表、政协委员、社会组织、公众代表等作为监督员，每年定期召开1~2次座谈会，听取首都家庭治理的意见；建立官方网站、信箱、电话等监督渠道，并通过新闻媒体等渠道向社会公开监督方式。

四、重点任务上，将家庭纳入首都社会治理框架中

目前，北京市政府尚未在法律、机构、政策、发展战略等方面将家庭纳入首都社会治理体系中。在法律层面，应当总结和统合现有法律，颁布专门的家庭法；在机构层面，应当在市级、区级设立专门的家庭治理机构；在政策方面，应当针对目前家庭治理的薄弱环节制定相应的政策，填补政策空白；在发展战略方面，应当将家庭作为独立的主体，纳入首都五年规划和社会治理规划中。

五、技术上，加强家庭治理的学术研究和人才培训

利用首都优势智力资源，支持和鼓励有关家庭的学术研究。北京市政府

应当在专业设置、人才培养、经费支持、国际交流等方面为家庭治理研究提供针对性的帮助。

　　建立科研合作平台。与首都各大高等学校、研究机构合作开展家庭治理研究；建立专家资讯库，定期召开专家会议，邀请高等学校和科研机构的知名专家探讨首都家庭治理。

5 | 第五章
学校与社会治理

　　学校是社会治理的重要单元之一，是青少年性格养成、社会化、能力培养的重要场所。本章将通过介绍北京市学校的基本情况、存在问题、政策建议等内容，对学校教育与社会治理这一问题进行论述。

　　第一节是学校教育与社会治理。通过介绍北京市学校教育的总体规模、教育的重要作用等方面，明确学校教育的重要性。

　　第二节是社会治理视角下的首都学校教育现状及问题。通过对北京市现阶段法律政策、教育管理机构及其职能、发展现状等内容的总结和梳理，指出目前首都教育存在的问题。

　　第三节是首都学校教育与社会治理对策。从社会治理体系、法治化建设、国家治理能力现代化、家长-学校联动、教育公平、人员守则等方面，对学校教育和首都社会治理问题提出了政策建议。

第一节　学校教育的重要性

根据教育部 2018 年 8 月发布的《各级各类学历教育学生情况》的统计数据，我国各级各类主要学校的在校学生数量如表 5-1 所示（中华人民共和国教育部，2018）。

表 5-1　我国各级各类主要学校的在校学生数量

各级各类学校	在校生人数/人
研究生（硕士、博士）	2 639 561
普通本专科教育	27 535 869
高中阶段教育	39 709 871
初中阶段教育	44 547 631
初等教育	101 691 216
学前教育	46 001 393
合计	262 125 541

从表 5-1 可以看出，我国在校学生人数已超过 2.6 亿人，约占总人口的 18.9%[①]。如此庞大的在校人数使得学校为代表的教育机构已经成为社会治理中最为重要的治理主体。同时，应该注意到这些在校生每天至少有 1/3 的时间在学校学习，他们的安全问题、教育问题、发展问题都牵动着在其背后的每一个家庭乃至社会的关注，从这个层面上来看学校管理也成为社会治理问题中最重要的一项议题。

一、学校的行为规范教育是社会道德发展的基础

学校教育的一项重要内容是行为规范教育。行为的养成主要是指培养学生良好的行为习惯，这既包括良好思维习惯的培养，还包括良好道德习惯的培养。学校的行为养成教育对个人、一代人乃至国民性格的培养都有不可估量的影响。1871 年日本岩仓使团参访欧洲时就曾经发出感叹，认为日本与西

---

① 参见中国统计年鉴 2017，http://www.stats.gov.cn/tjsj/ndsj/2017/indexch.htm[2018-10-02]。

方国家的差距在于人才和教育，随后明治政府就致力于学校的行为规范教育，并对日本民族性格的养成起到了关键作用。

二、学校教育为社会治理奠定法治化基础

完整、系统的学校行为规范、规则与学生行为规范教育密切相关。与国家层面的法律法规相比，这些规范和规则是非正式的，但却是"活的法"，对于学生法治意识的养成至关重要。发达国家无一不重视这些规范和规则的制定。就此而言，这些规范和规则与国家正式法律、法规一起，共同构成一个国家和社会的法制内容，因此，完全可以说，学校教育为社会治理的法制化奠定基础。

三、首都学校教育的特殊性

一是作为文化中心，教育资源丰富。北京市作为首都，长期以来一直是中国的政治文化中心，积累了大量优秀的教育资源，仅985院校中就有8所位于北京市，同时北京市拥有大批国家重点高等学校及科研机构，凝聚了中国教育界的顶尖人才。

由于财政支持力度大，北京市在拥有大量优秀高等教育资源的同时，基础义务教育建设开展也比较早，现在已经基本覆盖了北京市所有城区，且办学模式多样，照顾到了不同群体的具体要求。

二是作为首善之区，与社会治理密切相关。由于北京市作为国家首都的特殊地位，其居民文化程度相对较高，特殊的社会构成对社会治理提出了与其他地区不同的挑战。

由于社会经济的转型升级，第三产业特别是高新技术产业的兴盛对首都提出了强烈的人才渴求，同时社会经济高速发展带来的矛盾集中表现也需要大量受到良好教育的公民来解决，这就要求北京市的学校教育能够为首都的政治经济文化发展进行战略性的人才培养储备，为社会治理贡献自身的一分力量。

同时，应该看到由于学校机构数量庞大，人数众多，涉及部门复杂，切实关系民生，学校教育本身也已经成为社会治理的一个重大问题。可以说，学校教育既是社会治理的构成部分又是当前社会问题的破解之道。

第二节　社会治理视角下的首都学校教育
现状及问题

一、首都教育法律政策概况

在国家层面，教育相关的法律包括《中华人民共和国教育法》、《中华人民共和国民办教育促进法》、《中华人民共和国高等教育法》、《中华人民共和国义务教育法》和《中华人民共和国职业教育法》。

在北大法宝法律数据库地方法律法规中以"教育"为法规标题精确搜索，得出在北京市层面，共有地方性法规 16 篇，地方政府规章 9 篇，地方规范性文件 900 多篇，地方工作文件 1500 多篇[①]。北京市教育相关的地方性法规包括《中华人民共和国义务教育法》、《中华人民共和国国防教育法》、《中华人民共和国民办教育促进法》和《中华人民共和国职业教育法》等法律的实施办法，以及《北京市学前教育条例》、《北京市职工教育条例》、《北京市中等职业技术教育条例》和《北京市专业技术人员继续教育规定》及其修正案等。

北京市政府地方规范性文件包括如下几类：第一，入学、考试相关文件，包括北京市教育委员会和各区教育委员会对中考、高考、学业水平测试等大型考试的工作方案，各区教育委员会对义务教育阶段入学工作的意见等；第二，教育机构管理和扶持类文件，在财政、奖惩、管理、社会保障等方面，对北京市内的各类教育机构进行扶持和管理；第三，学生权益保护类文件，包括学校生活补助、减少辍学、学校督导、鼓励创新、健康教育、安全教育等内容。

二、首都学校教育管理机构

北京市的主要教育管理机构是北京市教育委员会，主要负责贯彻落实国家关于教育方面的法律、法规、规章，起草地方性法规草案；统筹、协调和指导本市教育工作；制定办学标准；审核、审批国家及国家机构以外的社会组织或个人举办的学校和其他教育机构；拟订就业政策；拟订招生考试政策；等等。具体职能如下。

---

① 数据整理自北大法宝法律数据库，参见 http://www.pkulaw.cn/[2018-09-03]。

（1）贯彻落实国家关于教育方面的法律、法规、规章，起草本市相关的地方性法规草案、政府规章草案，组织编制本市教育事业发展规划。

（2）统筹、协调和指导本市教育工作。

（3）指导本市教育系统及农村、企业、社区的综合教育改革工作，推进本市职业教育和高等教育的发展与改革。

（4）统筹、协调和指导本市学习型社会、终身学习服务体系建设工作。

（5）拟订本市中等及中等以下教育学校的设置和办学标准，编写中等及中等以下教育学校的教材，审定基础教育地方教材，制定教育教学质量标准并组织实施。

（6）拟订本市招生考试与评价制度改革政策和高等教育、中等教育及研究生教育的招生计划，并负责考试的组织和管理工作。

（7）参与拟订北京地区普通高等学校毕业生就业政策。

（8）管理、指导本市各级各类学校思想政治工作、德育工作、体育卫生与艺术教育及国防教育工作，指导和协调各类学生的社会实践及校外教育工作。

（9）规划、指导本市高等学校自然科学和哲学、社会科学研究；组织本市高等学校承担国家及本市重大科研项目；指导本市高等学校科技创新平台的发展建设；指导教育信息化和产学研结合等工作。

（10）负责协调、指导本市教育系统人事制度改革工作。

（11）会同有关部门拟订本市筹措教育经费、教育基本建设投资的政策。

（12）规划、指导本市各级各类学校后勤改革工作。

（13）负责本市教育系统国际合作与交流工作。

（14）规划、指导本市教育科学研究、教育教学研究和教育现代信息技术发展工作。

（15）依法对本市教育系统的安全工作承担管理责任。

此外，北京市的区级政府在北京市教育委员会的指导之下，负责少量的教育管理工作，包括经批准招收适龄儿童、少年进行文艺、体育等专业训练的社会组织自行实施义务教育的审批工作，以及适龄儿童、少年因身体状况需要延缓入学或者休学批准工作。

三、首都学校教育发展的现状

根据 2018 年 7 月 14 日北京市教育委员会公布的《2017—2018 学年度北京教育事业发展统计概况》的信息统计，北京市共有各级各类学校 3556 所，其中高等教育机构 175 所，中等教育机构 766 所，小学教育机构 984 所，学前教育机构 1604 所，另有工读学校 6 所，特殊教育 21 所。各级各类学校所构成的教育体系基本完善[①]。

从北京市的学校教育体制及自身特点来看，目前北京市学校管理模式主要有以下几种。

从高等教育机构的培养目的和归属来看，大致分布如图 5-1 所示，而从办学的主导者来看又可以分为公办教育和民办教育，其中公办教育又包括中央部委直属高等学校和市属公办高等学校。在北京市的高等教育机构中，公办教育占主导地位，如图 5-2 所示。

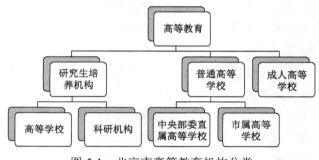

图 5-1　北京市高等教育机构分类

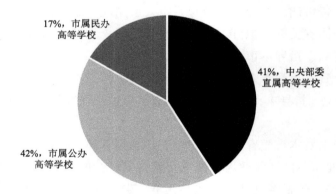

图 5-2　2018 年北京市办学比例

中等教育从教育水平来看分为高中阶段教育和初中阶段教育，同时在高中教育阶段还有中等职业教育等类型（图 5-3）；从教育机构的管理者来看，

---

① 2017—2018 学年度北京教育事业发展统计概况[OL]. http://zfxxgk.beijing.gov.cn/110003/jysytj32/2018-07/04/content_03b3b89303c148f4a55bef1f90057293.shtml[2018-08-06].

有高等学校附属的中学，也有北京市属、区属的中学。除了正常的阶段性教育之外，北京市还有特殊教育机构（如聋哑学校）等 21 所。

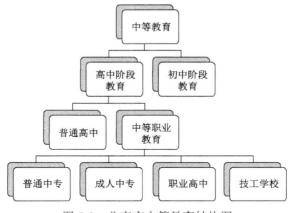

图 5-3　北京市中等教育结构图

北京市还力求建设覆盖全市的基础教育。从图 5-4 中可以看出，2016～2018 年北京市各级各类学校中占据最大数量的是学前教育，且该时段中学前教育的机构数量也在逐渐增长。

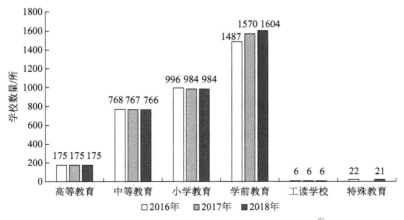

图 5-4　2016～2018 年北京市各类学校数量[①]

为深入贯彻"四个全面"战略布局，落实首都城市战略定位，率先全面建成小康社会，《北京市中长期教育改革和发展规划纲要（2010—2020 年）》规

---

① 数据整理自北京教育事业发展统计概况，参见 http://zfxxgk.beijing.gov.cn/110003/jysytj32/list.shtml [2018-10-13]。

定："到 2020 年实现教育现代化，建成公平、优质、创新、开放的首都教育和先进的学习型城市，进入以教育和人才培养为优势的现代化国际城市行列。"①

四、首都学校教育存在的问题

德国教育学家凯什斯泰纳认为教育的目的在于培养适合国家及时代需要的有用公民，主张国家的教育制度目标只有一个，即塑造公民。当前我国的学校教育经历了长期发展，已经具备了完备的体系、丰富的经验、充实的内容，但是我们更需要从理念上进行革新，传统的教育并不能完全适应现今社会发展的需要。北京市的学校教育也逐渐暴露出它的问题，具体如图 5-5 所示。

图 5-5 首都学校教育问题的三个方面

1. 知识的传授重于行为的塑造

目前，北京市教育仍以传统的知识传授为主，知识的传授重于学生行为的塑造。表 5-2 和表 5-3 为中国人民大学附属中学 2010 级初中班级课程表及美国新泽西州初中班级课程表对比。

表 5-2 中国人民大学附属中学 2010 级初中班级课程表

课时	星期一	星期二	星期三	星期四	星期五	时间
第一课时	外语	语文	数学	语文	语文	8：00～8：40
第二课时	外语	语文	物理	外语	数学	8：50～9：30
第三课时	数学	外语	外语	生物	体育	10：05～10：45
第四课时	语文	思品	计算机	数学	计算机	10：55～11：35
第五课时	历史	生物	语文	地理	思品	13：00～13：40
第六课时	物理	数学	体育	形/美	物理	13：50～14：30
第七课时	体育	地理	音乐	历史	外语	14：40～15：20
第八课时	德育	科技				15：30～16：10

---

① 北京市中长期教育改革和发展规划纲要（2010—2020 年）[OL]. http://old.moe.gov.cn/publicfiles/business/htmlfiles/moe/s5520/201104/117401.html[2018-10-13].

表 5-3　美国新泽西州初中班级课程表

星期一	星期二	星期三	星期四	星期五	时间
指导教室	指导教室	指导教室	指导教室	指导教室	8：10～8：20
体育	艺术	艺术	体育	体育	8：23～9：07
社会学习	社会学习	社会学习	社会学习	社会学习	9：10～9：45
数学	数学	数学	数学	数学	9：57～10：41
午餐	午餐	午餐	午餐	午餐	10：44～11：05
西班牙语	西班牙语	西班牙语	西班牙语	西班牙语	11：07～11：28
阅读	阅读	阅读	阅读	阅读	11：31～11：52
阅读	阅读	阅读	阅读	阅读	11：54～12：15
计算机	体育	计算机	艺术	艺术	12：18～12：39
计算机	体育	计算机	艺术	艺术	12：41～13：02
科学	科学	科学	科学	科学	13：05～13：49
语文	语文	语文	语文	语文	13：52～14：36

　　从表 5-2 和表 5-3 中我们可以看出，美国初中生课程设置比较重视文学（语文和阅读）、艺术、体育、社会学习等方面的内容，课程数量占到总课时的 59%左右，如图 5-6 所示。

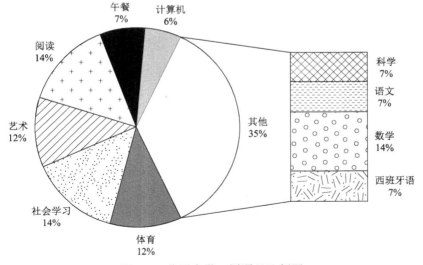

图 5-6　美国中学一周课目比例图

这实际上反映出北京市的教育在理念上更加侧重于对知识的传授，对能够塑造性格、培养学生良好行为的艺术、体育、文学（语文和阅读）等方面的内容重视不够。虽然课程中也设置了德育及思品课程，但是课程内容以讲授宏观的价值取向为主，而非具体的方法指导。这种教育理念上的差距实质上导致学生在进行学校教育的过程中只是单纯地学习到科学知识而并没有学会如何实现自我发展和社会奉献，进而导致价值观念上的缺失，为个人及社会的发展埋下隐患。

2. 重理论学习，轻实践操作

从北京市的教育发展现状来看，对学生的要求大而抽象，轻视学生实践的问题也很突出。以北京市颁布的《北京市中小学生守则》为例，在守则中强调了"热爱国家、遵纪守法、努力学习、珍爱生命"等多方面的内容，但是守则的制定太过抽象难以执行。而对比英国的中小学生守则，则处处体现着切实可行的具体做法。中国和英国中小学生守则对比如图 5-7 所示。

中国	英国
• 热爱祖国，热爱人民，热爱中国共产党 • 遵守法律法规，增强法律意识。遵守校规校纪，遵守社会公德 • 热爱科学，努力学习，勤思好问，乐于探究，积极参加社会实践和有益的活动 • 珍爱生命，注意安全，锻炼身体，讲究卫生 • 自尊自爱，自信自强，生活习惯文明健康 • 积极参加劳动，勤俭朴素，自己能做的事自己做 • 孝敬父母，尊敬师长，礼貌待人 • 热爱集体，团结同学，互相帮助，关心他人 • 诚实守信，言行一致，知错就改，有责任心 • 热爱大自然，爱护自然环境	• 平安成长比成功更重要 • 背心、短裤覆盖的地方不许别人摸 • 生命第一，财产第二 • 小秘密要告诉妈妈 • 不喝陌生人的饮料，不吃陌生人的糖果 • 不与陌生人说话 • 遇到危险可以打破玻璃，破坏家具 • 遇到危险可以自己先跑 • 不保守坏人的秘密 • 坏人可以骗

图 5-7 中国和英国中小学生守则对比

通过对比可以发现，现行的学校教育内容大多重视理论指导，忽视了教导学生如何去执行。这就使得学生欠缺思考和解决问题的能力，实际的操作能力变弱，真正面对问题时不能妥善处理，这不仅会影响学生在学校的发展，当他们步入社会之后也难以成为具有实干精神和真才实学的人才，进而影响到社会风气及社会治理现代化的实现。

3. 重学校建设，轻社会配合

从学校建设来看，无论是在数量还是在软硬件质量上，北京市都无疑是全国的榜样。但若从学校治理及学生培养的多元主体考虑，北京市的学校教育仍然需要拓宽自身渠道，加强同其他教育主体的沟通。家庭和学校都是青少年教育的重要场所。在青少年的教育过程中，家庭和学校都无法缺席。

在家庭中，夫妻关系和亲子关系是人与人之间最自然的关系，人们只要生育子女，就会成为父母，成为子女的法定监护人和教育者，家庭中教育者和受教育者之间的关系是自然形成的。另外，父母和子女的关系以血缘为纽带，关系亲密，因此父母对子女具有非常大的感化作用。家庭教育是儿童实现社会化的奠基教育，是学校教育的基础，对青少年世界观、人生观、价值观的形成有着特殊而不可替代的作用。

学校教育则更多地体现了学生与教师之间的社会关系，学校是为进行教育工作而建立，学校的活动也是从培养和造就人才出发，是为培养人才服务的。学校为青少年制订有组织、有计划、有步骤的教学内容，根据学生在不同阶段的身心发展水平，安排适合的课程，为国家培养人才。学校教育是青少年学习科学文化知识、成长为国之栋梁的主要途径。

学校教育不仅仅是学校自身的事务，同时也涉及政府、社区、家庭等多种主体，因此在其他国家的学校教育过程中十分重视学校教育其他主体的参与治理。例如，美国高校的公民教育注重向社会渗透，《美国 2000 年教育目标》提出，要把社区变成大课堂，每个学生都要参加做好公民和社会服务活动。另外，美国高校注重向社会环境和大众传媒渗透，在各地建设纪念馆、博物馆、艺术馆、国家公园等多种场馆，学校通常会鼓励学生去这些场馆参观、游览（卢忠萍和郜影，2007）。上述两点体现了社区、各类纪念场馆对学校教育的参与。美国的学校也经常邀请家长参加或者观摩各种教学活动，鼓励家长以家庭为单位参与学校的日常生活。一方面是为了让家庭的力量伴随学生的成长；另一方面也是为了更好地加深学校教育的效果。而北京市的学校教育并未很好地做到这一点，甚至部分寄宿制学校采用的是半封闭式管理，学生和家长见面的机会都不是很多。

同时，北京市虽然出台了《北京市关于进一步加强中小学家庭教育指导服务工作的实施意见》，提出"开展家庭教育指导和培训，明确家长在家庭教育中的主体责任，引导家长主动配合学校担负起学生思想品德教育责任。引导家长更新家庭教育观念，树立正确的教育观和成才观，认识理解家庭教育对学生道德品质形成的关键作用，关心他们的身心健康和良好品德习惯的养成。"（北京市教育委员会，2018）但并未真正将学校教育同社会其他教育主体结合起来，各区虽然在探索合作的可能，但是进度仍显缓慢。

另外，在现行的教育体制之下，学校在一定程度上承担了父母应当承担的道德教育责任，造成了家长对于子女教育的"卸责"。有很多家长认为，儿童教育是国家和学校的事情，家长的职责只是负责将适龄儿童送入学校，对儿童的教育过程和应承担的教育责任关心不够，忽视了身为父母对子女的教育作用，同学校的沟通联系更是不足。再加上大部分家长作为教育者的经验不足、不了解青少年教育的客观规律，也缺乏专门的知识和能力，需要和学校合作学习科学的教育方法。

第三节　首都学校教育与社会治理对策

一、将首都学校教育纳入社会治理体系

应将首都学校教育纳入首都社会治理体系。教育本身除了传授知识之外还承担着道德教化的功用，要重视发挥学生行为规范的养成教育。国外早已认识到学校是一种嵌入了丰富规范、习俗和思维方式的社会制度，年轻的学生通过对学校、教师行为的模仿来建立自身的行为规范。

在首都社会治理的过程中，从提高学生道德素养的角度出发，将学校德育课程纳入整体规划建设中；参考国外行为规范和学生指南，设计具体可操作的学生行为指导手册及学校德育课程内容；从北京市现有的社会治理问题出发（如交通问题、污染问题等），设计与北京市现状密切相关的德育内容。

二、将首都学校生活的法制化纳入法治社会建设中

应学习和借鉴国外学校行为规范及规则，健全和完善我国从幼儿园到大学行为规范及规则的制定，使学校生活迈向法制化，使学生养成良好的法治意识和习惯，为社会治理的法制化奠定基础。

国外很多省份乃至学校都会出台根据自身情况制定的具体的学生行为规范，并且涵盖了从学前教育到 12 年级的全部内容，同时也涉及学生权利与义务、不同年级的学校纪律规范（并对违反纪律的等级进行了详细划分）、有

关纪律处分的具体程序（如禁止欺凌、性骚扰等）等内容。一方面，这种措施规范了学校生活；另一方面，培养了学生的法治意识，提高了学生遵守并践行规则的能力。

参考国外的经验，北京市学校教育应注重学生规范的建立与遵守，各区甚至各学校结合自身情况制定详细的规范细则，内容主要涉及学校生活也要兼顾社会法律原则，为学生步入社会打下基础。

三、视学校教育为国家治理能力现代化的重要组成部分

国家治理能力首先是人的能力。具有良好知识基础和健全道德人格是未来国家治理所需要的综合能力，也是未来国与国之间竞争的基础。我们应从此高度来思考未来首都学校教育的社会治理意义。

学校是公民社会化的重要组成部分，习近平总书记提出"国家治理能力则是运用国家制度管理社会各方面事务的能力"[①]，实际上就是人的能力问题，作为全国文化中心，学校教育需要提供适合北京市发展需要的人才，这样才能够为首都社会的稳定提供保障。

四、建立家长-学校联动的教育机制

建立家长-学校联动教育机制需要包括以下三个方面。

第一，让家长了解该机制的重要性，帮助家长了解学校的各种系统和子女在学校的生活。主要包括为父母撰写说明，教会父母如何参与和使用学校的成绩查询、家长信息管理等系统，如何正确对待家长会、家访等家校沟通活动。

第二，向家长宣传科普教育知识，帮助家长采用科学的方法教育子女，与学校相互配合。这些知识包括在儿童成长的每个阶段实行家庭教育的具体建议和措施，儿童在每一个成长阶段应当采用的学习方法和策略，如何为子女奠定学习基础，如何与子女进行良好的沟通和交流等。

第三，签订家庭-学校联动协议，将家长教育和家庭行为纳入学生的健康成长教育计划中，构建家庭和学校共治的学生道德养成体系。在国外，学校经常向家长颁布行为规范或者签订合同守则，这是为了引导家长的行为，使

教育形成合力，更好地助力学生的成长，进而缓和社会矛盾，培养优秀人才。学校有义务向家长传递自身教学的核心理念，如合作、包容、个人成长等，同时学校也需要明确家长在学生行为养成的过程中应当承担的责任，国外很多文件中都有"作为父母，学生最大的榜样。因此，学校要求具有高标准个人行为的父母"的表述，北京市各学校也应重视家长在行为养成方面的教育，与家长建立沟通渠道，关注学生发展。

五、着力解决现存教育中的公平性问题

目前学校作为治理主体本身，其公平性问题也受到社会群体的广泛关注，在关注学校德育问题的同时，我们也应注意到学校本身作为治理主体的公平性问题。目前北京市的教育成本较高，不同区域之间教学质量和水平的差异直接导致教学资源的不平衡。面对这一问题，一方面需要规范区域间择校的规范化、制度化，另一方面则要平衡区域间的教学资源。

六、鼓励学校制订学校目标和人员守则

若要实现良好的学校教育，则需对学生和教师双方的行为规范做出明确的规定。因此，每个学校都需要根据国家政策、地区实际情况和本校的人才培养能力等因素，制定学校目标和人员守则。

1. 学校目标

学校目标是培养人才的基础，只有制订了合适的学校目标，学校才能够根据目标，培养符合目标的、合格的学生，让所有工作人员安心工作。学校目标的制订需要根据国家政策，也需要结合本校的历史传统、师资力量、特殊风格等实际情况，具体可包括以下内容。

第一，为学生提供安全、快乐、友好的学习和成长气氛，寓教于乐。

第二，为学校全体工作人员提供舒适、快乐的工作环境。

第三，和学生家长建立沟通机制并充分沟通，进而与家长建立良好关系。

第四，尽量满足学生发展和成长的个性化需求。

2. 人员守则

人员守则主要包括学生行为守则和工作人员行为守则，具体如表 5-4 所示。

表 5-4 人员守则简要内容

守则类型	守则内容	具体阐释
学生行为守则	个性发展	学生成长、身心健康
	健康的人际关系	相互尊重、将父母看作伙伴、支持学习
	学习和发展	探索与寓教于乐、主动学习、创造性和批判性思考、学习科目和领域
工作人员行为守则	保护	保护学生和自身的安全
	健康的人际关系	关键人物
	学习和发展	支持每一个学生，拥有更广阔的胸襟

　　除了学生和教师之外，学校应当为领导干部、所有的工作人员都制订个人守则以规范他们的行为，建立制度明晰、规章有效的管理体系。

6 第六章
企业与社会治理

　　企业是国民经济的细胞，是市场活动的重要行为体。企业社会责任表现为企业在谋求自身经济利益之外，维护和增进社会总体福利的行为。在倡导多元化社会治理的今天，企业越来越成为社会治理的重要主体之一，而企业承担社会责任就是企业参与社会治理的基本方式。

　　本章围绕企业与社会治理展开，具体包括以下内容。

　　第一节是关于企业社会责任的内涵与争议。本节介绍了不同学者和不同机构对企业社会责任的界定、对企业是否应承担社会责任的争论，以及企业社会责任与社会治理的关系。

　　第二节探讨了推动企业承担社会责任的原因。企业与社会的关系密不可分，推动企业承担社会责任，既是增强企业自身竞争力的措施，也是促进社会有效治理的重要内容。从世界整体来看，企业社会责任呈现出普遍化、标准化、强制化的趋势。就我国而言，企业社会责任也愈发受到重视。因此，发挥企业在首都社会治理体系中的作用是必然之举。

第三节考察了首都企业社会责任的现状。本节具体介绍当前阶段首都企业承担社会责任、企业社会责任参与社会治理发展等方面的成就和问题。

第四节是关于对如何进一步发挥首都企业承担社会责任提出的建议。本节在充分认识企业社会责任在首都社会治理框架中的重要地位和充分了解首都企业社会责任发展现状的基础上，为促进企业承担社会责任提出建议。

第一节　企业社会责任的内涵与争议

最早提及企业社会责任（corporate social responsibility，CSR）概念的是英国学者 Sheldon，其在著作《管理的哲学》（*The Philosophy of Management*）中强调，企业在追求自己利益的同时应该提高社区服务水平和增进社区利益。之后 Dodd（1932）进一步指出，企业董事必须成为真正的受托人，其不仅要代表股东的利益，还要代表其他利益主体，如员工、消费者，特别是社区整体利益。然而，Berle（1932）立即否定了这一观点，其认为在企业承担社会责任的名义下，各种各样的利益群体都会向公司提出财产要求，这就使得作为市场经济基础的财产私有被动摇。Berle 和 Dodd 关于企业社会责任的论战体现了该问题的复杂性及争议性。

在传统观念中，企业仅仅被视为经济性的市场组织，以亚当·斯密、弗里德曼、哈耶克、波斯纳为代表的学者，反对企业承担社会责任，而反对的观点主要围绕以下几个方面（禹海慧和曾鹃，2010）：第一，企业的唯一责任是在遵守企业规则的前提下实现股东利益最大化，社会问题应该交给政府立法解决；第二，企业的存在不是为了解决社会问题，企业管理者没有解决社会问题的专长，由其解决社会问题，反而可能产生偏差；第三，企业社会责任是一个道德问题，难以把握其内涵并加以落实；第四，鼓励企业承担社会责任，可能会增加企业成本，降低其竞争力；第五，企业在经济、环境与技术方面已经拥有很大权力，不应该再给它们运用其他权力的机会；第六，企业广泛履行社会责任必然妨碍企业的自由。

随着自由资本主义经济发展，企业数量和规模不断扩大，企业利用其市场经济优势地位滥用权力，产生了诸多社会问题，对企业承担社会责任的呼声也越来越高。Bowen（1953）指出，"商人的社会责任是指商人有义务按照社会的目标和价值观所期望的来制定政策、进行决策""社会责任并非解决社会问题的万灵药，但它蕴含着在未来引导企业方向的重要宗旨"，从而开启了关于企业社会责任的现代研究，倡导与支持企业社会责任的观点逐渐增多，代表人物有安德鲁斯、德鲁克、弗里曼、布莱尔等。而支持的观点主要集中在以下方面：第一，社会出现的许多问题与企业自身的事务有一定的联系，企业为了自己的长期利益应向社会负责；第二，现代社会对企业职能的理解已由单纯的经济使命向兼顾社会使命转变，企业为获取进一步的合法性，需要承担社会责任；第三，企业拥有解决许多社会问题的管理才能与资本，越来越多的社会问题需要企业参与解决；第四，企业承担社会责任，可以避免可能出现的政府干预与管制，减少成本压力（禹海慧和曾鹃，2010）。

虽然近百年来企业社会责任一直被探讨，却始终没有统一明确的定义（表 6-1）。

表 6-1 企业社会责任定义列举

机构或代表人物	对企业社会责任的定义
Davis（1960）	企业社会责任是指商人在做出决策或采取行动时，至少有部分决策的出发点超出了公司的直接经济或技术利益，这些对社会负责的商业决策能给公司带来长期经济利益。同时，提出了著名的"责任铁律"（iron law of responsibility），即"商人的社会责任要与他们的社会能力相匹配"
Carroll（1991）	提出"金字塔"模型，即企业社会责任是企业的经济责任、法律责任、伦理责任及自愿责任（慈善责任）之和
Gallo（2010）	企业社会责任分为内部社会责任和外部社会责任。内部社会责任包括：①向社会提供满意的产品/服务；②创造经济财富；③企业内部人员的全面发展；④确保企业的持续发展。外部社会责任集中体现在纠正或阻碍对社会良好事务破坏行为的努力上
Elkington（2018）	提出三重底线，即企业行为要满足经济底线、社会底线与环境底线。三重底线是社会对企业的最低要求，满足三重底线是维护企业合法性、确保企业生存与发展的基本前提
世界银行	企业社会责任是企业与关键利益相关者的关系、价值观，是遵纪守法及尊重人、社区和环境有关的政策及实践的集合，是企业为改善利益相关者的生活质量而贡献于可持续发展的一种承诺
欧盟	企业社会责任是企业在自愿的基础上，将对社会和环境的关注融入其商业运作及企业与其利益相关者的相互关系中
国际劳工组织	企业社会责任是企业在经济、社会和环境领域承担某些超出法律要求的义务，而且绝大多数是自愿性质的
美国商业与社会责任协会	企业社会责任是指通过尊崇伦理价值及对人、社区和自然环境的尊重，实现商业的成功

续表

机构或代表人物	对企业社会责任的定义
日本经济同友会	企业社会责任是指通过构建企业和社会的互动发展机制，从而努力追求企业可持续发展和创造更美好社会的实践活动。核心关键词是可持续发展，要求企业在经济、环境和社会三个方面给予回答及应对
王秋丞（1987）	企业社会责任是企业出于自愿，以积极主动的态度参与社会、解决社会问题、为社会做出贡献
卢代富（2002）	创设于企业经济责任之外、独立于企业经济责任并与经济责任相对应的另一类企业责任，是企业在谋求股东利润最大化之外所应负有的维护和增进社会利益的义务
周祖城（2005）	企业社会责任是指企业应该承担的，以利益相关者为对象，包含经济责任、法律责任和道德责任在内的一种综合责任
黎友焕（2007）	在某特定社会发展时期，企业对其利益相关者应该承担的经济、法规、伦理、自愿性慈善及其他相关的责任
国家电网有限公司	企业社会责任是指企业对所有者、员工、客户、供应商、社区等利益相关者及自然环境承担责任，以实现企业与经济社会可持续发展的协调统一
国际标准化组织	社会责任是指组织通过透明和道德的行为，为其决策和活动对社会与环境所造成的影响而承担的责任。这些行为致力于可持续发展，包括社会的健康和福利；考虑利益相关者的期望；遵守相应法律并符合国际行为规范；将责任融入组织并在其关系中得到实践

注：国际标准化组织对企业社会责任的定义来自其发布的社会责任指南（简称ISO26000标准），其他相关机构对企业社会责任的定义均引自李彦龙（2011）

　　总结而言，普遍意义上的企业社会责任主要表现为企业在谋求企业经济利益之外，维护和增进社会总体福利的行为。其既是一种道德追求和组织社会承诺，又能通过透明、规范的行为融入企业及其影响范围的各项活动中。企业社会责任和化解企业与内部职工间矛盾，解决因参与外部竞争而引发的社会矛盾，维护社会秩序，提升包括员工、用户、社区、政府等在内的社会总体福利密切相关。由此可见，企业社会责任与社会治理联系紧密，因为社会治理指的正是政府、公众、社会组织等多中心主体，对社会各领域进行组织、协调、规范、监督、纠正，以共同促进社会系统协调运转，提升社会福利。因此，企业是社会治理的重要主体之一，企业承担社会责任是企业参与社会治理的基本方式与路径。

第二节　推动企业承担社会责任的原因

　　正如 Drucker（1953）指出的，"一个健康的企业和一个病态的社会是很难共存的”，企业与社会的关系密不可分。在倡导优化社会治理体制，促进多元化社会治理的今天，企业积极承担社会责任逐渐被视为社会治理的重要内容。

一、企业社会责任是企业竞争力的重要内容

作为一种社会经济活动，企业的经营行为必然会受到社会和生态环境的影响。企业的一切经营活动都不能游离于赖以生存和发展的社会体系，社会取得可持续发展才能保证企业的可持续发展。一个社会政治制度、政府法规、社会公众的态度、道德和伦理观念，以及科学技术和国家之间的竞争等社会因素，都能对企业的成本、价格和利润产生积极或消极的影响。

越来越多的企业实践和众多的研究成果表明，企业承担社会责任与企业的经济绩效呈正相关，企业社会责任逐渐成为企业市场竞争力的重要内容。

1. 履行社会责任有利于企业规避社会风险

现代企业所面对的经营环境是错综复杂的。企业社会责任体现于企业发展规律与社会发展规律及其交互作用中。社会风险的存在与风险社会的到来使企业利益和社会利益相互依赖，企业只有面向社会履行社会责任，才能保障自身的生存与发展，才能履行自身对股东的经济责任（李文祥，2015）。企业履行社会责任是企业自身规避社会风险、确保生存与发展的需要；是经济手段之外，企业妥善应对周边各种利害集团和复杂关系网络的关键方式；是促进企业、政府、社会之间形成良性互动，从而为企业的可持续发展赢得良好的外部环境，为自身创造更为广阔的生存空间的重要支撑。

2. 履行社会责任有利于树立企业形象

责任与竞争力相辅相成，企业承担一定的社会责任，虽可能会在短期增加经营成本，但能向社会展示企业的使命感和责任感，让外部利益相关者看到企业的诚意和发展前景，从而树立良好的企业形象，提高公众的认同感，吸引投资者，进而建立起长久的企业责任竞争力。企业责任竞争力是企业实践可持续发展可资借鉴的一种新理念，其主张把企业社会责任融入企业经营的过程中，使其成为企业长远发展战略的重要组成部分，使企业运用自身专业优势解决社会、环境、内部管理等方面的问题，在履行社会责任的同时，获得经济效益的同步提升。

3. 企业社会责任为企业带来新的发展机遇

企业通过履行社会责任，将自身经营发展与利益相关者诉求联系起来，有利于创造和谐的经营环境，协调并有效利用政府、供应商、客户、员工及整个社会环境构成的外部环境网络，从而为企业带来高销售量和忠诚的顾客群。同时，善于履行社会责任的企业往往拥有良好的文化机制、较高的创新水平和风险管理水平，能在瞬息万变的市场环境中实现有效应对，是企业在市场竞争中生存和发展的可靠保证。

4. 履行社会责任可促进企业可持续发展

在竞争的市场上，以牺牲产品质量安全、劳工利益或是社区利益为代价，仅仅依靠廉价获取的产品竞争力不能保证企业长期稳定的成长和可持续发展。而对社会责任的关注将促使企业转向对产品、设计、流程、管理和制度等环节的创新，促进其盈利方式和增长方式的转变。实践证明，企业的可持续发展最终仍然要依靠技术创新、管理创新和制度创新。企业通过承担社会责任，不断努力提高生产效率，改变生产方式，从粗放型经济向集约型转变，进一步拓宽创新领域，改善经营环境，减少资源的占用和浪费，节省生产成本，提高环境保护的能力，促进可持续发展。

二、企业社会责任的社会治理功能越来越突出

从关于企业社会责任的各种定义中可以发现，承担社会责任是企业维护和增进社会公益的行为。因此，企业社会责任不仅对企业自身发展有不可忽视的意义，对社会治理也发挥着重要作用。

一方面，企业作为社会有机体的一个重要子系统，对整个社会系统的运行有着重要意义。企业经营活动中涉及多样化的主体，使得企业与社会系统各要素之间存在交互作用，企业不断与周围环境发生物质和能量交换。同时，企业活动具有外部性的特征，因而企业的运行态势也势必会影响整个社会系统的运行走向。企业良好经营、有序发展，有利于促进就业和社会稳定，推动社会经济发展。另一方面，企业具有释放外部负效应的强烈冲动，企业出于逐利往往忽视员工的安全保障，拖欠工资，产生产品质量差、破坏生态环境、偷税漏税等问题，这不仅恶化了企业内部的成员关系、社会网络和信任关系，也会导致企业与社会公众关系的恶化，加剧社会贫富不均，影响社会

的和谐与稳定。因此，企业自然成为社会治理需要纳入的重要主体，实施企业社会责任运动是创新社会治理、构建和谐社会的重要路径。

三、企业承担社会责任是国际发展大势

第二次世界大战以来，随着交通与技术的发展，国际贸易得到了很大的发展。跨国企业也在全球化背景下应运而生。经济的发展带来了环境的恶化，更多的企业意识到要想获得可持续发展，延续企业的寿命，就需要承担一些社会责任。企业社会责任得到了国际社会的广泛关注，企业履行社会责任呈现出普遍化、标准化、强制化趋势。

1. 企业承担社会责任越来越普遍化

企业承担社会责任普遍化的主要推动力来自以下三个方面：①经济全球化发展带来的挑战。经济全球化在促进人类经济发展的同时，也使食品卫生、环境污染、劳工保护等社会问题国际化。更多的企业越来越意识到与全球化有关的一些环境和健康问题，并且它们开始共同为消灭贫困、促进经济独立和构建更为多元化的价值链等全球化的社会责任而努力。②全球金融危机对企业社会责任的挑战。金融危机的出现导致整个社会对企业社会责任的需求增加。而企业作为应对金融危机的重要行为主体，承担一定的社会责任也是其职责之一。③信息化时代对企业社会责任的挑战。数字化发展下新的生产观念、生产方式、生产组织形式产生，对企业发展产生了革命性影响。一方面，信息化发展有利于促进企业披露社会责任信息，加强社会对企业社会责任的监督；另一方面，智能化工业机器人的出现使得员工责任问题凸显，网站企业一味追求点击率、网店充斥假冒伪劣产品、社交平台成为谣言扩散器、企业互相出卖消费者信息等乱象，给企业社会责任带来重大挑战。因此，掌握大量市场信息的企业能否切实承担应有责任，维护消费者信息安全和权益，并进一步发挥数据化、信息化优势以更好地履行社会责任，对市场经济及整个社会的发展十分关键。

2. 企业社会责任的标准化趋势不断发展

从欧美发达国家企业社会责任的发展趋势来看，企业社会责任已提升至企业发展战略和国际竞争力层面。随着对企业社会责任认识和实践的不断深化，企业社会责任标准化趋势也在不断发展，国家、跨国公司、工会、各种

企业协会、民间机构、国际机构等，都纷纷制定企业社会责任标准体系。虽然不同主体制定的社会责任标准的内容、效力各有差异，但随着经济全球化及随之而来的法律趋同化，这些标准正在趋于一致，其中跨国公司、非政府组织和国际机构在企业社会责任标准的国际化发展中扮演着重要角色（王立武，2011）。而标准化、可操作化的企业社会责任体系也成为推动企业积极有效地承担社会责任、推动国际社会责任运动的保障机制。

3. 企业承担社会责任的强制化不断增强

随着企业社会责任受关注度的提升，企业承担社会责任这一自愿行为也越来越具有"强制性"。进入21世纪，多数跨国公司都会对其全球供应商伙伴进行社会责任审核；各类民间组织更加积极地参与到企业社会责任的监督活动中，如媒体曝光不可持续的生产行为、有组织的劳工抗议等；政府也更多地将企业承担社会责任纳入企业审批、税收优惠等政策和制度建设的考量中，企业社会责任面临的内部和外部约束力量正在进一步增强，承担企业社会责任成为企业生存和良性发展的必要途径之一。

四、企业社会责任在我国的受关注度不断提高

在国际影响不断增强及各种社会问题进一步凸显的情况下，我国企业社会责任问题也越来越受到关注。2005年，我国对《中华人民共和国公司法》进行修订，新修订的《中华人民共和国公司法》第五条规定："公司从事经营活动，必须遵守法律、行政法规，遵守社会公德、商业道德，诚实守信，接受政府和社会公众的监督，承担社会责任。"而这一条款在2013年对《中华人民共和国公司法》进行的最新修订中得以保留。国务院国有资产监督管理委员会2008年1月发布并实施了《关于中央企业履行社会责任的指导意见》，明确要求要"发挥中央企业履行社会责任的表率作用"。十八届三中全会通过的《中共中央关于全面深化改革若干重大问题的决定》将"承担社会责任"作为深化国有企业改革的六大重点之一。十八届四中全会通过的《中共中央关于全面推进依法治国若干重大问题的决定》明确提出要"加强企业社会责任立法"。十八届五中全会通过的《中共中央关于制定国民经济和社会发展第十三个五年规划的建议》提出要"增强国家意识、法治意识、社会责任意识"。十九大报告也提出"强化社会责任意识、规则意识、奉献意识"。2015年6月2日，国家质量监督检验检疫总局、国家标准化委员会联合发布

了 2015 年第 19 号中华人民共和国国家标准公告，宣布社会责任国家标准——《社会责任指南》（GB/T 36000—2015）自 2016 年 1 月 1 日起正式实施，同时发布的还有与之配套的《社会责任报告编写指南》（GB/T 36001—2015）和《社会责任绩效分类指引》（GB/T 36002—2015）。社会责任国家标准的颁布施行，不仅意味着履行社会责任有了统一标准，更标志着中国企业社会责任时代的到来。

然而，目前关于企业社会责任的法律法规并不完善。《中华人民共和国公司法》虽提到企业承担社会责任，但其仅作为一项基本原则而存在，其内涵、外延、相关细则等都没有明确规定，这不仅导致企业无所适从，也给司法审判带来难度。而其他对社会责任的法律性规定则散见于《中华人民共和国企业破产法》、《中华人民共和国产品质量法》、《中华人民共和国消费者权益保护法》、《中华人民共和国劳动法》、《中华人民共和国合同法》、《中华人民共和国环境保护法》等（徐立军，2006），约束企业行为的能力较为欠缺。加之面对各类社会矛盾叠加、社会风险隐患增多的严峻挑战，改革与治理任务艰巨繁重，推进社会治理创新的标准要求越来越高。而企业在追逐利润的过程中，却容易忽视法律与道德对其的约束，忽略自身行为对社会、环境、利益相关者的影响。因此，在当今时期，转变企业发展理念，使其承担社会责任、参与社会治理是十分必要的。

五、发挥企业在首都社会治理体系中的作用尤为重要

企业是国民经济的细胞，是市场活动的主要参与者，同时也是社会的一个重要主体。首都经济发展产生和培育了大量企业，其在国民经济和社会发展中的作用也越来越突出。截至 2017 年底，北京市共有企业 36 217 家。其中，国有控股企业 7393 家，集体控股企业 1521 家，私人控股企业 23 390 家，港澳台投资企业 1400 家，外商投资企业 2044 家[①]，其他类型的控股企业 469 家。2017 年，北京市的总部企业数量累计达到 4064 家，相比上一年增加 57 家，在京的跨国公司地区总部累计已达到 169 家，其中世界 500 强企业在京认定的地区总部占到 40%（尹力，2018）。国家对企业社会责任的重视，意味着北京市作为国家首都，且拥有各类企业，尤其是同时拥有众多国有企业、

---

① 规模（限额）以上企业法人单位情况（2017 年）[OL]. http://www.bjstats.gov.cn/tjsj/ndtjzl/2018ndtjzl/frdwjbqk_6676/201801/t20180110_390653.html[2018-05-16].

中央企业和跨国企业，在促进企业发挥社会责任方面，需要进一步发力，形成引领示范效应。

此外，北京市面临的社会治理矛盾也越来越多：如何消除"大城市病"，划分首都与非首都功能，切实解决环境、员工保障、城市建设等问题，促进科技创新和产业升级转移，推进中国特色世界城市建设，构建世界级城市群等。解决这些社会问题都需要充分发挥首都企业的力量，让企业成为首都社会治理的重要力量之一。

第三节　首都企业社会责任的现状

总体而言，在国家对企业社会责任不断强调的背景下，首都企业社会责任建设不断得到重视，取得了一定的成就，但也存在一定的问题。

一、首都企业社会责任的成就

1. 企业社会责任被纳入首都社会治理框架

2016年，北京市委、市政府出台《北京市"十三五"时期社会治理规划》，是"十三五"时期创新首都社会治理的发展蓝图和行动纲领。规划多次提及企业社会责任，并详细阐述要建立健全促进企业履行社会责任的体制机制，推动建立企业社会责任联盟，完善企业社会责任评估指标体系，明确各类企业履行社会责任的指导标准，加强对企业履行社会责任的舆论引导，定期评选宣传履行社会责任先进企业等，促进企业履行社会责任。规划还具体制定了《北京市企业社会责任评估指标体系》，该指标体系从保障员工权益、诚信生产（服务）经营、维护国家利益和参与社会公益四个维度，确定了28项评估指标，使首都企业社会责任有了统一规范的评价指标（表6-2）。

表 6-2　北京市企业社会责任评价指标

评估维度	序号	评估指标	填报（或相关部门提供）数据
保障员工权益	1	各类社会保险参保率（%）	前2年"五险"缴付金额
	2	工资支付率（%）	前2年已付工资总额、应付工资总额
	3	员工收入增长率（%）	前2年员工平均工资、岗位津贴等
	4	劳务派遣员工占员工总数的比例（%）	前2年劳动派遣员工数和职工数

续表

评估维度	序号	评估指标	填报（或相关部门提供）数据
保障员工权益	5	员工人均年教育、培训经费（元）	前2年职工教育总经费
	6	企业组织员工年体检率（%）	前2年员工体检统计表
	7	员工享受法定带薪年休假率（%）	前2年应享受带薪休假和实际享受人数
	8	加入工会员工比例（%）	前2年参与工会员工数
	9	企业劳动合同签订率（%）	前2年企业劳动合同签订率
	10	劳保用品人均经费年增长率（%）	前2年劳动保护用品人均经费数
	11	员工安全事故伤亡率（%）	前2年员工伤亡总人数和职工数
	12	保障员工权益的满意度（%）	向申报企业发放问卷采集数据
诚信生产（服务）经营	13	企业和解消费纠纷率（%）	前2年数据，相关部门核实
	14	法定代表人信用情况	前2年情况，相关部门核实
	15	信用评估等级	前2年情况，相关部门核实
	16	各类业务合同履约率（%）	前2年数据，相关部门核实
	17	已缴纳税款数	前2年数据，相关部门核实
维护国家利益	18	就业贡献率（%）	前2年数据，相关部门核实
	19	年纳税增长率（%）	前2年数据，相关部门核实
	20	残疾员工占员工总数的比例（%）	前2年数据，相关部门核实
	21	环保重点任务完成情况	前2年情况，相关部门核实
	22	人均水消费量	前2年水消费量和年平均人口数
	23	人均能源消耗量	前2年能源消耗量和年平均人口数
	24	慈善捐助占企业利润的比例（%）	前2年企业慈善捐助额与企业的利润
参与社会公益	25	注册志愿者占员工比例（%）	前2年注册志愿者人数和名单统计表
	26	企业志愿组织年人均志愿服务时间	前2年企业志愿组织开展服务活动统计
	27	企业参与各类社会公益活动的人次	近2年参与社会公益活动的统计
	28	社区对企业参与其建设的满意度（%）	向所在社区发放问卷采集数据

注：首次评选时使用前2年相关数据，再次评选时使用两次评选间隔年限期间的各年数据

2. 首都中央企业和国有企业在承担企业社会责任方面发挥了重要引领作用

2016年11月北京市人民政府国有资产监督管理委员会出台《关于市属国企履行社会责任的指导意见》，意见结合北京市特点，明确了市属国有企业社会责任的十条主要内容——服务首都发展，提升创新能力，保护生态环境，坚持提质增效，依法诚信经营，提高产品质量和服务水平，注重海外履责，强化安全管理，关爱员工发展，参与社会公益。希望通过强化国有企业社会责任意识、加强社会责任实践、创新社会责任沟通方式、健全社会责任

报告制度及探索研究建立社会责任绩效评价指标。

而首都中央企业和国有企业在首都乃至全国的企业社会责任承担中也确实发挥了重要作用。《2016 中国 100 强企业社会责任指数年度报告》中，国有企业占比 81%，排行榜前十名中有一半都在首都。2017 中国社会责任百人论坛暨首届北京社会责任展发布的《企业社会责任蓝皮书（2017）》显示，2017 年，国有企业、民营和外资三类企业社会责任发展指数差异化明显，其中国有企业社会责任发展指数得分最高（58.7 分），民营企业次之（29.7 分），外资企业最低（23.9 分）①。《关于市属国企履行社会责任的指导意见》出台后，北京市人民政府国有资产监督管理委员会督促指导市属国有企业建立健全社会责任报告制度，编制、发布企业社会责任报告，展示企业经营管理成果。众多国有企业按照要求编制企业社会责任报告，部分企业还通过公司网站、微信公众号、发布会等公开渠道向社会公众公布社会责任报告，公开企业履行社会责任重点工作情况，积极提高运营透明度，增进社会对企业的了解和认识，塑造国有企业良好形象。

3. 非公有制企业积极践行社会责任，在首都社会治理中的作用越来越突出

由北京市民营企业家总结提炼、形成共识的"诚信宣言"②于 2014 年 6 月首次发布，就引起了与会 500 多名企业家的强烈反响。2015 年 6 月，北京市工商业联合会组织 200 家非公有制企业率先向社会公开承诺，做守法诚信企业，并接受"守法诚信承诺示范单位"的牌匾。2016 年初，北京市工商业联合会首次发布《北京市民营企业社会责任报告书》，报告显示，目前全市私营企业、个体工商户总数已达 160.57 万户，从业人员 896.45 万人，其在自身发展壮大的同时，积极履行社会责任，在助力北京市经济发展、诚信守法经营、促进转型升级、增加客户价值、构建和谐劳动关系、推进生态文明建设创造、积极参与社区慈善事业及推动文化传承传播等方面发挥了不可替代的作用。

2016 年开始，中共北京市委社会工作委员会联合北京新经济组织发展研究院、千龙网，依据《北京市"十三五"时期社会治理规划》之《北京市企

---

① 《企业社会责任蓝皮书（2017）》发布：中国企业社会责任发展指数持续增长[OL]. http://www.ce.cn/xwzx/gnsz/gdxw/201711/07/t20171107_26792819.shtml[2018-05-16].

② 京华民企，远怀四方。文明为魂，诚信至上。砥砺奋进，守法为纲。远邦近邻，互补短长。宝斋致和，东来瑞祥。聚客以德，同仁设堂。首善千载，垂范八方。光大品牌，共铸辉煌。

业社会责任评估指标体系》，共同开展北京市非公有制企业履行社会责任综合评价活动，评选北京市 100 家上榜单位，发挥模范企业带头作用，鼓励企业积极履行社会责任。2017 年 2 月，北京市社会建设工作办公室发布《北京非公有制企业履行社会责任倡议书》，这作为北京市非公有制企业的第一份自发联合、自觉遵守、自愿接受政府和社会公众监督的企业社会责任公开宣言，吁请全市更多的非公有制企业自觉地参与到履行社会责任的队伍中。2017年，北京市委社会工作委员会联合首都经济贸易大学联合编制的《北京非公有制企业社会责任报告（2017）》出版，这是第一部较为全面系统并公开发行的关于北京市非公有制企业履行社会责任报告。报告显示，在国家、监管部门、业界和社会公众的大力倡导与推动下，北京市非公有制企业社会责任发展速度总体较快，大部分企业都能较好地履行诚信生产经营、保障员工权益、参与社会公益、保护生态环境和维护国家利益的责任。

而除了内资民营企业，外资企业在企业社会责任方面也有较大发展。在中国外商投资企业协会的支持下，2017 年 5 月，中国外商投资企业社会责任工作委员会正式成立，并在 2017 年底发布了《中国外商投资企业社会责任报告编写指南》，结合外资企业的实际情况和反馈建议，筛选出更加符合外资企业社会责任履责重点和特征的 40 个核心指标，涵盖责任治理、合规、本地贡献、客户（消费者）、供应链、环境、员工、社区八大议题，对推进外资企业履责和信息披露更加具有针对性及适用性。

二、首都企业社会责任存在的问题

虽然首都在推动企业承担社会责任方面取得了巨大的成果，但不可否认的是其中还存在一定的问题。主要表现为以下几点。

1. 首都企业社会责任的法制体系仍不完善

我国在建设社会主义市场经济体制的过程中，相应的经济法规建立和推行都较为滞后。有关企业社会责任的法规散见于《中华人民共和国劳动法》、《中华人民共和国消费者权益保护法》、《中华人民共和国产品质量法》、《中华人民共和国环境保护法》、《中华人民共和国公益事业捐赠法》和《中华人民共和国公司法》，这些法规及其他一些规范公司行为的法律法规中，并没有明确提出这些法律规定的责任就是企业社会责任，这使得企业社会责任缺乏系统性的法律约束。具体而言：

第一，社会责任主体方面。我国《中华人民共和国合伙企业法》和《中华人民共和国个人独资企业法》等均没有对社会责任主体的任何规定。毫无疑问，权利和义务不落实到主体就难以真正落地，因此强调企业社会责任的主体性十分必要。

第二，劳工关系方面。欧美国家、日本有关企业社会责任的法律，均有对职工参与企业决定的相关立法，但我国除了《中华人民共和国公司法》和《国有企业监事会暂行条例》中概括性地提及企业董事会、监事会要有职工代表参加外，并没有相应的具体配套程序①。而且欧美国家对于企业社会责任的规定还特别从人权角度进行了强调，但在我国调整企业社会责任行为方面的主要法律——《中华人民共和国劳动法》及其配套法规中，占各类就业人员约 1/3 的农民工的劳动关系，却不在调整范围之内（王玲，2008）。法制体系的不完善使得企业处于不同程度的无法可依、有法不依的状态，也使得企业社会责任难以落实。

第三，具体法律规定方面。我国关于企业社会责任的法律不成体系，具体法律条文规定也存在大量空白区。例如，欧美国家充分发挥环境税这一防止环境污染、促进资源有效利用的手段，但中国的环境税征收范围过窄，也没有协调好控制与激励两种手段，更没有像德国一样有充分的公共环境信息公开和美国一样的环境公益诉讼。再如，中国虽有关于消费者权益保护的法律法规，也形成了由一个政府部门领导、多个部门协同的行政保障体系，但并没有像德国、瑞典、日本一样，形成完整的运作体系，且现实中各部门分工不明也导致作用力度减弱，更没有充分利用消费者协会等机构的作用。

2. 企业社会责任在首都社会治理体系中的落实路径不明确

目前，首都虽然在企业社会责任方面出台了一定的政策、倡议，并制定

---

① 《中华人民共和国公司法》中提到：公司研究决定改制以及经营方面的重大问题、制定重要的规章制度时，应当听取公司工会的意见，并通过职工代表大会或者其他形式听取职工的意见和建议。两个以上的国有企业或者两个以上的其他国有投资主体投资设立的有限责任公司，其董事会成员中应当有公司职工代表；其他有限责任公司董事会成员中可以有公司职工代表。（有限责任公司）监事会应当包括股东代表和适当比例的公司职工代表，其中职工代表的比例不得低于三分之一。（国有独资企业）董事会成员中应当有公司职工代表。国有独资公司监事会成员不得少于五人，其中职工代表的比例不得低于三分之一。（股份有限公司）董事会成员中可以有公司职工代表。（股份有限公司）监事会应当包括股东代表和适当比例的公司职工代表。

《国有企业监事会暂行条例》中指出：监事会中国务院有关部门、单位派出代表和企业职工代表担任的监事，为兼职。

和组织了统一的评价指标及活动，但由于政府、企业和社会在企业社会责任对企业自身发展、社会治理水平等方面的作用认识较晚，企业责任管理制度建设、企业社会责任评价体系及企业信息公开披露机制等方面与国内外企业承担社会责任走在前端的城市和地区还有一定差距。

在首都社会治理框架中，企业社会责任更多的是作为动员社会参与、形成共建共享格局的一部分，对企业社会责任在提升企业国际竞争力，以及在首都社会治理中的桥梁性、吸纳性和支撑性作用并没有给予足够的关注，对于企业社会责任如何具体参与社会治理也没有相应的政策阐释和配套设施。而这也进一步影响了企业承担社会责任和参与社会治理的有效性。

此外，虽然目前首都和国内其他地区已存在一些关于企业社会责任的评价标准及体系，但由于发展时间短，这些评价标准大多存在笼统宽泛、操作化程度低及未能体现时代发展变化等缺陷。《北京市"十三五"时期社会治理规划》之《北京市企业社会责任评估指标体系》确定了 28 项具有可操作性的评估指标，在企业社会责任评价上取得了一定的进步，但与国际使用广泛的企业社会责任标准［如社会道德责任标准 Social Accountability 8000（简称 SA8000 标准）、国际标准化组织发布的社会责任指南（简称 ISO26000 标准）、Domini400 社会指数（Domini 400 Social Index）等］及国内较高水平的企业社会责任标准（如上海浦东新区企业社会责任三级指标体系）相比，或缺乏第三方认证，或没有体现对利益相关者、人权、高度透明度、多样性等方面的强调，也没有区别不同类型的企业社会责任，还有较大的完善空间。

3. 首都企业类型多样，在承担社会责任方面，要加强不同企业之间的协调

北京市企业构成复杂，这给北京市社会治理带来了很大的困难，也给发挥企业社会责任在社会治理中的作用带来了挑战。国有企业、中央企业占比大，由于属性特殊和政府重视程度高，其在自身运转和社会发展中承担了较大的社会责任；民营企业数量较多且不断呈上升趋势，不同民营企业承担社会责任的水平参差不齐；首都还拥有较大数量的外资企业，对于其如何承担社会责任和参与社会治理却没有相应规定。而不同类型及同类的不同企业在承担社会责任水平上也存在较大的差异。因此，如何协调不同类型的企业共同承担社会责任、共同参与社会治理、共同提高首都企业社会责任参与度和有效性，是目前的一个重要挑战。

4. 首都企业社会责任存在的一些具体问题

除了法制、体系、不同类型企业协调等宏观方面的问题，企业承担社会责任还存在一些具体的问题，主要表现为首都企业对职工的责任、对消费者的责任、对环境与资源的责任、对社会公益的责任、对市场的责任存在问题。

第一，首都企业对职工的责任仍存在问题。目前，企业（尤其是非公有制企业）不与职工签订劳动合同的现象具有一定的普遍性；北京市仍存在大量流动人口在京务工的现象，由于人生地不熟等因素，劳动者的安全、健康难以得到保障；一些企业的职业危害大，严重影响职工的身心健康。

第二，首都企业对消费者的责任仍存在问题。首先，存在产品质量安全问题，部分企业为了追求眼前利益，采用价低质劣的原材料，以偷工减料的形式降低成本。其次，存在企业的虚假广告与霸王条款问题。一些首都生产企业、销售商为了吸引顾客，经常在广告上做"手脚"，夸大产品的功能或做虚假的承诺等。

第三，首都企业对环境与资源的责任仍存在问题。首都企业存在破坏与污染环境的现象，很多企业的盈利在很大程度上建立在破坏和污染环境的基础之上。近几年，首都的环境引起了人们的广泛关注，雾霾、水污染等污染环境的企业在环境污染中扮演着主要角色，因而，首都企业在消除环境污染、保护环境中肩负着不可推卸的责任。

第四，首都企业对社会公益的责任仍存在问题。关注社会慈善公益事业，积极履行社会责任，是社会对企业公民的普遍期待。在首都企业的发展过程中，虽然越来越多的企业积极参加社会公益、承担社会责任，但仍有大量企业对社会公益采取漠视甚至逃避的态度。

第五，首都企业对市场的责任仍存在问题。一些企业缺少诚信，做假破产逃避债务。虽然作为全国的经济和政治中心，但北京市还存在大量的微型企业，这些企业由于财力不足、发展不稳定，存在很大的不履行合约的风险。

第四节　对如何进一步发挥首都企业承担社会责任
提出的建议

企业社会责任虽被纳入首都社会治理体系中，但更多是停留在倡导层面，促进企业承担社会责任、创建社会治理格局的具体途径并不明确，应从以下几个方面进一步落实企业承担社会责任的路径。

一、建立健全首都企业社会责任法制体系

企业社会责任不仅是一个道德问题，更是一个法制问题。企业社会责任不应仅需要简单的道德呼吁，也需要刚性的制度制约。西方发达国家政府大多拥有一系列关于企业社会责任的法律法规，如英国自 1973 年发表《公司改革白皮书》最初提及社会责任开始，便不断在法律制度层面关注企业社会责任问题；美国已有 30 个州相继在公司法中加入社会责任内容（郑雪芹，2018）；德国是市场经济国家中唯一规定劳资双方共同参与公司治理的，先后制定了《煤钢行业共同决策法》、《企业组织法》和《共同决策法》等法律，体现了对人力资本和劳动者的尊重（李秀凤，2008）；日本企业社会责任理论关注员工利益，提倡"以人为本"的企业社会责任实践活动，但同时日本也通过《商业法》和《节能法》等法律对企业社会责任进行相应规定。

因此，促进企业承担社会责任，首先要建立健全企业社会责任法制体系。而我国构建企业社会责任法制体系，需要从以下三方面着手。

第一，目前我国关于企业社会责任尚未形成法律体系，首都作为全国的政治中心，有责任和义务推动对我国有关企业社会责任的法律进行梳理及整合的工作，充分发挥《中华人民共和国产品质量法》、《中华人民共和国担保法》、《中华人民共和国环境保护法》和《中华人民共和国劳动法》等法律在实现企业社会责任中的积极作用（刘连煜，2001）。在整合的基础上，对分散于诸多法律法规的企业社会责任进行司法解释，增加其在执行中的实用性。

第二，具体在三个层面上构建企业社会责任法律体系。一是制定基本法，构建企业社会责任的基本原则；二是完善部门法，修订企业社会责任的部门法，如在劳工保护和环境保护方面有关企业社会责任的具体条文是否准确；三是梳理地方性法规，对地方性法律中有关企业社会责任的法律进行完善。

第三，完善企业社会责任法律的具体规则。例如，在《中华人民共和国公司法》中具体规定企业应当承担经济、社会、环保等社会责任；企业承担社会责任应当受到利益相关者，如供应商、民众、政府、非政府组织等社会主体的监督；企业履行社会责任应该遵循平等、协作、进步的原则，在履行社会责任的过程中强调可持续发展。

二、成立企业社会责任建设工作委员会，加强组织领导

西方国家政府在推动企业承担社会责任方面起着重要作用，如瑞典政府建立了推进企业社会责任的政府机构和协调机制，制订了企业社会责任战略并对企业履行社会责任进行指导。而目前，我国企业缺少社会责任意识，也缺乏社会组织的推动，故促进企业承担社会责任，需要政府部门的积极引导。

企业社会责任建设是一项跨地域、跨部门的综合性工作，单靠某一个政府管理部门难以有效推进，需要政府各部门及行业协会等各方面积极协调。首都企业社会责任建设涉及的较直接的政府管理部门有北京市工商行政管理局、北京市环境保护局、国家税务总局北京市税务局、北京市质量技术监督局、国务院国有资产监督管理委员会、北京市社会建设工作办公室等，应以市政府为主导，以北京市社会建设工作委员会、相关部门、代表性的行业协会和社会组织为主，共同成立企业社会责任建设工作委员会，形成合力，统筹推进企业社会责任建设工作（图 6-1）。

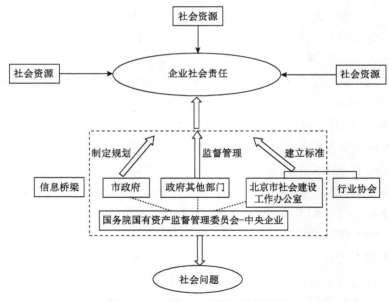

图 6-1　企业社会责任组织领导图

第一，市政府制定总体规划，明确推进首都企业社会责任建设的基本原则、工作目标、主要任务、重点内容、激励措施等基本问题；北京市社会建设工作办公室和行业协会联合建立企业履行社会责任标准及表彰制度，在其

他政府部门对企业日常运营的切实监督和管理下，促进企业承担社会责任。由于北京市存在较多的中央企业，而中央企业更多地由国务院国有资产监督管理委员会直接管理，因此在北京市政府对首都企业社会责任的规划和管理中，还需要协调与国务院国有资产监督管理委员会等中央部门的关系。

第二，在税收优惠、政府采购、工程承包、融资协调等方面支持和引导社会资源向积极履行社会责任的企业倾斜。有关部门应将企业履行社会责任情况作为依法审批办理相关业务的重要依据，引导、鼓励企业履行社会责任。

第三，加强政府部门的信息中介作用。政府在整合资源和信息方面具有主导性优势。因此，应充分发挥政府在首都社会问题和企业社会责任之间的桥梁作用，向企业传递责任信息，使企业在参与社会问题的解决中承担社会责任，促进首都社会问题在多方参与治理中得以有效解决。

三、处理好企业社会责任相关主体间的关系

处理好企业社会责任相关主体间的关系，是进一步明确首都企业参与首都社会治理的地位和作用的必然要求。社会责任包括以下三个重要的主体：组织、利益相关者和社会。这三者不仅在实现社会责任中发挥着重要作用，而且也是任何一个组织在决策和行动的过程中都必须面对的主体。组织是承担着一定责任、权威、关系和识别目标的实体或群体及设施。值得注意的是，这里的组织不包括政府行为，也就是制定和执行法律、享有判决权、能够制定公共政策的政府机构。利益相关者是在一个组织的任何决策或行为过程中与组织利益相关的个人或群体。社会则是组织和利益相关者活动的外部环境。这三者的关系如图 6-2 所示。

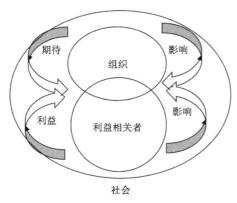

图 6-2　组织、利益相关者和社会的关系

第一，要处理好企业与社会的关系。一个企业应该认识到其决策和行为对社会的影响，这种影响有好有坏，企业也需要对这些或好或坏的影响采取负责任的行为从而回应社会的期待。这主要通过组织考虑社会责任的核心议题来实现。

第二，要处理好企业与利益相关者的关系。企业应该清楚自己有多少利益相关者，利益相关者利益如何渗入企业中，利益相关者的利益有没有渗入组织的决策和行动中，企业的决策和行为有没有表达出利益相关者的利益，这些利益相关者或者群体是如何被组织的决策和行为影响的。组织的影响对于利益相关者来说是有利有弊的，无论利弊，组织都应当对利益相关者所受到的影响负责。

第三，要处理好利益相关者和社会的关系。企业应该明白利益相关者的利益和社会期望之间的关系。虽然利益相关者是社会的一部分，但利益相关者的利益也有和社会整体利益不一致的部分。利益相关者的特殊利益应该与社会期望相区分，组织要处理好不同利益之间的关系，在这种平衡中更好地实现社会责任。

四、完善企业社会责任评价体系

企业社会责任评价体系为社会评价企业的履责状况提供了基本依据，也是外部利益相关者对企业行为的评价工具，因此合适的评价体系对于首都企业承担社会责任有着重要的指引作用。在此从以下几方面对进一步完善首都企业社会责任评价体系提出建议。

第一，建立分类式和针对性的企业社会责任评价体系。虽然欧美国家和国际上存在各种关于企业社会责任的评价标准，但建立符合中国国情和首都企业实际的评价体系仍然十分重要。同时，毫无疑问，在目前阶段，首都国有企业、中央企业、民营企业及外资企业在承担社会责任时的角色和定位存在差异，不同行业的责任内容和责任重要性程度也有很大差别。因此，还应针对不同类型和行业的企业建立相应的评价指标，以更加全面和具体地评估首都企业社会责任情况。

第二，进一步完善企业社会责任评价指标。《北京市企业社会责任评估指标体系》立足的四个维度及各个维度的具体指标更多的是法律层面的责任，道义层面的责任涉及较少，更多地体现了底线要求，示范性和引导性不足。

完善企业社会责任评价指标，应进一步体现以人为本的理念，如在保障员工权益中应增加反对歧视、职工参与决策、维护员工尊严等内容。应进一步具体化各项衡量指标，使之更加具有可操作性，如诚信生产（服务）经营维度可以进一步拆分和细化，使环境保护成为独立的评价维度，进一步细化评估指标；而在强调诚信生产（服务）经营时还应进一步区分消费者、商业伙伴、股东等利益相关者。应与时俱进，扩展衡量内容，如企业文明、科技创新、社会议题参与程度等。

第三，可以考虑引入第三方认证。目前，首都虽然已经出台统一的企业社会责任评价指标体系，但也只限于北京市委社会工作委员会联合相应社会组织开展对非公有制企业履行社会责任的评价活动，并没有上升到第三方认证层面，评价指标的权威性和公信力较小。

五、进一步促进企业披露社会责任信息

目前，北京市虽然已经有促进首都企业披露社会责任信息的相关措施，但主动披露社会责任信息的企业及披露程度还不足，因此需要多方促进首都企业披露社会责任信息，具体手段如下。

第一，目前并没有对首都企业披露社会责任信息进行监管的法律。为了提高企业社会责任的决策价值，应当对信息披露进行监管立法，建立信息披露平台，公布企业社会责任报告，由公众进行监督。

第二，首都企业主管机构应积极推动企业披露社会责任信息。在加强中央企业公布企业社会责任报告的同时，加大外资企业、金融企业、上市公司和地方国有企业等履行企业社会责任的力度。

第三，引导首都投资者建立责任投资理念。目前，对企业披露社会责任信息监管不足与投资者对企业社会责任的关注力度密切相关，因此要引导投资者在投资过程中，不仅关注盈利情况，还应当把是否承担社会责任作为重要的测评依据。将企业社会责任作为考核企业整体水平的重要指标，对在企业社会责任测评中表现优异的企业给予精神上和物质上的奖励。

第四，改善首都企业内部社会责任专职人员的知识结构。开展企业社会责任培训班，邀请相关领域的专业人才对企业高层人员进行培训，对企业社会责任理论体系及经典案例进行系统性的传授，提高企业高层人员对企业社会责任的重视程度，要逐步把与企业社会责任相关的学科融入企业社会责任专职人员的培训中。

六、鼓励不同类型的首都企业积极承担社会责任

应搭建良好的平台，提供有利的环境，鼓励不同类型的企业承担社会责任，参与社会治理。

第一，将各种类型的首都企业共同纳入承担社会责任、参与社会治理的框架中。促进企业平等承担社会责任是进一步营造公平开放的营商环境的重要体现。要进一步加强国有企业、中央企业在承担社会责任方面的主导作用；鼓励更多的私营企业积极承担社会责任，参与社会治理；建立外资企业承担社会责任的相关规范。

第二，建立首都不同类型企业沟通的平台，在企业社会责任方面进行经验交流与沟通。例如，借鉴欧盟设立"企业社会责任多方利益相关者论坛"，组织企业社会责任年会，建立企业沟通交流的平台，将企业社会责任领先者作为先进案例进行宣传，收集企业社会责任经典案例，供企业之间相互借鉴。

第三，为企业学习先进国际经验提供"跳板"，首都作为一个国际化大城市，企业的社会责任应当与国际接轨，应积极邀请国外企业社会责任引领者的公司进行经验交流。

第四，扩展企业社会责任的范围和具体类型，促进企业履行社会责任形式的多样化和丰富化。

七、鼓励非政府组织参与企业社会责任的治理

从西方国家的经验来看，推动企业承担社会责任是"从上至下"模式与"从下至上"模式的结合（冯梅和范炳龙，2009），如英国非政府组织会定期向社会公布未按要求提供报告的公司名单，从而号召社会公众怀疑公司履行社会责任的真实程度。因此，在我国加快企业社会责任建设，就需要包括非政府组织、中介服务机构、媒体、消费者在内整个社会的努力。应鼓励非政府组织参与到企业社会责任治理中，通过以下几种方式促进企业提高承担社会责任的水平。①对企业行为进行调查和评价，为社会揭露企业社会责任缺失现象，为社会宣扬企业的卓越经营行为；②倡导商业文明，引导、推进企业积极履行社会责任，调动公众维护自身权利的意识；③积极参与推动关于企业社会责任的理论研究；④非政府组织可以与企业进行有效合作，帮助企业与利益相关者进行沟通，指导企业如何有效管理社会责任，帮助企业实

现经济和社会价值的统一；⑤应鼓励企业或行业制订企业社会责任规范，逐步提高劳动者的工资水平，注重经济增长与生态环境、劳动条件、职工健康和整个社会的协调发展；⑥建立咨询台，协助企业将企业社会责任融入企业日常经营；⑦举办研讨会，为管理者提供有关社会责任的学习交流和能力培养机会；⑧推动利益相关者之间的对话，包括企业、国家政府、投资者、公众等；⑨建立企业社会责任网络信息中心，为北京市企业提供企业社会责任实践及国际上最新企业社会责任信息。

八、充分发挥首都媒体的监督作用

引导首都媒体对企业社会责任的履行情况进行监督：①宣传有高度社会责任心的企业的良好形象，以便树立榜样，引导消费；②鞭策缺乏社会责任的企业对社会负责，对消费者负责，对环境负责；③鼓励企业服从宏观调控，增强环保意识，生产高质量产品，遵纪守法，文明经商，维护稳定的市场经济秩序，共同营造良好的经营环境和人类生存环境；④通过新闻媒体对事件的报道和评论，引起社会公众的关注和共鸣，并督促政府部门和行业组织对不履行社会责任的企业加以处理。

7 第七章
社会组织与社会治理

　　社会组织是首都社会治理的重要主体之一，是推进首都社会治理体系和治理能力现代化的关键一环。社会组织的发展，关系到首都社会治理的广度与深度，以及首都社会治理的专业化和系统性。北京市社会组织的发展历经30多年的时间，逐渐由过去政府部门的延伸转变为独立经营、主动补足社会需要的组织。近十年来，北京市社会组织绝对数量呈现"爆炸式"增长，涵盖环境保护、慈善扶贫、教育、科技、文化、体育、卫生等各个领域，业务模式逐渐专业化，社会知名度持续提高，从广度和深度上都积极参与到首都社会治理中。然而，与世界社会组织发展良好的城市相比，北京市社会组织的发展仍然存在一系列的问题，主要表现资源缺乏、政府依赖严重、人才队伍流失等方面。

第一节　社会组织在社会治理中的地位

一、社会组织研究是推进国家治理体系和治理能力现代化的必然要求

十八届三中全会通过的《中共中央关于全面深化改革若干重大问题的决定》明确提出"全面深化改革的总目标是完善和发展中国特色社会主义制度，推进国家治理体系和治理能力现代化。"社会治理是国家治理能力的重要内容，也是治理能力现代化的重要标志。有效的治理，突出强调社会公共事务的多方合作治理，而社会组织参与社会治理，正是社会力量参与社会治理的重要途径。

二、社会组织研究是社会组织迅速发展的需要

改革开放 40 年，我国社会组织数量经历了一个"爆炸式"增长进程，根据《社会组织蓝皮书：中国社会组织报告（2018）》的数据，截至 2017 年底我国社会组织总量达 80.3 万个。北京市社会组织数量也迅速增加。社会组织的迅速发展，说明我国越来越多的社会成员参与到各种各样的社会组织中，以结社的形式表达社会需求。这对社会治理提出了新的和更高的要求。加强对社会组织发展趋势和特点的研究，把握社会组织参与社会治理的规律，探索新形势下社会组织参与社会治理的途径，对创新首都社会治理机制具有重要意义。

三、社会组织治理是社会治理的重要内容

社会组织既是社会治理的主体之一，也是社会治理的客体之一。对社会组织的治理是社会治理的重要内容。各种各样的社会组织大量涌现，进行着各种组织活动，吸纳大量社会成员参与其中，这都需要政府进行正确的引导和有效的监督管理，将其纳入社会治理的正常轨道，充分发挥其在社会治理中的积极作用，预防可能产生的消极影响。

四、社会组织参与社会治理是科学合理解决复杂社会问题的重要途径

十八届三中全会通过的《中共中央关于全面深化改革若干重大问题的决

定》明确提出，要"激发社会组织活力。正确处理政府和社会关系，加快实施政社分开，推进社会组织明确权责、依法自治、发挥作用。适合由社会组织提供的公共服务和解决的事项，交由社会组织承担。支持和发展志愿服务组织。限期实现行业协会商会与行政机关真正脱钩，重点培育和优先发展行业协会商会类、科技类、公益慈善类、城乡社区服务类社会组织，成立时直接依法申请登记。加强对社会组织和在华境外非政府组织的管理，引导它们依法开展活动。"社会组织具有的特性，决定了它在社会治理中的特殊作用。社会组织是联系政府和人民群众的桥梁和纽带，是社会互动的载体和协调利益关系的中介。社会组织在协调国家利益、集体利益和个人利益方面具有重要作用，是化解矛盾、缓和冲突的润滑剂，是维护社会稳定的"安全阀"。

第二节　首都社会组织发展的现状

改革开放以来，北京市社会组织建设与管理工作经过 20 多年的发展，已经初具规模，品类齐全。"十二五"时期以来，北京市持续加大对社会组织发展的支持力度，不断探索新的管理途径、创新管理机制、完善社会组织管理，极大地促进了首都社会组织的发展。

北京市民政局公布的"2018 年社会服务统计季报表（二季度）"的数据显示，北京市社会组织共计 12 048 个，其中社会团体 4499 个，民办非企业单位 6890 个，基金会 659 个。北京市社区社会组织发展十分迅速，社会组织已遍布城乡，涉及国民经济各个行业、社会生活各个领域，初步形成门类齐全、层次不同、覆盖广泛、功能较强的社会组织体系，其功能作用、社会地位、影响范围都在不断提升。

北京市社会组织主要活跃在环境保护、慈善扶贫、教育、科技、文化、体育、卫生等领域，尤其是环境保护与慈善扶贫两个领域的社会组织，不但数量较多，且影响也较大。早在 2009 年和 2010 年，北京市政府就发布了《关于构建市级"枢纽型"社会组织工作体系的暂行办法》和《关于落实〈北京市社会服务管理创新行动方案〉进一步发挥"枢纽型"社会组织作用的通知》，推进社会组织发展。2013 年 3 月 14 日，第十二届全国人民代表大会第一次会议通过的《第十二届全国人民代表大会第一次会议关于国务院机构改革和职能转变方案的决定（草案）》指出，要"加快形成政社分开、权责明确、依法自治的现代社会组织体制"，进一步明确了加快政社分开、扩大社会组织覆盖面的大方向，为社会组织更好地参与社会治理营造良好的氛围。紧接着，北京市开启了"枢纽型"社会组织服务的新模式，推进北京市社会建设专项资金支持项目。同时，北京民办教育协会等 10 个市级"枢纽型"社会组织的党建工作委员会成立，并形成了联合党组织、党建工作部门和工作制度。这一创新使得社会组织之间、社会组织与党委之间的联系更为紧密，共同发挥作用促进社会发展。以中关村社会组织联合会为例，中关村社会组织联合会于 2015 年成立了党建工作委员会，从党建工作方面联系和服务中关村社会组织，通过政治思想宣传、各式各样的党建活动将中关村社会组织凝聚起来，通过党建活动调动工作人员中党员和积极分子的积极性，把业务和党建融合在一起，取得了较好的成果。

北京市通过降低登记门槛、政府采购等方式，放松了对社会组织活动的限制，提升了社会组织自我管理和建设能力。2011 年起对社会组织登记实行了宽松的审批政策，2013 年 4 月 1 日起成立的行业协会商会，以及科技类、公益慈善类、城乡社会服务类社会组织实行民政部门直接登记。北京市政府贯彻国务院关于改革社会组织管理体制的要求，降低审批门槛，大力发展和培养城乡社区社会组织，并根据民众需要，孵化大量社会组织以提供社会服务，在提高社会组织自理能力的同时将政府职能向社会组织转移。

第三节　首都社会组织发展和管理中存在的问题

虽然"枢纽型"社会组织管理体制有利于分门类特殊化管理，有利于建设社会组织长效监督和审查机制，有利于政府具有针对性地指导社会组织，但是由于新生不久，管理体制的持续运转还面临一些问题。例如，缺乏相关法律法规保障，降低社会组织登记门槛可能会引发社会组织的过分增长或者社会职能偏移；"枢纽型"社会组织承担着管理和服务体系内其他社会组织的责任，加上目前并没有相关政策规定如何进行政治领导和业务指导，"枢纽型"社会组织负担加重；"枢纽型"社会组织的类别有限，在不能实现社会全覆盖的情况下可能会导致一些新兴社会组织无法衍生或者正式成立。

一、社会组织在首都社会治理中的影响方面

1. 相对数量和整体素质有待提高

北京市社会组织绝对数量高，相对数量低。北京市社会组织总量规模较大，但相对于北京市庞大的常住人口规模，社会组织的相对数量还处于较低水平，无法满足日益增长的社会需求。同时与发达国家相比，北京市 15 个社区/万人远远低于发达国家 50 个社区/万人的数据，北京市社会组织数量有待提升。

2. 创收增长、财政和社会贡献度有限

北京市社会组织的总收入逐年增长，但是 2012 年社会组织总收入占政府财政的 5.2%，远远低于美国的 60%。同时，美国社会组织的慈善捐款是我国的 24 倍（殷星辰，2014），我国社会组织的经济创造力和社会贡献度水平较低。北京市社会组织普遍面临经费紧张、人才缺乏、自治能力较低等限制。根据《社会团体登记管理条例》、《民办非企业单位登记管理暂行条例》和《基金会管理条例》的规定，社会组织创建初期必须具备注册资金、固定场所、会员数量等硬性条件。社会组织运作经费来源渠道少，只能依靠捐助或寻求政府支持，对政府依赖性大，自治能力较弱。

3. 社会组织相关政策法规体系不够完善，社会组织与政府、企业之间的协同不够明确

北京市现有的政策法规大多数已经不能很好地指导社会组织的发展，在税收政策、补助政策、法律界定等方面严重缺乏解决问题的措施和政策。例如，政府的社会组织登记制度还有待完善，以解决"严进宽出"和"重登记、轻管理"的问题。从政府的角度来讲，社会组织培育扶持力度也不够均衡。北京市社会组织虽然覆盖率较大，但是更多地集中在慈善类、公益类、文体类、兴趣类等方面。在培育"枢纽型"社会组织时，首批 10 个"枢纽型"社会组织主要还是在这四类之中，缺乏对其他基础社会组织的培育。此外，北京市近年来的各项与社会组织相关的政策中，对科技、卫生、体育、对外交往、民族宗教、社区组织的倾斜不够，应当注意平衡对社会组织的培育和扶持力度。

此外，北京市社会组织与政府、企业之间的合作不够，没能够发挥彼此

优势促进社会更好的发展。社会组织与企业之间的合作不够，不能较快地转换为社会企业以更好地实现其社会使命；社会组织与政府之间合作不够，在提供公共服务和社会治理时没有一个合作机制能够让政府对社会组织有长期的支持。

二、社会组织自身发展方面

1. 发展定位不清晰，业务缺乏组织特色

北京市很多社会组织在发展中缺乏清晰明确的组织定位，功能上相互交叉、重叠，到底是资源平台？还是智库平台？还是信息平台？还是提供产品和服务？很多社会组织在发展过程中并没有对此做出清晰的界定，这也就制约了社会组织在深度上的发展。此外，北京市很多社会组织业务类型繁多，业务同时涉及党建、文化创意信息、课题研究、产业促进、京津冀发展、国际化等多个方面，部分社会组织缺乏专精的领域，无法体现比较优势，不仅自己生存难，也造成了一定社会资源的浪费。

2. 脱钩社会组织尚未度过适应期，资源和业务开展仍旧依赖政府支持

北京市很多社会组织在过去与政府相关部门有着紧密的联系，是政府部门联系社会群体的一种方式，有些社会组织在脱钩前已然成为政府的办事机构，具有半官方化的特性。2015 年 7 月，中共中央办公厅、国务院办公厅印发了《行业协会商会与行政机关脱钩总体方案》，取消行政机关（包括下属单位）与行业协会商会的主办、主管、联系和挂靠关系。该方案的出台使得过去依赖政府提供资源并进行业务指导的社会组织必须转型，然而从实际成效来看，目前北京市社会组织仍然处于适应期。以北京中关村不动产商会为例，其前身是写字楼商会，成立之初就有政府背景，发起人包括时任北京市副市长的陆昊，这使得北京中关村不动产商会在 2002 年成立以来累积了约1000 栋写字楼的基础信息，通过这些信息构建写字楼数据库，能够为会员提供良好的楼宇选址服务，同时其政府背景也保证了能够提供良好的政策服务。脱钩之后，北京中关村不动产商会开始向以市场为主体、企业化运营的商协会发展，然而由于组织属性发生了一定的变化，在与政府部门联络、收集企业诉求上报政府、提交政策建议影响政府决策等方面不再像过去那么方便，因此亟须创新业务模式以重新焕发组织活力。

3. 社会组织人才匮乏，专职工作人员流动性大

在就业市场上，北京市社会组织相较于企业、政府等组织缺乏一定的吸引力，部分社会组织长期处于人才匮乏的状态，大量专职工作人员只做"短期工"，流动性大，对社会组织的业务开展极为不利。以北京市静态交通业商会为例，其专职工作人员有 10 名左右，然而只有少数人员稳定，大部分专职工作人员流动性大，商会甚至以超过管理层薪资待遇的标准都难以招到一般工作人员，团队建设受到阻碍，难以壮大。究其原因，一是社会组织宣传、推广少，人们对就业市场的普遍认知带有成见，认为企业薪资待遇高，社会组织薪资待遇低；二是社会组织内部晋升和职业发展不如企业清晰、系统，对希望长期留在组织内发展的工作人员缺乏吸引力。

第四节　首都社会组织发展的对策建议

一、制度建设：转变思路，转"政府管理"为"政府引导"

十八届三中全会通过的《中共中央关于全面深化改革若干重大问题的决定》提出，要"创新社会治理体制"。加强并创新社会管理体制实践，用"治理"取代"管理"，强调将自上而下的"管理模式"转变为上下互动、国家与社会相结合的"治理模式"。北京市政府应当根据北京市社会建设的实际情况，营造有利于社会组织发展的社会氛围，将社会组织纳入治理的主体中。

1. 放宽制度限制，科学引导社会组织建设与发展

结社自由是公民的基本政治权利，公民的愿望和社会诉求大多通过结社来实现。美国的自由结社和相应的支持政策直接促进了社会团体及社会组织的良好发展，结社自由可以让公民和社会组织更好地参与社会治理，促进社会政治、经济、文化的发展。我国应当放宽自由结社和组建社会组织的苛刻限制，降低社会组织的登记门槛，从"严格监控"到"积极引导"，推动社会组织的健康发展和自我管理，实现公民社会自主治理的良性运转。

2. 转变观念，修订社会组织相关政策法规

一是完善相关法制规范。现阶段的社会治理主流是从政府单一化的社会治理主体向多元化的社会治理主体转变，在社会组织作为社会主体进行社会

治理时，必须有正式的政策和法规来推进规范其行为、界定其职能、监督其发展、保护其权益。

二是出台与时俱进的政策。北京市虽有对社会组织优惠的税费政策，但是并未形成完整的政策体系，应当出台更具专业性和针对性的社会组织规范及扶持政策，为社会组织的有效运行提供良好的政策环境。

三是确保政策法规的实施。切实执行社会组织相关政策法规，建立健全社会组织执法政策体系和相关配套机制，保证出台的政策能够落到实处。

3. 加强协作，建立政府与社会组织之间的协同机制

美国和欧洲强调政府与社会组织之间的合作及资源整合，通过签订协约、政府购买、社会组织参与等方式形成一整套社会组织合作机制，加强社会组织在社会治理方面的参与能力。我国应该搭建政府与社会组织之间资源共享、相互沟通的协作平台，支持社会组织与企业、公众之间的平台建设，形成促进社会协同和公共参与的社会组织合作机制，提高政府、公众、企业对社会组织的认同与支持。推动社会组织与社会的交流和合作，最终提高社会组织治理社会的能力。

二、思想建设：社会组织精神建设

当下我国社会组织的重点工作是提高自我管理能力，社会组织实现自主治理不仅需要政府和自身制度建设，更需要社会成员的参与，在一种公民参与的社会环境中推进社会组织的发展。美国的"公民精神"和结社自由直接促进了社会组织的发展和进步，结社和社会组织成为公民参与的最重要渠道。公民对社会的认同和公民本身的思想道德建设需要社会组织作为载体，社会组织的发展以公民的认同和"社会组织精神建设"为前提。

1. 培育社会志愿精神和公民精神

社会组织大多是由志愿者根据一定的社会目的自主地联合在一起，志愿精神是社会组织自我管理的重要基础。政府可以通过加强教育的方式让公民了解社会组织的内涵及公民精神的意义，社会组织则可以通过身体力行的活动吸引公民参与组织，建立公众自愿参与社会组织的有效机制，提高公民志愿参与意识。

2. 倡导企业履行社会责任

以营利为目的的企业也应当注重社会组织精神的建设，应当鼓励企业以基金会、捐赠、与社会组织合作、成立内部志愿者组织等方式参与公益活动或者社会服务，履行社会职责。

3. 促进媒体的正确引导和监督

媒体在社会组织精神建设方面应当起到较大的作用，它们不仅需要对志愿精神和社会精神进行传播及宣传，还应当对社会组织的活动和行为进行舆论监督及引导。

三、组织建设：组织制度和能力建设

社会组织作为社会治理的主体，必须具备组织结构完善、发展制度健全、功能定义完备、自主能力良好等特点。目前，首都社会组织在自身能力和制度建设方面还不够完善，必须从社会组织自身能力建设出发，建设有效的内部管理机制，最终提高社会组织的社会服务能力和社会治理能力。

1. 完善社会组织监管制度

一是完善社会组织评估制度，将"枢纽型"组织纳入评选过程中。在北京市社会组织评估体系运作过程中，并没有将具有业务主管职能的"枢纽型"社会组织纳入评选流程中，不利于"枢纽型"社会组织的职能建设和获得最有效的评估结果。应当将社会组织评估制度制度化、合理化、规范化，形成相应的奖惩机制，以求培养一批社会服务能力强、影响力大的社会组织。

二是加强"枢纽型"社会组织的日常管理职能。"枢纽型"社会组织新生不久，在对其他社会组织的业务指导和政治领导方面还缺乏一定的经验，应当尽快建立和完善有关社会组织内部建设与发展的章程及制度，以更好地管理社会组织的日常活动。

三是设立体系内的权威机构，对社会组织的运转进行监督。"枢纽型"社会组织作为业务主管单位，在对社会组织进行日常管理时可能会产生一些自身难以解决的问题。体系内社会组织应该成立一个监管专家委员会或者其他权威机构，以更好地解决社会组织体系内部发生的问题。

四是完善社会组织退出机制。全面实行社会组织评估制度，建立社会组织退出预警机制。建立政府主导下的社会第三方评估机制，保证评估机构组成人员的代表性、专业性和权威性，以及评估程序的客观、公正和透明，评估结果将作为评价社会组织公信力的重要依据，接受社会监督。建立健全社会组织执法政策体系和相关配套机制，加强监管执法队伍建设，强化相关行政执法部门日常监督管理力度，及时依法查处、取缔违规违法的社会组织，把各类社会组织全部纳入监督管理，确立社会组织退出机制，切实改变社会组织"能进不能出"的状况，确保社会组织健康发展。

2. 加强社会组织自身能力建设

一是完善社会组织内部治理结构。社会组织应当从自己的社会使命出发，从社会治理主体的角度完善其核心的规章制度，规范其日常活动，加强人员管理。北京市社会组织内部治理规章应当与"枢纽型"社会组织管理制度相匹配，促进社会组织开展更多的该领域专业性的品牌活动。

二是增强社会组织的筹资能力。资金对于社会组织开展各项社会服务活动、提升社会组织服务质量具有关键作用。社会组织应当拓展各种筹资渠道，通过与基金会长期合作、增加组织委托项目收入来源、与企业合作或者是市场化经营以转为社会企业等方式，增强筹资能力，保障组织良好运转。

三是强化社会组织成员能力建设。社会组织的活动实际上是人的活动，社会组织成员的能力直接决定了社会组织的发展状况。社会组织应当建立一套有关人员筛选、思想教育、专业技能培训等方面的机制，提升组织管理层的整体素质，实现社会组织队伍的专业化，提高组织成员的社会服务能力和组织管理能力。

四是增强社会组织的公信力。社会组织应当通过能力建设、制度完善、成员素质提高、活动增多、相关报道增多等方式提高社会公信力，成为该领域的品牌组织。社会组织还可以借助媒体宣传和与知名组织合作等方式传播组织理念，营销组织活动，提升社会组织的形象。

3. 完善"枢纽型"社会组织管理机制

一是完善"枢纽型"社会组织工作体系。完成北京市市、区、街三级"枢纽型"社会组织工作体系的建设，有利于扩大社会组织在各级的覆盖面。在培育"枢纽型"社会组织的同时，关注社会组织的发展方向和层次结构，更准确、更明确地界定各级社会组织的定位和分类，加快发展教育、文化、科技、卫生、社会福利、民族中交等方面的公益组织，按照科学合理的结构和布局，形成相对完整的社会组织框架以更好地推进首都的社会建设。

二是完善"枢纽型"社会组织的监督机制和工作机制。"枢纽型"社会组织的管理体制从本质上来说就是"社会组织管社会组织"的新模式。"枢纽型"社会组织对其他社会组织具有政治领导、业务指导、服务管理等方面的作用，必须完善"枢纽型"社会组织的监督职能和服务职能，以更好地促进整合社会组织体系内各成员的共同发展。"枢纽型"社会组织还应当提升自己的能力，扩大对社会组织的服务范围，并建立相对高效的工作机制，促进社会组织系统的进步。

三是提高"枢纽型"社会组织的自治能力。"枢纽型"社会组织实际上是政府凭借一定标准评判出来的重点社会组织，必须坚持"政社分开、权责明确、高度自治"的方针，既推进"枢纽型"社会组织代替政府成为社会组织的业务主管机构，使社会组织与政府分离；也要强调"枢纽型"社会组织提高自治能力，明确社会组织和政府之间的权责差别，实现政社分开。

四、社会企业建设：社会组织的创新模式

社会企业已经成为当今世界社会组织持续发展的动力和趋势，社会企业在社会治理中具有维护社会价值、推动社会公益、提供社会服务的重要作用。社会企业由于创造了新的社会福利模式，并且能够产生经济效益和就业岗位而受欧美国家的重视。我国社会企业还面临着经济效益不高、数量偏少、内部管理不强等问题，必须加快推进各级社会企业的建设。

1. 推进非营利组织市场化

社会企业通常是由非营利组织（nonprofit organization）转化而来，我国许多非营利组织已经陆续开展经济活动并将盈余投入社会服务。我们应当有序、有重点地推进各非营利部门开展产业化活动，支持国有福利机构市场化，减少政府负担，提高社会组织的社会治理能力。

2. 加强社会组织间的资源互补

社会组织可以通过与基金会、慈善组织、学术组织等利益相关者合作，凭借自身的组织特点和优势资源进行交流学习与互助，更好地实现财务自给，脱离对外部资金的依赖。

3. 政府可以提供初期资金支持

非营利组织在向社会企业转型的过程中，往往会遇到资金困难而停驻不前。政府可以直接提供或者联合企业提供一些出于公益目的的基金，专项支持社会企业的形成与发展，推进我国各级社会企业的建设。

4. 培育社会企业家精神

我国社会企业的发展并未形成一套成熟的体系，社会企业家精神的发扬和宣传有利于较快地建立社会企业并塑造其社会公信力。应该在全社会推广社会企业家精神，鼓励社会组织以社会企业家精神和创新理念积极探索社会治理与社会问题解决的新途径。

5. 建立社会企业孵化基地

政府、企业、民间组织都应当支持社会企业孵化基地的形成，以及社会企业的日常活动和管理经营，为社会企业的形成和发展提供生长平台、宣传平台、信息交流平台、政策咨询平台、人才培训平台和资金筹措平台。

6. 建立长期性的组织运转模式

社会企业在保持其社会使命的同时，应当向以营利为目的的企业学习经营方法和理念，创造可持续的经济价值和利润，并通过合理的方式回馈社会。社会企业不仅要强调短时间的资金获得，而且必须关注组织的长期运转，提高对社会资本的利用能力，促进社会资本的循环利用。

8 第八章
社区与社会治理

　　社区是居民生活的基本场所，也是社会治理体系的基本单位，社区治理的状况直接影响到社会治理的水平。《北京市"十三五"时期社会治理规划》中对社区治理在首都社会治理中的地位进行了明确规定："完善社区治理，夯实基层工作基础"。

　　虽然随着对社区重视程度的不断提高，社区治理水平不断提高；但首都社区治理目前仍然存在社区治理主体关系难协调、社区工作者专业素养不足、社区居民参与程度低等问题。加之首都的特殊身份，北京市社区治理还存在有别于其他城市的特殊性和复杂性，这进一步增加了社区治理带来的挑战。

　　本章首先论述社区治理在首都社会治理中的重要作用，然后详细描述首都社区治理的现状，进而在把握首都社区治理成就与问题的基础上，就如何完善首都社区治理以促进首都社会治理提出相关建议。

第一节　社区与社区治理

自斐迪南·滕尼斯首次提出"社区"这一概念到 1981 年，社会学家杨庆堃已检索出 140 多种定义（徐永祥，2006）。"社区"（community）一词是在 1932 年引入中国的[①]，之后费孝通等将其翻译成"社区"，并逐渐成为社会学、政治学、经济学等领域的重要研究内容之一。

在国家政策层面，1986 年，民政部首次把"社区"的概念引入中国城市管理，提出在城市中开展社区服务工作；1989 年，社区服务的概念被第一次引入法律条文[②]；在向市场经济体制转轨过程中，以前的"单位人"走向"社区人"，原有的单位体制和街居体制的城市基层社会管理体制相继失效或失灵，1991 年民政部提出"社区建设"，中国各地开展了新型社区治理方式的探索；2000 年，中共中央委员会办公厅和国务院办公厅转发了《民政部关于在全国推进城市社区建设的意见》，标志着中国城市基层社会体制改革的全面启动，社区治理的模式逐步形成，社区建设不断发展。

根据《北京市社区管理办法（试行）》，社区是指聚居在一定地域范围内由人们所组成的社会生活共同体。社区是社会的细胞，是人类生活的基本单元，是宏观社会的缩影。广义上的社区是指城乡社区，即城市社区和农村社区。狭义上的社区则仅指城市社区。本章主要关注城市社区，即经过社区体制改革后做了规模调整的社区居民委员会辖区。

而社区治理则是指在一定区域范围内政府与社区组织、社区公民共同管理社区公共事务的活动（魏娜，2003）。社区治理在整个社会治理中发挥着基础性作用。社区治理不同于社区自治，社区自治强调社区居民对社区公共事务进行自我决定、自我管理的权利，而社区治理在重视公民参与的同时强调合作，提倡多元主体以平等沟通、协商互让、共同合作等方式，反映公共利益诉求，提升社区公共利益。在社区治理模式中，政府和其他主体是新型"伙伴关系"，共同致力于社区发展，因此，相比于社区自治，社区治理更能体现出现代社区的本质和内涵，也更能反映出在实践中多主体治理和参与社区发展的实际情况（陈伟东和李雪萍，2004）。

---

① 1932 年末，美国社会学家罗伯特·帕克接受燕京大学邀请来中国讲学，把"社区"一词带入中国（夏晓丽，2011）。

② 《中华人民共和国城市居民委员会组织法》。

第二节　推动首都社区治理以促进社会治理的原因

一、社区治理是社会治理的基础

居住性社区是人类生活的基本单元，是城市居民生活和休息的场所，也是居民退休后度过余生的最重要场所，因而社区是社会治理体系的基本单位，社区治理构成了社会治理体系的第一道防线。2017 年出台的《中共中央国务院关于加强和完善城乡社区治理的意见》，作为中华人民共和国历史上第一个以党中央、国务院名义出台的关于城乡社区治理的纲领性文件[①]，强调"城乡社区是社会治理的基本单元"。而北京市出台的《北京市"十三五"时期社会治理规划》中也对社区治理在首都社会治理中的地位进行了明确的规定："完善社区治理，夯实基层工作基础"。社区治理的成效会在不同治理层级之间传导，通过各种社会因素和社会机制复杂的聚合作用，往往会出现扩散与放大效应，最终影响社会治理和国家治理的整体格局（张艳国和刘小钧，2015）。因此，重视社区治理，提升社区治理水平，是完善社会治理的基础工程。

二、社区治理不断面临新的课题

改革开放以后，我国城市社会结构发生重大变化，社会治理不断面临新的课题。第一，企事业单位的职能发生变化，特别是国有企业改革及民营企业的不稳定性，使相当一部分居民从"单位人"转变成"社区人"，社会服务和社会福利职能外移到基层社区层面，对社区治理更为关注。第二，随着我国住房制度改革的不断深化，住房作为商品进入市场流通，从而产生了大量商品房小区，而围绕商品房小区的各方利益主体之间错综复杂的利益纠纷和各种矛盾逐渐增多，商品房小区的社区治理问题日益突出。第三，随着农村经济体制改革的深入和城市的开放，大量农民工也愈益深入地进入城市社会，拓展流动人口有序参与居住地社区治理成为城市社区治理的新课题。第四，随着现代化进程的推进，家庭小型化、人口老龄化的趋势也更加明显，

[①] 城乡社区治理，从根上做文章[OL]. http://www.gov.cn/zhengce/2017-06/21/content_5204106.htm [2018-05-13].

城乡居民特别是对老幼弱疾者的服务和照顾也面临着新问题。第五，受经济体制改革的牵引，城乡行政管理体制也在发生变化，上级政府不断将社会管理和服务的职能下放，而居民委员会承担社会职能的增加也改变着其在城市社会体系中的地位，社区治理在社会治理中的地位越来越突出。

三、首都社区治理的变革越来越紧迫

虽然，随着人们对社区关注度及中央政府对社区重视程度的不断提高，社区建设取得了一定的进步，但是，我国社区治理目前仍然存在社区自治和服务功能不强，基层群众自治活动的内容和载体相对单一，社区治理参与机制不健全，政府部门包办过多，社会力量、市场主体的参与缺乏长效机制等瓶颈问题。而北京市在作为一个城市的同时又具有首都的特殊身份，其社区治理还存在有别于其他城市的特殊性和复杂性。具体表现如下。

1. 社区治理地位突出

北京市作为国家首都，是国家社会发展的窗口。因此，完善北京市社区治理体系，既是北京市社会治理建设的子系统，也是发挥首都社区治理引领示范作用、促进全国社会治理建设的重要内容。

2. 社区规模大，区域差别性大

北京市作为首都城市，是政治、经济、文化交流的中心，聚集了一流的社会资源，吸引了大量人群进京生活、工作，使得社区规模日益变大、类型日益增多，不同区域的社区差别较大，社区治理难度越来越大。

3. 社区治理不断面临新问题

随着经济社会的发展，推进首都社区治理创新的任务也越来越繁重，且各类社会矛盾叠加、社区利益格局持续调整、社会风险隐患增多，社会服务需求越来越大，社区治理不断面临新的矛盾和问题。

4. 社区维稳压力大，政府主导性强

不同于国内其他城市，北京市常住人口及流动人口数量庞大、人居分离等因素直接影响到其社会治理的政策与体制，进而影响到其社区治理。基于这些因素，北京市社区治理更注重维稳工作，政府主导性较强，行政色彩较浓，相对于其他城市的社区治理，北京市的社区自治难度较大。

因此，推进首都社区治理变革，提升首都社区治理水平，对首都社会治理的发展乃至国家治理能力和治理体系现代化，都具有十分重要的意义。

第三节 首都社区治理的现状

一、首都社区概况

根据 2018 年 7 月 20 日北京市民政局公布的"2018 年社会服务统计季报表（三季度）"的信息统计，目前北京市共有社区服务机构总数 12 482 个（提供住宿的社会服务机构数为 683 个，不提供住宿的社会服务机构数为 11 799 个），其中社区服务指导中心 17 个，社区服务中心 203 个（农村占 21 个），社区服务站 6455 个（农村占 3677 个），社区养老机构和设施 20 个（农村占 16 个），社区互助型养老设施 226 个（农村占 170 个），其他社区养老等服务机构 4878 个（农村占 1249 个），提供住宿的老年人和残疾人服务机构 654 个，智力障碍者与精神病患者服务机构 1 个，儿童收养救助服务机构 10 个，其他提供住宿的社会服务机构 18 个。

由北京市 2005～2017 年的城镇人口增长情况（图 8-1 和表 8-1）可知，"十二五"初期相对"十一五"初期的城镇人口增长率约为 31.10%，"十三五"初期相对"十二五"初期的城镇人口增长率约为 11.39%，增幅呈下降趋势。与 2015 年相比，2016 年城镇人口增幅微小，2017 年北京市城镇人口甚至比 2016 年减少约 3 万人。

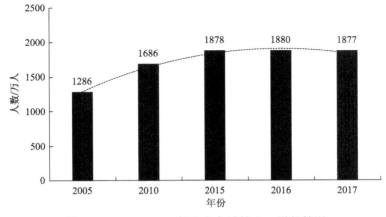

图 8-1　2005～2017 年北京市城镇人口增长情况

表 8-1 2005～2017 年北京市城镇人口增长情况[①]

年份	2005	2010	2015	2016	2017
人数/万人	1286	1686	1878	1880	1877

从北京市城市社区居民委员会的数量来看，截至 2018 年第二季度，北京市共有城市社区居民委员会 3154 个。2012 年至 2018 年初，北京市城市社区居民委员会数量呈小幅增长，总体变化不大（表 8-2 和图 8-2）。

表 8-2 2012 年至 2018 年初北京市城市社区居民委员会数量变化情况[②]

年份	2012	2013	2014	2015	2016	2017	2018
增幅/%	0.62	0.32	1.53	1.20	1.26	2.82	2.82

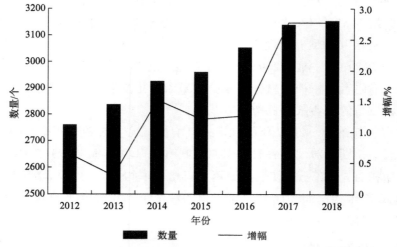

图 8-2 2012 年至 2018 年初北京市城市社区居民委员会数量变化情况

综上所述，一方面北京市城镇人口的增长幅度先增加后基本稳定，另一方面北京市城市社区居民委员会的增长幅度也保持基本稳定，所以预计今后首都社区自治将在现有城镇人口和城市社区居民委员会数量基础上，更加注重质的提高。

---

① 人口与就业年度统计资料发布计划[OL]. http://edu.bjstats.gov.cn/tjsj/ndtjzl/2018ndtjzl/rkyjy_6680/201801/t20180110_390655.html[2018-05-16].
② 数据源自北京市民政局网站（http://mzj.beijing.gov.cn/）历年社会服务统计季报表。其中，2012～2017 年数据分别来自北京市民政局 2012～2017 年各年"社会服务统计季报表（四季度）"，2018 年数据来自北京市民政局 2018 年"社会服务统计季报表（二季度）"。

二、首都社区治理的成就

1. 关于城市社区治理的政策不断出台，充分体现政府对城市社区治理工作的重视

2009 年，北京市社会建设工作办公室分别出台了《北京市社区管理办法（试行）》和《北京市社区工作者管理办法（试行）》，对城市社区治理和建设高水平、专业化的社区工作队伍进行了相关规定。之后在《国务院关于加强和改进社区服务工作的意见》和《民政部关于在全国推进城市社区建设的意见》出台后，北京市社会建设工作办公室颁布《关于加强和改进城市社区居民委员会建设工作的意见》，对城市社区居民委员会的主要职责进一步明确，指出要"着力理顺社区工作关系，强化社区管理和服务功能，充实壮大社区工作力量，建立健全社区保障机制"。与之配套的，北京市社会建设工作办公室还出台了《北京市社区基本公共服务指导目录（试行）》等相关文件，北京市民政局与北京市人力资源和社会保障局也出台了《首都中长期社会工作专业人才发展规划纲要（2011—2020 年）》，体现了对社会工作专业人才队伍建设的高度重视。2018 年 7 月 4 日，北京市政府常务会议审议通过了《北京市加强基层社会治理规范化建设三年行动计划（2018—2020 年）》、《关于加强和完善社区治理的实施意见》和《北京市社区工作者管理办法（修订）》等文件，进一步推进首都基层社会治理和社区工作者队伍建设工作①。

2. 现代社区复合治理结构基本形成，社区治理体系不断完善

复合治理就是谋求各个治理主体之间的合作互补关系。北京市通过《北京市社区管理办法（试行）》和《北京市社区工作者管理办法（试行）》等重要文件，按照"一分、三定、两目标"的思路对社区管理体制进行了改革。《北京市"十三五"时期社会治理规划》也进一步为完善首都社区治理体系框架提供了政策基础。首都社区治理初步形成了"三位一体"的治理机制，即"以社区党组织为领导核心，以社区居民委员会为主体、社区服务站为平台、社区社会组织为补充，驻社区单位密切配合、社区居民广泛参与，通过区域化党建、多元性自治、开放式服务，实现社区党建、社区自治、社区服务三

---

① 市委常委会审议通过《北京市加强基层社会治理规范化建设三年行动计划（2018—2020 年）》[OL]. http://zfxxgk.beijing.gov.cn/110049/ywdt52/2018-07/10/content_4a4f0ef53e4d4e53abfc7b9973bd6ae7.shtml [2018-05-16].

者有机统一、共建共享的社区治理机制"。随着商品房小区型社区的不断发展，现代首都社区治理中，社区党组织、社区居民委员会、街道办事处、社区服务站、业主委员会、物业管理公司、社区自治居民及主体关系构成了首都社区治理体系的关键（图 8-3）。

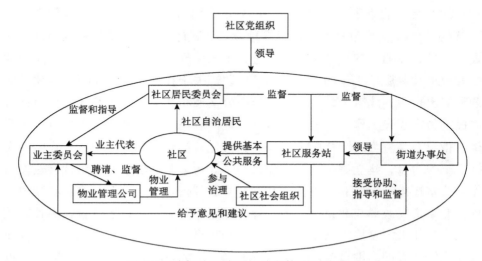

图 8-3　首都社区治理相关主体及相关关系

　　社区党组织是社区各类组织和各项工作的领导核心。社区居民委员会是社区居民自我管理、自我服务、自我教育、自我监督的基层群众性自治组织。社区居民委员会依托社区服务站办理本社区居民的公共事务和公益事业，指导和监督业主大会、业主委员会和物业管理公司的工作，并参与对本市各级政府和街道办事处相关工作的监督评议。社区居民委员会可下设若干居民小组，居民小组可根据社区实际，采取楼委会、院委会、楼门自治小组等不同组织形式[1]。

　　业主委员会是物业管理区域内代表全体业主，按照"民主、自治、自律、公益"的原则对物业实施管理的组织，是业主大会的执行机构。业主委员会按市场规则聘请物业管理公司进行物业管理，业主大会、业主委员会做出的决定，应当告知相关的社区居民委员会和社区服务站，并接受社区居民委员会的指导与监督，听取社区服务站的意见和建议[1]。

　　社区服务站是政府在社区层面设立的公共服务平台，代理、代办政府在社区的公共服务，实现政府职能重心下移。社区服务站在街道办事处的领导

---

①　《北京市社区管理办法（试行）》。

和政府职能部门的业务指导下开展工作，同时接受社区党组织的领导和社区居民委员会的监督[①]。社区服务站的出现，使得居民委员会可以集中时间和精力开展"自我管理、自我服务、自我发展"为主要内容的群众性自治活动，对于居民委员会行政化问题的解决具有积极意义。

为解决社区居民委员会行政化倾向，北京市还出台了《北京市社区管理办法（试行）》和《北京市民政局　中共北京市委组织部关于进一步开展社区减负工作的意见》等政策，进一步理顺和规范了政府部门与社区的关系，减轻了社区居民委员会的工作负担。

3. 积极推动社区治理试点工作，探索社区参与社会治理的有效模式

2010 年，北京市在《北京市加强社会建设实施纲要》、《北京市社区管理办法（试行）》和《北京市社区工作者管理办法（试行）》等文件精神的指导下，在 2009 年社区规范化建设试点工作取得明显成效的基础上，出台了《关于进一步推进社区规范化建设试点工作的实施方案》，在全市进一步推进社区规范化建设试点工作，并对首都社会党组织、居民委员会和服务站的职责分别进行了相关试行规定。2013 年，北京市社会工作委员会在街道和社区开展社会动员试点工作，旨在通过试点，倡导"社会协同、公众参与"的理念，培育一批社会动员工作示范试点，探索健全与市场经济条件相适应的首都社会动员体制机制。2017 年，《2017 年城乡结合部社区治理创新试点工作方案》的确定，对朝阳区常营乡民族家园社区、海淀区苏家坨镇柳林村社区和前沙涧社区、顺义区空港街道吉祥花园社区四个城乡结合部村居合一社区进行试点，探索建立"1+3"社区治理模式，即在社区联合党委（"社区大党委"）统一领导下，社区自治组织、村民自治组织、村集体经济组织等参与的协商机制[②]。

4. 完善社区服务体系，社区治理精细化水平稳步提高

社区是社会成员获取基本公共服务的重要场所，也是政府行使社会管理职能和组织提供公共服务的基础平台。首都社区建设中尤其重视社区服务体系的完善和服务质量的提高。2010 年，北京市出台的《北京市社区基本公共服务指导目录（试行）》列出了社区基本公共服务的详细清单，包含社区就业服务、社区社会保障服务、社区社会救助服务、社区卫生和计划生育服务、

---

① 《北京市社区管理办法（试行）》。

② 城乡结合部社区治理创新试点工作全面启动[OL]. http://shb.beijing.gov.cn/2017/0427/4666.shtml [2018-05-16].

社区文化教育体育服务、社区流动人口和房屋出租服务、社区安全服务、社区环境美化服务、社区便利服务及其他服务 10 个方面。《北京市"十三五"时期社会治理规划》也指出要不断完善社区公共服务体系，实施社区服务"十大覆盖工程"①和"一刻钟社区服务圈"②建设。2018 年 5 月 23 日，北京市社会科学院与社会科学文献出版社在京发布的《北京蓝皮书：北京社会治理发展报告（2017～2018）》中称，北京市智慧型社区③已经建成 2583 个，其中 2017 年新建 362 个，同时推进 630 个智慧社区升星。在智慧社区建设取得新成果的基础上，北京市又全面启动了"智慧小区"的建设，目前已有 12 家小区被列入首批北京市智慧小区示范工程。同时，2017 年全市新建了 100 个"一刻钟服务圈"，总数达到 1442 个，在城市社区的覆盖率达到 85% 以上（于振华，2018）。

5. 以人为本，以德治理，推动社区治理良性发展

首都社区治理建设，充分体现了以人为本的核心理念，切实满足了社区居民的需求，促进了社区和谐发展。2011 年，民政部印发了《民政部关于促进农民工融入城市社区的意见》，北京市作为首都，又是城乡人口流动的重要地区，在促进农民工融入城市社区、切实保障农民工参与社区自治的权利等方面起着重要的带头作用。2016 年，针对当前居民群众的思想观念、价值取向日趋多元，对社区管理服务的需求更加迫切，以及社区居民社区认同感不强、邻里关系淡漠等问题，北京市民政局颁布《关于全面推进以德治理城乡社区工作的指导意见》，指出要"推动优秀传统文化与城乡社区建设有机融合"，加强个人品德建设、家庭美德建设、邻里和德建设、社区公德建设，发挥社区各类组织的组织引领作用和社区道德模范的示范带动作用。

三、首都社区治理存在的问题

1. 社区治理相关主体关系难协调，社区治理存在困境

社区复合治理体系框架已初步形成，但多元治理主体间能否各司其职、

---

① 即前述《北京市社区基本公共服务指导目录（试行）》列出的 10 项社区基本公共服务。

② 社区居民从家庭居住地出发，在步行 15 分钟范围内，享受到方便、快捷、舒适的社区服务（包括由政府提供的基本公共服务、社会力量，以及由居民个人提供的志愿互助服务、市场提供的便民利民服务等）。

③ 《关于在北京市推进智慧社区建设的实施意见》中指出，智慧社区是"利用物联网、云计算、移动互联网、信息智能终端等新一代信息技术，通过对各类与社区居民生活密切相关信息的自动感知、及时传送、及时发布和信息资源的整合共享，实现对社区居民'吃、住、行、游、购、娱、健'生活七大要素的数字化、网络化、智能化、互动化和协同化，让'五化'成为居民工作、生活的主要方式。"

共建共享才是社区治理体系能否有效发挥作用的关键。而当前首都社区治理中，社区居民委员会、街道办事处、业主委员会、物业管理公司及社区服务站等主体关系仍存在难以协调的问题。

第一，社区居民委员会与街道办事处关系行政化。尽管在法律上街道办事处和居民委员会职能规定清晰，前者是区政府派出机构，后者是居民自治机构。北京市也出台了众多关于理顺社区居民委员会与街道办事处关系的政策文件。同时，随着社区服务站的广泛建立，政府提供基层公共服务的责任和渠道更加明确，社区居民委员会的自治主体地位与社区服务站的服务平台定位更加清晰。但实际上社区基层自治组织行政化现象仍然十分突出。北京市的历史传统及首都身份的特殊性，更是强化了这一点。社会居民委员会作为居民自治组织，本来应该是居民的"头"；但现实中，居民委员会在很大程度上成为街道办事处的"腿"，街道办事处以"二传手"的角色，将相关工作任务直接转交给其"指导"的社区去办理，不仅使得社区居民委员会不堪重负，还使得社区居民的很多需求得不到及时充分的满足。

第二，社区居民委员会与业主委员会存在矛盾。随着商品房小区型社区越来越普遍，商品房小区的社区治理问题也越来越突出。其中，社区居民委员会与业主委员会的关系是新兴商品房小区治理的重要问题之一。社区居民委员会和业主委员会虽都是自治组织，但两者还存在一些差别，本质的区别就在于二者性质不同及由其导致的服务对象不一致。居民委员会服务于社区范围内的居民，其权力的渊源是居民的自治权利，体现的是政治权利的民主；业主委员会则是服务于社区内全体业主，体现的是经济权利的民主（李江新，2011）。《北京市社区管理办法（试行）》和《北京市住宅区业主大会和业主委员会指导规则》等对业主委员会和社区居民委员会及其与社区服务站等的关系进行了界定①。然而，由于当前社区居民与业主并不完全重合，因为很多社区房子的居住者并不一定是业主。在社区范围内，业主是公共产品和公共服务的重要供给者，因为他们是社区内物

---

① 例如，《北京市住宅区业主大会和业主委员会指导规则》第五十三条明确指出："物业管理区域内，业主大会、业主委员会应当积极配合相关的社区居民委员会依法履行自治管理职责，支持社区居民委员会开展工作，共同做好物业管理区域内社区建设等相关工作。社区居民委员会应当协助街道办事处、乡镇人民政府指导、监督社区内的业主委员会开展工作，维护居民的合法权益。物业管理区域内召开业主大会、业主委员会会议，应当告知相关的社区居民委员会，并听取其意见。"

的所有者；而居民则是公共产品和公共服务的享受者（李江新，2011）。这就使得以社区居民为对象的社区居民委员会和以业主为对象的业主委员会之间存在因为立场不同而导致的利益取向差异及矛盾。而在"社区居民委员会应当协助街道办事处、乡镇人民政府指导、监督社区内的业主委员会开展工作"[①]的软约束关系下，这些矛盾和冲突不可避免地会导致社区治理效能的低下。

第三，社区居民与物业管理公司关系紧张。虽然存在社区居民委员会和业主委员会的矛盾，但由于目前北京市业主委员会数量远远小于住宅小区总数，但每一个住宅小区都存在相应的物业管理公司。因此，北京市社区居民与物业管理公司关系紧张更是商品房小区型社区治理中的一个突出问题。大多数商品房小区的物业服务或小区管理主要是由物业管理公司进行独立运作。物业管理公司是作为独立核算的企业性质的法人，最主要的宗旨自然是维护和最大化本公司的收益。因此，在经济人理性选择及现有制度规范不完善的情况下，某些物业管理公司并不能在规定范围内获利，进而导致物业管理公司与业主之间产生矛盾。例如，物业管理公司收费标准和方式不透明，或者收费之后不作为等，若物业管理公司和业主之间缺少理性的、充足的沟通和互动，就容易引起业主不满，进而引发矛盾。加之国内在这方面没有明确的制度规定，使得社区居民与物业管理公司之间的矛盾更加难以得到有效解决。

第四，社区居民委员会与社区服务站关系难以协调。为促进社区更好地发挥为居民服务的功能，首都社区都建立了社区服务站，实现了政府职能重心的下移，并引入了社会组织共同参与社区治理和社会服务。但是，在此过程中，居民委员会和社区服务站关系并不明晰。在提供公共服务方面，社区服务站既代办政府在社区的公共服务，又是社区居民委员会办理本社区居民的公共事务和公益事业的依托；在反映民情方面，社区服务站既要通过各种渠道及时了解和反映社区居民意见，又要配合和支持社区居民委员会进行居民自治及开展矛盾调节。可见，在很大程度上，二者职能重复，关系不清晰，难以做到各司其职基础上的协同治理。此外，社区服务站站长可以由社区居

---

① 《北京市住宅区业主大会和业主委员会指导规则》第五十三条明确指出："物业管理区域内，业主大会、业主委员会应当积极配合相关的社区居民委员会依法履行自治管理职责，支持社区居民委员会开展工作，共同做好物业管理区域内社区建设等相关工作。社区居民委员会应当协助街道办事处、乡镇人民政府指导、监督社区内的业主委员会开展工作，维护居民的合法权益。"

民委员会负责人兼任，这就更加重了社区居民委员会和社区服务站实际关系的不明朗。但值得关注的是，社区服务站是政府在社区层面设立的公共服务平台，接受街道办事处和其他职能部门的领导，而社区居民委员会则是居民自治组织，二者性质上的根本不同决定了二者关系不明晰下的问题：加剧了社区居民委员会的行政化和任务的繁重程度，进而导致社区自治和公共服务提供不足或无效。

2. 社区管理多个主体之间权责不清晰

目前，北京市管理社区工作的政府主体主要有北京市民政局和北京市社会建设工作办公室。

北京市社会建设工作办公室与中共北京市委社会工作委员会合署办公，其主要职责是统筹推进本市社会建设的总体规划和宏观政策。北京市社会建设工作办公室下设社区建设处，主要职责是"拟订本市社区建设规划、政策和改革方案，提出加强社区建设的意见和建议"[1]。

北京市民政局作为北京市政府管理社会行政事务的职能部门，主要负责全市民政事务管理。在其基本职责中，社区管理是重要组成部分。社会管理内设基层政权和社区建设处，"负责拟订本市城乡基层群众自治建设的政策和社区建设的相关配套政策并组织实施；参与拟定社区建设总体规划；指导社区服务站和社区服务设施管理、社区服务中心、社区志愿服务、社区服务信息网络建设，以及居民委员会、村民委员会的组织建设、队伍建设和基础保障建设、表彰工作；推动基层民主政治建设；联系街道办事处的工作。"[2]

由两个机构的职责规定可以看出，北京市社会建设工作办公室和北京市民政局至少在社区管理事项上存在很大程度的重合性。而从两个机构出台的关于社区管理相关的现行政策来看，二者也存在重复、多头管理的现象（表 8-3），尤其是在社区工作者管理及社区工作定位方面。毫无疑问，多个社区管理主体之间权责不清晰必定导致社区管理效率低下，不利于社区治理的有效推进。

---

[1] 【机构设置】社区建设处[OL]. http://shb.beijing.gov.cn/2017/0310/7428.shtml[2018-05-25].
[2] 北京市民政局职权信息[OL]. http://mzj.beijing.gov.cn/templet/mzj/powersInfo/ShowArticle_nsjg.jsp?id=113766&CLASS_ID=zqxx_nsjg[2018-05-25].

表 8-3　北京市社区管理相关政策及出台主体

政策出台者	出台时间	具体政策
北京市社会建设工作办公室	1999 年	《北京市街道办事处工作规定》
	2008 年	《北京市社区管理办法（试行）》和《北京市社区工作者管理办法（试行）》
	2009 年	《关于推进社区规范化建设试点工作的实施方案》
	2010 年	《关于进一步推进社区规范化建设试点工作的实施方案》《首都中长期人才发展规划纲要（2010—2020 年）》和《北京市社区基本公共服务指导目录（试行）》
	2012 年	《首都中长期社会工作专业人才发展规划纲要（2011—2020 年）》
	2013 年	《2013 年在全市街道社区开展社会动员工作试点的方案》和《关于开展老旧小区自我服务管理试点工作的意见》
	2015 年	《北京社会工作者职业道德守则》
北京市民政局	2006 年	《北京市民政局关于完善社区居民委员会办理社区事务工作制度的指导意见（试行）》
	2009 年	《社会工作者职业水平证书登记办法》
	2011 年	《北京市社区工作者招聘办法》和《北京市"十二五"时期城乡社区服务工作行动方案》
	2012 年	《北京市社区工作者考核评议办法》《北京市社区服务站管理办法》和《关于推进城乡社区自治组织全覆盖的指导意见》
	2014 年	《北京市民政局关于大力发展城乡社区社会组织的意见》和《北京市民政局关于进一步加强首都城乡社区安全稳定工作的通知》
	2016 年	《关于全面推进以德治理城乡社区工作的指导意见》和《关于进一步开展社区减负工作的意见》
	2017 年	《北京市社区议事厅工作指导规程（试行）》

3. 社区工作者的身份与权限不明晰

目前北京市社区工作者中，很大一部分人的角色并不唯一，进而导致一系列问题的产生。例如，社区居民委员会成员，一方面通过社区居民的选举，接受广大社区居民的监督；另一方面还要接受街道政府的直接领导。这样一来这些社区工作者同时代表着两方利益，当两方利益发生冲突时，社区工作也就产生了偏向性。现实情况基本是，多数社区工作者会以保住自己的工作为出发点来选择优先完成政府委派的任务，这在一定程度上损害了社区居民的利益。再如，业主委员会作为一个经济自治组织，与作为政治自治组织的居民委员会存在行政化倾向类似的情况，也存在与物业管理公司等市场经济主体产生不合理的经济利益合作等情况，进而导致业主委员会难以真正为业主谋利。此外，时至今日，社区工作依然不能吸引高素质和专业化的人才，尤其是接受过专业教育的大学生，社区人才队伍建设还需壮大。同时，社区工作者队伍相对不稳定，也会造成工作人员对业务的不熟悉，甚至会导致社区工作的搁置，这些都直接影响到社区工作的效率，在很大程度上制约了社区工作水平的提高。

4. 社区居民参与积极性低，社区治理存在"共同体"困境

社区的核心理念是自治和参与。"共同体"应是社区的本质，即社区建设的主要目标就在于：通过创造优美、舒适的生活环境，提升人的生活质量，使社区成为一个"生活共同体"；通过人与人的交往与沟通，形成祥和、团结、合作的社会环境，使社区成为一个"社会共同体"；通过互助共济，打造一种我为人人、人人为我的理想与道德境界，提倡诚信友爱、奉献，使社区成为一个"精神共同体"；通过强化社区团结、法律意识，构建共同的社会价值观和精神追求，推动社区发展和社会协调发展，使社区成为一个"文化共同体"（郑杭生和黄家亮，2012）。然而，尽管我国大规模推进社区建设已有十余年历史，但社区参与的不足仍然是制约我国社区发展水平的关键性因素。社区在相当大程度上只是一个地域的概念，社区建设在相当大程度上还停留在政府自上而下运动式推动，社区居民的归属感不强，参与社区公共事务的积极性不高。绝大部分居民对社区事务不闻不问，邻里之间鲜有交流和交往，居民委员会干部选举投票率低。社区治理也是一种集体行动，强调共同参与、资源共享，有利于形成多元共治、联合行动的积极格局，但也可能造成责任主体模糊，导致各主体推卸责任、互相扯皮，使社区治理行动无法摆脱奥尔森的"集体行动的困境"。

第四节　进一步推进首都社区治理的建议

社区治理事关居民群众切身利益及基层和谐稳定。发挥社区治理在社会治理中的基础作用，有利于促进居民自治良性互动，形成全民共建共享的治理格局。在此，为进一步推进社区治理法制化、科学化、精细化，促进城市社区治理体系和治理能力现代化提出以下政策建议。

一、进一步完善社区治理规则体系，促进社区治理法制化

虽然目前关于首都社区治理的相关政策文件较为全面和丰富，社区治理

体系也已经初步形成，但由于社区联系着居民的日常生活，社区治理事项繁多琐碎，加之首都社区类型复杂多样，故仍有许多具体的治理细节需要规范。同时，社区管理还存在主体权责不清的问题。因此，应在清晰划分北京市社会建设工作办公室和北京市民政局在社区治理方面的权责基础上，深入各个社区进行实地调查研究，对现有社区类型进行划分，并对各类社区现有治理规则进行考察与分析。对简单粗陋、无法实施者进行修订，使之更具体、更有操作性；对于缺乏治理规则、无法可依者，及时出台相应规定。广泛吸收试点和实践探索中的经验，落实到政策文本和操作规范上，制订分别针对社区居民委员会、居民、街道办事处等相关治理主体的社区治理手册。

二、处理好社区相关主体间关系，促进社区治理良性运转

城市社区是国家、市场、社会各种行动力量反映的综合社会实践场（李晓壮，2015）：街道办事处、民政部门、社会建设工作办公室、社区党组织代表着政府力量，遵守行政等级逻辑；物业管理公司是市场主体，体现逐利本质；社区居民委员会、社区居民、业主委员会、社会组织等是社会力量的代表，反映社会利益呼声。因此，处理好社区相关主体间关系，核心是正确处理政府、市场、社会三大社区治理主体利益关系，形成政府-市场-社会各司其职、有效合作的社区治理体系（图8-4）。

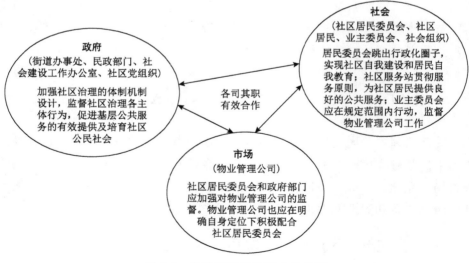

图 8-4　良性的社区治理主体关系

1. 政府

中国不具备西方国家成熟的市民社会，因此，不能一味否认政府在如今社区治理中的重要作用，而日本、新加坡的社区治理经验也表明政府在社区治理中仍然具有不可或缺的地位。政府应进一步明确作为基层公共服务提供者和社区治理指导者的地位，其主要功能在于加强社区治理的体制机制设计，监督社区治理各主体行为，促进基层公共服务的有效提供及培育社区公民社会。因此，应进一步细致划分和严格落实街道办事处及社区居民委员会的职责事项，保障社区的自治性；完善社区服务站的建设，明晰社区服务站与社区居民委员会的关系，为社区居民提供切实充足的公共服务，并鼓励更多的非政府组织（第三部门）参与承担社区公共服务；主动接受和听取社区居民及居民委员会的监督与建议；培育社区文化、社区居民自治意识与各类社区社会组织。

2. 社会

社区居民委员会作为社区自治的主体，中心功能是促进居民自治。因此，在政府部门和街道办事处的正确定位下，社区居民委员会应跳出行政化圈子，反映社区居民的利益呼声，实现社区的自我建设和社区居民的自我教育。在美国，社区公共服务职业者扮演着顾问而不是控制者的角色，主要是为社区的管理、发展和日常生活提供咨询及建议，而不是对社区事务发号施令。因此，社区服务站的建设应学习美国，贯彻服务原则，与居民委员会和社会组织等合作，为社区居民提供良好的公共服务。而业主委员会则应在规定范围内行动，严格监督物业管理公司工作，维护业主权益，配合居民委员会和社区服务站工作，建设良好的社区治理环境。

3. 市场

对于商品房小区型社区越来越普遍及产生的居民与物业管理公司冲突问题，应在充分发挥物业管理公司市场主体作用的基础上，对其进行有效监督。物业管理公司作为服务型企业，经营领域仅限于对物业及其配套设施（如卫生设施、绿化建设、车辆停放、社区安全等）的维护与管理。社区居民委员会和政府部门应加强对物业管理公司的监督，物业管理公司也应在明确自身定位下积极配合社区居民委员会，促进社区治理的不断完善。对于有条件成立业主大会和业主委员会的商品房小区型社区，既要看到其在社区业主维权和物业管理公司监管上的积极效应，也应注意可能出现的市场作用下的利益串谋，将其纳入制度化管理体系，正确引导业主委员会参与社区治理。

三、构建多样化的社区治理模式和公共服务提供模式

首都城市社区类型多样，有老城传统社区、纯商品房社区、单位售后公房社区、保障房社区、城乡接合部社区、城市边缘本地-外来人口混合社区等，需要多样化的社区治理模式。因此，应充分利用原有社区资源，如行政权威、熟人社会、社区文化、市场契约基础、社会组织资源等，分门别类、因地制宜地构建合适的社区治理模式。

除了多样化的社区治理模式，居民服务需求的不断增长且越来越个性化，也呼唤着多样化的社区公共服务提供模式。应促进社区服务站与社区居民委员会和社区居民的有效对接，促进居民服务需求与政府服务供给的平衡，在社区公共服务层面推动供给侧改革。应充分发挥市场机制的作用，学习日本和新加坡，引入契约合作模式，打造多元化、项目化公共服务体系，促进资源的有效利用和服务效率的提高，提升服务水平。应积极号召社区居民的自我服务与自我供给，促进社会组织和社区志愿者在社区服务供给中的积极作用。在进一步推进首都"一刻钟社区服务圈"和智慧社区建设的同时，还应整合各项公共服务，实现社区公共服务供给中的部门与主体联动，破解社区公共服务的"碎片化"困境。

四、激发社区居民参与热情，提供参与渠道

社区参与状况是衡量社区建设水平的重要标志。随着社区治理的不断发展，城市居民社区参与渠道不断增加，但是社区居民参与积极性依然不高。而2016年出台的《关于全面推进以德治理城乡社区工作的指导意见》，对如何"以德治理社区"进行了详细具体的阐释。其中的众多措施对于提高社区居民思想水平和社区事务参与意识有较大的积极意义。因此，必须严格落实政策精神和各项要求，重塑社区文化认同，提高居民参与意识和参与能力，提升社区治理水平。

除了在思想道德层面提高社区居民参与度，还需要通过加强社区居民与社区的利益相关程度来积累社区社会资本。居民只有当感觉自己的利益诉求在社区得到满足时，才会形成对社区的利益认同感。因此，政府应向社区自

治组织授权，尝试将一些公共服务转交给社区独立行使，由社区根据居民的实际需要提供公共物品和服务，在增强居民满意度的同时，提高居民对社区的依赖程度和参与动力。此外，还可以设计相应机制，给予居民公共服务的剩余索取权，使居民在主动供给社区公共服务以满足自身需求的同时，从有效提供公共服务中获利，进而将个人利益与社区利益紧密结合，提高其参与社区事务的积极性。

而对于并不是每一位社区居民都能够参与社区公共事务的现实，则可以学习美国，通过社区代议制、建立独立的自治组织或者参加社团参与社区管理，表达自己的利益诉求，在推进社区民主的同时提高居民社区事务和政治事务参与度。因此，应该完善城市基层民主政治建设，切实保障居民社区自治权利，认真倾听、回应社区居民的意见和建议，拓宽居民参与决策和监督的渠道，制定完善、公开、透明、公平的社区选举制度等。

五、重视社区工作的人才引进及培养

第一，进一步规范招聘社区工作人员的相关政策法规，加大向社会公开招聘的力度，创新社区工作者的引进方式。同时，创新人才激励机制，选聘一批年轻化、专业化、组织协调能力强、有良好人际沟通能力和热心于社区建设的高素质人才，充实社区干部队伍，改善干部队伍结构，提高其整体素质。

第二，参照《北京市社区工作者管理办法（试行）》，规范对社区工作人员的管理，落实相关人员的编制、身份和待遇，进一步建立健全社区工作者的绩效管理制度。

第三，加强社区工作者职业道德建设，健全管理制度，强化纪律约束，规范言行举止，自觉运用"亲情工作法"，拉近与社区居民的距离，发挥其道德示范的先锋表率作用。

第四，构建体系化的志愿服务群体，促进丰富的社区公共服务供给和有效的社会动员。在日本、新加坡及一些欧美国家，社区公共服务在很大程度上都由志愿者义务提供。居民志愿服务不仅提高了社区服务供给的效率和多样化，更有利于提高居民的参与热情和能力。当前首都构建体系化的志愿服务群体可以从社区工作人员入手，发挥社区工作人员的模范、引领作用，号召更多的人参与社区志愿活动，为社区发展贡献力量。

六、扩充社区治理的资金来源

我国目前的社区治理资金来源很单一，基本只靠政府的财政支出，而国外的资金来源除了用于基础设施建设等的政府拨款外，还有企业组织、宗教慈善机构及个人的捐款。在这一点上，我们应借鉴国外经验，动员企业及其他组织对社区发展的支持，拓宽资金来源的渠道；同时，发掘社区经济价值、发展社区特色产业、培养社区经济组织等，建设经济型社区，为首都社区治理提供更强大的经费支撑。

第三部分　借　鉴　篇

9 第九章
纽约市社会治理研究

第一节　纽约市城市与社会治理结构概述

一、城市概述

纽约是美国人口最多的城市，世界最大的城市之一，是大纽约都会区的核心。它经常被称为纽约市（New York City，NYC），以与其所在的纽约州相区分。一个多世纪以来，纽约市在商业和金融方面发挥着巨大的全球影响力。纽约市是一座世界级城市，直接影响着全球的经济、金融、媒体、政治、教育、娱乐与时尚界。联合国总部也位于纽约市，因此纽约市被认为是世界外交的重要中心，被称作世界文化之都。

纽约市位于纽约州东南部哈得孙河口东岸，分为五个行政区，与纽约州下辖的郡重叠。每一行政区还可细分为街区，许多街区有不同的历史和特色。如果将这些行政区划分为独立的城市，其中四个街区（布鲁克林区、皇后区、曼哈顿区和布朗克斯区）的居住人数在全美城市中排名前十。

美国再也没有任何一个城市能像纽约市那样可以给予世人如此多面的印象：华尔街就是金融的代名词，提到百老汇与第五大道就会想到剧院与购物，麦迪逊广场是广告业的圣地，曼哈顿则会唤起人们对爵士的记忆。这个多变而又丰富的城市在过去的两个世纪内都是美国最大和最富有的城市，它是全球商业和经贸的枢纽，与伦敦和东京并列为世界最重要的三个金融中心，此外纽约市还是美国的银行业、零售业、世界贸易、运输、旅游业、地产业、新媒体、传统媒体、广告业、法律服务、会计业、保险业、戏剧、时尚和艺术产业的中心。根据 2017 年的数据，大纽约都会区的 GDP 高达 1.735 万亿美元，占 2017 年美国 GDP 的 8.87%，而纽约市生产总值也达到近 9007 亿美元[①]。

二、纽约市社会治理结构概述

自 1898 年合并建市以来，纽约市便采用市长议会制的政府组织形式。纽约市政府要比美国其他城市的政府在权力上更为集中，负责公共教育、惩教机构、图书馆、公共安全、娱乐设施、环境卫生、供水和福利服务。市长和市议会议员由选举产生，任期四年。纽约市议会采取一院制，议员共 51 人，来自根据地理位置划分的不同选区。市长最多能够连任两届，议员最多能够连任三届，但在中断四年之后可以重新参选。

20 世纪 80 年代以来，在新公共管理运动、治理理论及新公共服务理论等的推动下，纽约市开始推行"小政府、大社会"的管理体制，推动社会组织参与社会管理和公共服务，主要由政府、营利部门（企业公司）和非营利部门（非政府部门）扮演三大角色，其中营利部门主要致力于经济发展；非政府组织、非营利组织等非营利部门主要致力于社会服务和管理；政府则在两者之间站在更高层次，通过政策调节、制定法律和提供财政支持实施宏观调控和宏观管理，政府与社会组织之间是合作伙伴关系，社会组织是具体组织者和运作者。这种管理体制不仅被纽约市政府应用于社会服务、医疗卫生、文化教育等传统公共服务领域，而且更日趋活跃于应急救援、移民融合等社会治理领域。

---

① 美国城市经济排名_2018 美国十大城市 GDP 排名[OL]. http://www.southmoney.com/caijing/caijingguanch/201804/2188850_2.html[2018-02-14].

　　为了进一步论证纽约市在政府、家庭与学校、社区、企业和社会组织社会治理中所扮演的角色，本章将从治理主体的角度出发，结合具体的社会问题进行阐释。其中，选取的具有代表性的社会问题大多在北京市的城市发展中初露端倪或日趋严重，因此具有更强的借鉴学习意义。此外，必须指出的是，纽约市的社会治理并没有完全消除如贫困、犯罪等社会问题，但是在治理过程中积累的经验，以及治理过程中的多元主体协作治理对于北京市完善治理结构仍具有启发意义。

第二节　纽约市政府的社会治理

一、社会治理的法律基础与保障：《纽约市城市宪章》

　　纽约市政府的治理模式建立在《纽约市城市宪章》（New York Charter）的基础之上，它从法律意义上保护了纽约市政府治理的合法性。《纽约市城市宪章》以《布鲁克林区宪章》（Charter of Brooklyn）作为蓝本，规定了市长、市政府审计官、各区区长、市政府总务长、市议会等的职能。

　　纽约市政府的治理结构是强市长模式（strong mayor-council government model），即市长拥有绝对的自主权，他是行政部门的首脑，负责各个行政部门的运行，并有权进行人员设置。纽约市的历任市长都享有巨大的声望与权力，其中最为著名的就是带领纽约市在9·11事件后重建的朱利安尼市长，将丘吉尔式的"战时英雄"形象写入了自己的履历。

　　《纽约市城市宪章》除了对市长权力加以强化之外，另一大亮点是在给予社区自治的基础上加强政府的指导作用。在最初的《纽约市城市宪章》中，社区参与治理以社区委员会①的形式确立，参与到具体的基层组织治理中。而1963年《纽约市城市宪章》的修订进一步推动了社区委员会"政府决策顾

---

　　① 根据《纽约市城市宪章》，纽约市的社区委员会是纽约市行政机构的最基层组织。社区委员会的职责包括向市政府就社区的预算、土地规划使用提出建议，监督市政府部门为本社区提供的服务。所有社区委员会定期举行社区会议和社区听证会，向本社区居民传达市政府有关社区事宜的政策，了解社区居民对于社区工作的意见。社区委员会由50名委员组成，他们必须是本社区居民，或是在本社区有买卖的人；也可以是在某一方面有特长的（如土地开发、社区治安、教育）居民，或是在本社区有一定号召力的居民。社区委员会的委员由区长任命，其中一半委员必须由本社区的市议员提名。社区委员会委员的工作是义务的、不拿薪水的。每一个社区委员会聘请一名社区主任和若干社区工作人员管理社区的日常工作。

问"角色的法定化，每个委员会都有职责就"任何关于本社区的发展或福利事项"向城市规划委员会提出建议；1975 年和 1989 年的修订则先后确立了社区及公众对土地利用的参与决策权，并制定了公开听证的城市土地利用审批程序（the uniform land use review process，ULURP），此外非政府组织在土地利用审议和建设开发决策中也发挥着重要作用。

尽管给予了公民个人、社区和非政府组织较大的治理权，但是根据《纽约市城市宪章》的规定，需要由市长确保市各专业职能部门在涉及地方服务和居民意见的所有事务中与社区委员会合作；审核社区委员会对资金预算和使用的合理性并建议拨款数额；确保市各专业职能部门指派官员参加社区服务顾问团的工作，对社区中发生的各种问题提出解决方案；对社区委员会提出的问题和困难给予总体帮助。这一职能在今天的纽约市政府运行中更多地展现为对于多元主体参与治理的鼓励与指导。可见，《纽约市城市宪章》对于奠定多元主体参与的社会治理结构起着保障性和基础性的重要作用。

因此，建立起主导型的强市长模式并不意味着恢复原有的政府一元化治理结构，而是"小政府-大社会"的现代治理结构，也意味着纽约市政府在治理具体社会问题中的角色更加趋于多元，可以是掌握主动权的舵手，也可以是发号指令的船长，更可以是协同合作的伙伴。

二、贫困问题：创新者与协调者

在贫困问题的治理中，政府在数据统计、政策制定、扶贫救济等工作中扮演着核心角色，并展现出城市创新的特质；而在脱贫教育、贫困人口就业保障等事务中，则更多地充当着协调员的角色。

首先，纽约市政府的贫困治理主要依托下属的经济机遇中心（The Center for Economic Opportunity，CEO），这也是治理结构的一大创新，利用机构的专业性以项目的方式有针对性地扶贫。该机构由市长直接领导与监督。作为一个开发式扶贫机构，CEO 旨在为贫困的工薪阶层、青年和 5 岁以下儿童提供教育及工作的机会，使他们走出贫困。所有项目的结果由独立的机构评估，并作为制定政府政策和提供资金的依据。施行项目由市政府 20 个机构合作执行，年总资金投入 1.5 亿美元。自 2006 年成立以来，CEO 成功实施了近40 个帮助贫民区青年摆脱贫困、不让贫困接代延续的项目。与此相配套的青年实习项目（Young Adult Internship Program）的目的是帮助 16～24 岁既无工作又无学业的贫困青年；机遇纽约项目（Opportunity NYC）为 1400 个在卫生、教育、就业方面完成一定培训或活动的家庭提供 74 万美元的奖励，并通过退税的形式向 49 000 个家庭发放补贴，以此支持误入歧途的青年重返校园，接受戒毒帮助和早孕援助等（曾颖如，2010）。

其次，纽约市政府的贫困治理基础是具有城市特色的贫困线划分。尽管联邦政府很早就开始划定贫困线。1964 年，约翰逊政府宣布"向贫困宣战"，并确定了贫困的绝对标准，美国经济顾问委员会（CEA）把各类家庭的贫困线设定为每年 3000 美元（按 1962 年美元不变价），对于无亲属的个人，设定贫困线为每年 1500 美元。但是受住房费用的增长及其他社会因素的影响，CEO 认为传统的贫困线已经无法满足纽约市贫困治理的参考要求，因此创立了新的纽约市贫困线标准。该标准考虑了住房、医疗和幼儿照顾等费用，而这些费用在联邦政府的贫困线划分标准中并没有被考虑到，因此 CEO 设定的贫困线与联邦政府设定的贫困线存在较大的差距（王小林，2010）。

在这样的划分标准之下，CEO 设定的贫困线圈定的贫困人口显著上升，覆盖到了以往受到联邦政府设定的贫困线忽略的、饱受住房压力的群体，并对下一步的政策制定与救济金发放的精确性起到了基础性的作用（图 9-1）。根据每一年的现实情况，纽约市政府也会对最低生活工资进行调整。

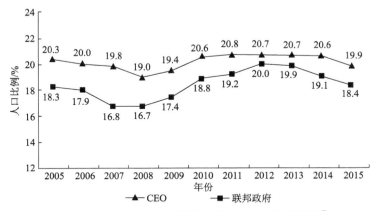

图 9-1 2005～2015 年联邦政府和 CEO 的贫困率[①]
联邦政府设定的贫困线是基于 CEO 的贫困地区和分析样本

① New York City Government Poverty Measure 2005—2015 An Annual Report from the Office of the Mayo[OL]. https://www1.nyc.gov/site/opportunity/poverty-in-nyc/poverty-measure.page[2017-10-14].

最后，纽约市政府建立了救助低收入人群的完善的体系，尤其注重与企业、社区的角色协调。现任纽约市市长白思豪的当选正是由于在竞选过程中对于解决贫困问题的强调[①]。他不遗余力地推行自己"平等五区"以期解决贫富差距的愿景[②]，并在现实层面推进包括扩大带薪病假、提高最低工资及市民卡，乃至未来会普及的免费全日制学前班教育等举措，希望能够缩小贫富差距、保障中低收入人群生活。通过浏览纽约市政府网站的社会救助与福利政策就会发现，纽约市在对全市贫困人口情况及致贫原因进行详细登记与分类时，既有具体的社会救济金（cash assistance）的申请，也有提供工作机会帮助贫困群体自力更生的信息推荐。在这种救助体系下，低收入群体的年收入得到了显著增长（表 9-1）。

表 9-1　2008～2016 年纽约市不同层级的家庭收入[③]

百分位数 /%	家庭收入/（美元/年）						2016 年相对 2012 年的增长率/%	2016 年相对 2015 年的增长率/%
	2008 年	2012 年	2013 年	2014 年	2015 年	2016 年		
20	14 016	10 543	11 288	11 972	13 132	13 206	25.3	0.6
25	21 024	17 041	17 813	18 624	19 411	20 152	18.3	3.8
30	28 622	23 370	24 037	24 450	25 840	26 787	14.6	3.7
35	35 852	29 821	30 477	31 115	32 137	33 083	10.9	2.9
40	43 069	35 644	36 675	37 229	39 084	40 304	13.1	3.1
45	50 375	42 542	44 116	44 583	46 590	47 798	12.4	2.6
50	57 755	49 831	51 659	52 897	54 852	55 822	12.0	1.8

而对于贫困所衍生的无家可归等情况，纽约市则是通过《纽约市规章总则》（Rules of the City of New York）对无家可归人员进行规范管理及审核，并且对其中符合资格的无家可归人员提供单人间、庇护所等以保障其住宿与安全。在其中的第 31 条款中，对于入住单人间的无家可归人员有着严格的资格审查，具体包括：第一，只有无家可归时间超过十二个月的家庭才可以申请单人间的庇护；第二，其居住的优先权取决于在一级/二级避难所、市属公

---

① 纽约贫困人口居高不下 近三成亚裔移民勉强度日[OL]. http://www.chinanews.com/hr/2014/05-01/6124854.shtml[2014-05-01].

② 纽约市贫困报告：近半纽约客挣扎贫困线[OL]. http://video.sinovision.net/?id=20345&cid=104[2017-10-14].

③ 参见 https://www1.nyc.gov/assets/opportunity/pdf/18_poverty_measure_report.pdf[2017-11-20]。

寓和家庭中心接受庇护的时间累积；第三，遭到生命威胁、健康状况恶化或者家中有新生儿童的家庭可以在紧急情况下优先申请。对于单身成人居无定所的情况，则是根据第 31 条款的第二、三章节的内容对个人进行资格评估及健康鉴定，并根据其流浪时间、健康状况、犯罪记录等情况进行优先级的排序。

三、犯罪问题：铁腕治理者与防治牵头人

纽约市曾经一度被称为"犯罪之都"。1963～1971 年，纽约市的犯罪数量增加了近两倍，其中杀人犯罪增加了 1.68 倍，抢劫犯罪增加了近 12 倍之多（刘金国和蒋立山，2007）。20 世纪 80 年代城市犯罪率攀升至最高峰，纽约市平均每年的谋杀案远远超过 2000 起，严重犯罪活动超过 600 000 起（马尔科姆·格拉德威尔，2009）。纽约市犯罪的一个显著特点就是高比例的毒品犯罪，毒品是一些犯罪行为的根源，毒品刺激可以引发暴力行为。然而，20 世纪 90 年代开始，纽约市的犯罪率开始大幅度下降，而政府依托纽约市警察局的铁腕手段是纽约市犯罪率大幅度下降的关键原因。

一方面，在打击与整治犯罪工作中，政府占据着绝对主导的地位，运用铁腕手段打击犯罪行为。纽约市认定的七大重罪包括谋杀、强奸、抢劫、人身伤害、入室盗窃、偷窃重案、盗窃机动车，并针对这七项罪名从严处理。在"零容忍"的严格治理下，纽约市的犯罪率直线下降。

其中，最能展现其铁腕作风的就是加强对常业犯的逮捕工作。特别是对于暴力犯罪，警察与检察官通常会达成默契，联合对这类刑事犯罪份子进行严厉惩罚。也正是由于两方的通力协作，往往能在逮捕前和逮捕后对犯罪分子共同认定类别，并最大限度地提高证据质量，确保通过审判或辩诉交易处理时都能从严判决。这项政策的主要观点是，重罪惯犯在监狱内的时间越长，他们在社会上对无辜公民犯下的重罪越少。这项政策的最终目标是，对那些有刑事犯罪前科，并且经判断很有可能再次作案的惯犯进行监禁，以起到震慑作用，确保可以显著地减少暴力犯罪数量。

另一方面，在预防犯罪工作中，政府扮演着牵头人的角色。警察局的预防犯罪科（Crime Prevention Section）正是这种模式的最好呈现。该部门主要由政府牵头的社区参与指导，下设的各社区子单元事务局由市镇联络小组与安全团队组成。前者在警察局的专业协助下，在社区安排和挑选联络员、巡查员与侦察者，这些都是警察在社区中的"眼线"，能够有效地预防犯罪；

后者则是由警察局进行专业指导，在社区开办安全讲座，进行安全调查，传播安全文化。通过督促各基层派出所落实这些项目，为市民和商务机构等提供预防犯罪服务。这些项目都是警察局提供的免费服务，主要包括安全调查、安全讲座、反盗车（Combat Auto Theft，CAT）项目、身份标记刻录、通勤车反盗行动、协助阻止盗车行动、反抢劫出租车项目、自行车登记、散发预防犯罪宣传小册子等。其中，比较具有特色的服务包括安全调查、安全讲座和反盗车项目。

第一，安全调查。到商务机构等深入检测和评估既存的安全问题，为业主提供详细的书面报告，且这种报告是保密的。这种调查将指出安全隐患，提出改进措施。例如，一个企业也许要增加闭路电视、电子通道控制、栅栏、安全指示灯，建立邮件处理和访客扫描程序等，且这种安全调查服务是免费的。在涉及需要保密的部位时，纽约市警察局只有少数几个安全技术专家能介入调查。因此，参与调查人员必须具有广博的知识，了解安全领域的新发展。

第二，安全讲座。预防犯罪科为所有的社区成员提供各种安全讲座。讲座的内容也许是有关特殊犯罪模式的问题，也许是应客户要求而定。听众覆盖面较广，从幼儿园的儿童到老年人均可成为听众。预防犯罪科最成功的一个讲座项目是曾在 2000 年初启动的高飞（McGruff）警官项目。它以美国闻名的卡通漫画高飞狗为特色形象，向公众传授预防犯罪的信息和技能。该项目在学校、社区团体和纽约市警察局赞助的活动中都广受欢迎。

第三，反盗车项目。凌晨 1 时至上午 5 时是盗车案件高发时段。针对通常在凌晨 1 时至上午 5 时不用的汽车，纽约市警察局推出反盗车项目：①请车主在当地派出所将其汽车车牌号登记入册；②警方将反盗标记雕刻在登记入册汽车的后窗玻璃上；③车主与警察局签订一份授权声明，允许警察在这一项目的运作时间（即凌晨 1 时至上午 5 时）对有这一标记的上路汽车进行拦车检查。

四、突发事件：体系建构者与防御组织者

突发事件的应急管理与防御工作，是纽约市政府的重要工作之一。尤其是自 9·11 事件后，作为世界之都的纽约市对于突发事件万分重视，构建了完善的体系来应对突发事件，并在防御工作中联合社会组织与社区，共同发挥重要作用。

纽约市政府在应对突发事件中，建立了一套受法律保护且设置完备的机构体制。在州层面，纽约州的《纽约州执行法》（New York State Executive Law）从法律层面明确规定了全危机过程的全民预防活动和任务，说明了各部门的具体任务，明确了公共灾难的应急协同项目等；州《行政程序法典》（Administration Process Code）规定了城市应急管理中行政程序和对公民权利的保障。在市层面，纽约市的《纽约城市金融危机法案》和《纽约防御危机法案》等具体法律制度从根本上保障了政策的合法性，并在《纽约市行政法规》（New York City Administrative Code）中对应急管理进行了详细的规定。其中，第 30 条款以法律确立了紧急事务管理办公室的核心地位，并将突发事件的类型（突发天气、积雪）、突发事件的范围与对象（社区、企业、庇护所、独居者），以及应急事项（特殊医疗救助、交通和燃料的管理）都囊括其中。

在政策的具体实施中，纽约市在应对处理突发事件时，主要依托紧急事务管理办公室展开工作，并根据突发事件应急反应系统在第一时间做出反应，并在第二阶段实施突发应急事件恢复计划，确保城市的稳定运行（杨立勋，2009）。纽约市紧急事务管理办公室成立于 1999 年，是市长灾害鉴定及灾害处理方面的智囊机构，也是突发事件发生时的指挥协调机构，负责灾难发生前、中、后各个机构的协调（郭济，2005）。在 2001 年底举行的纽约市全民公决中，压倒多数的选民都赞成将紧急事务管理办公室由一个市长直属的工作机构，升格为一个正式的职能部门。

紧急事务管理办公室工作人员从市警察局、消防局、急救服务办公室、环保局、公园管理局、残疾人办公室和美国红十字会等机构抽调而来。其职责如下：一是协调并监控城市中紧急情况、事故、危险（包括自然灾害、水管爆裂、能源中断和罢工等）的相应情况；二是对潜在危害和紧急情况进行监控及准备；三是协调和执行灾害演习并确定灾害发生时的响应级别；四是运行城市应急处理中心，管理救援队；五是对政府雇员和公众开展应急知识及技能教育；六是制订紧急情况时的响应计划。突发事件应急反应体系由以下五大系统构成：后勤物资管理系统（网络数据库信息统计）、突发事件管理系统、地理信息系统、车载移动数据搜集系统和紧急搜救队伍系统。突发应急事件恢复计划则包括电力、卫生、通信、交通等重要基础设施的恢复，以及废墟清理和灾害评估。

纽约市政府在预防突发事件中，更多的是调动社区、企业和社会组织的力量，鼓励和组织它们参与预防宣传教育及提升应急能力等细节性工作。纽约市紧急情况处理办公室协调志愿者组织、私人部门负责人成立了市民协作委员会与社区危机反应团队（CERT），共同向纽约市民招募项目志愿者，并组织培训课程，以提升社区的应急准备能力。具体包括以 10 周的密集型培训课程的形式向市民提供必要的消防安全、强光搜索和救援、灾害医学操作和交通管制的基本反应技能培训。而在提升城市应急能力方面，政府谋求与工商业合作，建立信息保障渠道与信息共享机制，搜集信息并进行推送，同时建立公司紧急情况许可准入系统。

五、弱势群体：守护者与"搅拌棒"

纽约市内的贫富差距巨大，进一步引发了弱势群体的增加，其中最为显著的三类人群即外来移民、老年人与早孕少女。他们常常不得不面对困窘的生活，因此亟须帮助。纽约市政府对于这三类人群，尽管都有相应的政策扶持，但是扮演的角色具有一致性：弱势群体的利益守护者及促进他们融入主流社会的"搅拌棒"。

在维护弱势群体利益、给予他们物质支持方面，纽约市政府制定了详细的社会保障政策。

针对移民，纽约市对低收入家庭的经济援助具有一定的政策倾斜，并通过多个语言版本的《移民权利和服务手册》（Immigrant Rights and Service Manual），详细告知移民家庭的权益及维权方式，鼓励这些移民加入族裔的互助会。

针对老年人，纽约市着重完善社会保障体系，主要包括养老金及医疗计划，前者旨在为老年人提供稳定的退休收入来源和安全保障；后者则针对老年人体弱多病的情况完善医疗服务水平。此外，政府还有针对老年人群体的服务项目，如农贸市场信息提供、抚养孙辈知识授予、膳食营养指导、家居健康知识宣传等，常见病（如老年痴呆症）治疗资源的提供、私人护理咨询等医疗帮助，以及针对低收入老年人的上门服务申请，如餐食服务、家居维修、长期看护等。同时，法治层面的虐老投诉、护理员投诉等权益保护也属于重点服务，通过印发《纽约市老年人医疗保险完全指导手册》，详细告知老年人享有的医疗权益及资源、申诉渠道。此外，在法律法规中，纽约市政府在《纽约市城市宪章》与纽约市行政法规中都对老龄化部门的职责和义务进行了严格的规定，在《纽约市城市宪章》第 2402 条中将对于老龄人群的权益维护作为工作的基本守则，在行政法规中将老年人服务工作的裁决权交付市行政审判与听证办公室（Office of Administrative Trial and Hearings，OATH）负责，即一旦在老年人服务中出现渎职行为，就可从法律层面进行制裁。

针对早孕少女，纽约市政府大力倡导避孕的重要意义，并且通过学校卫生所等渠道派发避孕套和口服避孕药。纽约市作为全美首个免费提供口服避孕药服务的城市，通过此举解决未婚少女在无保护措施性行为或避孕套失效等情况下对避孕的基本需求（卢姗，2012）。对于已经怀孕的未成年人，在纽约市政府网站的指导下，可以根据住址去对应的街区诊所进行针对未成年人的早孕测试[①]。

除了物质上的支持，纽约市政府还注重精神上的支持，充当一根"搅拌棒"，帮助这些弱势群体融入主流社会，摆脱弱势地位。

针对移民，纽约市政府连同芝加哥市、洛杉矶市联合组织了针对移民群体的公民课程（Cities for Citizenship，C4C）项目，通过开设投资指导、小额贷款指导、移民相关法律指导等课程，帮助他们适应新的市民生活。此外，纽约市政府网站及分设机构网站都内置 Google 翻译，帮助移民群体克服语言障碍，接受信息服务与生活指导。

针对老年人，纽约市政府更多地依托社区组织丰富老年人的生活，并在企业的支持下帮助其中较为年轻、有余力的老年人重返公司，承担一些力所能及的工作，以保持与社会的联系互动。

针对早孕少女，政府主要通过保障她们受教育的权力而使她们融入主流社会。20 世纪 60 年代，纽约市五大社区设立了四所专门针对少女妈妈的特殊教育学校，此后伴随着社会对于少女早孕问题的包容，这些特殊教育学校也被关闭，取而代之的是 1998 年开始出现的中学日托机构及学籍保留政策。时至今日，早孕少女可以在生产后回到原学校继续接受教育。政府此举也希望避免这些少女因为早孕、失学而沦为社会底层加剧贫困，从而与主流社会脱节。

六、投诉与信访：从"申诉专员"到"利益倡导者"

陆武师（1989）在介绍 Ombudsman 制度时将其翻译为议会司法督查专

---

① 这一项目几乎是免费或超低费用的，并且不审核市民身份，非法移民等群体都可以享受。

员、议会监察专员（王名扬，1987）或民政专员官（室井力，1995），但是本书采用中国香港学者的译法即申诉专员，因为此译法是目前唯一在法律上正式适用的用语。

申诉专员制度在纽约市社会治理中的作用由来已久。1967 年 5 月，由 Walter Gellhorn 草拟的《纽约市申诉专员条例》正式向市议会提出，纽约市拟设置公共申诉办公室（Office of Public Complaints），主管为申诉专员，任期五年。其职权行使之对象，以该郡行政机关之处分或建议系属：①违法；②不合理或不公正，或依照不合理、不公正、错误之事实而致者；③全部或部分由于错误之法律或事实而致者；④为寻求不正当之目的或依据无关之理由而行使自由裁量之权，或对依据自由裁量权力所作决定来说明理由者为限。凡该郡郡民均得为申诉或提议之主体，初不予区分其身份（城仲模，1980）。

此外，设立巡视官办公室，让公民有地方可以投诉。接获投诉以后，巡视官对投诉反映的情况进行调查。也就是说，巡视官一般不会主动发现问题、调查问题。巡视官制度有其可取之处，具有维护公众利益、改善官民关系、促进行政改革、监督行政效率、整顿社会秩序等作用（杰拉尔德·凯登，2003）。

1993 年，纽约市对申诉专员制度进行了改革，通过设置公众利益倡导者（public advocate），并确立其极高的地位，进一步提升投诉处理与信访工作的重要性，同时将其职责写入《纽约市城市宪章》第 24 条。

公众利益倡导者由全民公选决定，任期四年，可以连任两届。其在纽约市有三个办公地点，专责收集和处理纽约市民的投诉、抱怨、建议、批评等。现在，每个星期这三个办公地点都要协助处理数百件纽约市民的投诉[1]。

这一改革的主要目的是将申诉专员制度通过选举的方式，进一步在社会治理中发挥重要作用。尤其是新设置的公众利益倡导者是纽约市中仅次于市长的第二实权人物，当市长不能履职时，他可以代理市长职位，并有权出席市政府所有重要的会议。此外，公众利益倡导者还有权任命一名城市规划委员会的委员，一名全市特殊教育理事会成员，并且可以任命一个委员会"参与挑选"独立预算办公室的主任。公众利益倡导者还是纽约市审计委员会的委员、纽约市博物馆理事会的当然成员、纽约市公务员退休系统（该系统是纽约市最大的退休系统）理事会的成员。

公众利益倡导者不仅仅是政府设置中的官员角色，还承担着代表市民群

---

① Letitia James[OL]. https://pubadvocate.nyc.gov/about[2016-09-28].

体与政府斡旋的重要角色，因为他是代表人民来监督政府和议会的申诉专员和监管人（watch dog）①。在此过程中，公众利益倡导者要代表市民向市政府提出要求和建议，并向市议会提出议案。类似公众利益倡导者不仅在市级有，在五大区也有。纽约市五个大区的区长所起的作用基本类似于公众利益倡导者。59 个社区的理事会，其主要是沟通政府与民众的桥梁。所以，从市级、区级、社区直到街道，纽约市形成了四级市民利益代表网络，综合实施政府主要官员和市议员的监督及权力制衡。这种通过建立市民利益代表网络制衡和监督权力运行的制度安排，从其 1993 年设立以来的实践来看，确实有效地抑制了腐败的发生。现在，纽约市是美国社会治安最好的城市之一，这项制度功不可没。

除了公众利益倡导者的角色设置，为了处理市民投诉，纽约市政府还开通了 311 热线及 NYC311 Mobile App，整合了纽约市 16 个客服中心，包括纽约市警政、交通、环境等 120 多个局处，通过一个窗口接待所有市民的投诉建议。

第三节　纽约市家庭与学校的社会治理

一、教育职能：社会治理的第一步

纽约市的家庭与学校在社会治理中更多地扮演着教育者的角色。尽管教育并没有直接参与社会治理，但是其在社会治理中的地位却是无比重要的。美国公共教育之父贺拉斯·曼曾认为培养理想公民是比建立共和国更困难的事情（刘莉，2010）。尤其是在多元参与社会治理的大背景下，贯穿于青少年成长过程中的道德发展与公民教育能够内化为道德规范约束行为，避免社会问题的恶化，并成为公民参与社会公共事务的精神和基础。美国在成立之初就赋予教育以公民教化的使命：促进知情的、负责的、道德的公民的发展，增强公民参与民主的治理能力，增进公民对立宪民主的价值和原则的认同。作为移民之都的纽约市，更是将美国式民主价值的认同作为公民教育发展的根本目标，通过家庭与学校共同发挥作用，培养青年群体的公民意识与道德

---

① New York City Public Advocate[OL]. http://en.wikipedia.org/wiki/New_York_City_Public_Advocate [2016-09-28].

责任，并为他们积极参与社会治理奠定基础。

二、家庭：道德发展与公民教育的摇篮

美国原总统克林顿曾指出，"家庭代表的价值观，家庭传授给孩子的经验教训，家庭为塑造自己的未来而担负的责任，以及家庭试图实现的梦想，在很大程度上决定着我们将是一个什么样的民族，以及我们能成为什么样的国家。"（孙宏艳，2014）家庭是人降生后第一个归属的社会群体，发挥家庭的社会化功能，正确地进行家庭教育，对道德发展与公民教育具有重要意义，因此家庭也被视为教育的摇篮。这种观念也折射出美国人对于家庭作用的认知：一个人的道德观念是从小培养和形成的，家庭在其中起着至关重要的作用。父母不仅有养护孩子的义务和责任，还有培养孩子的义务和责任，具体包括培养孩子具备社会所需要的责任感、和他人和平相处的能力、必要的文明礼貌习惯、道德和品质责任等。

《纽约市家长权利和责任法案》（Bill of Rights for Parents of English Language Learners）中规定，家长必须"营造一个把教育作为首要任务的、充满支持的家庭环境"。因此，家庭在发挥教育职能中承担着构建教育环境的重任，通过氛围营造与潜移默化，对青年群体进行引导，通过直接传授知识、榜样模仿及共同参与等形式，发挥家庭作用。

在家长发挥作用的过程中，政府会给予辅导技能的指导与帮助，尤其是父母在角色扮演中对于孩子的引导与参与，都是纽约市政府针对家长群体教育（parenting education）的重点。依托青年与社区发展部（Department of Youth and Community Development，DYCD）等项目，提供关于家长教育的技能培训课程与资源，其中比较具有代表性的项目包括针对孩子十三岁以内的年轻父母教育（Thirteen/WNET's Ready To Learn）、针对父亲角色的教育课程（Real Dads Network）。

此外，为了加强家长间的经验交流，纽约市各学校还成立了美国家长教师协会（Parent Teacher Associations，PTAs），通过与美国律师协会（American Bar Associations）的合作，开展中学生公民养成方案。

三、学校：道德发展与公民教育的阵地

学校教育是正式的、系统化的教育，因此也被视为道德发展与公民教育

的阵地。美国的公民教育是系统而连续的，包括政治、经济、法律、道德等多方面，并通过课堂教授、课外活动等多形式展开教学。对纽约市学校的教学实践应当从联邦、州、市三个层级出发，自上而下进行梳理。

在联邦层面，美国国家的道德发展与公民教育成型于《公民教育纲要》（A Frame-work for Civic Education）和《公民学与政府全国标准》（National Standards for Civics and Government）两份文件，其中提出了三方面的培养目标：公民知识（civic knowledge）、公民技能（civic skills）和公民道德品性（civic values）。这些目标围绕五大问题根据认知规律，分别设定了幼儿园到4年级（K～4）、5～8年级、9～12年级，三个阶段不同层次的标准要求。此外，《美国2000：教育战略》、《2000年目标：美国教育法》、《不让一个儿童落后法》和《美国教育部2002—2007战略规划》中都对公民教育进行了强调。其中，这些文件与政策都明确提出了具体的教育目标，包括有责任感的公民、各种专业人才都有相应的职业道德、在学术上要有诚实的态度、要有宽容和合作的品质、要容忍不同种族和文化背景的人、有强烈的国家意识、信奉美国价值观念。而这些教育目的的出发点和理论依据是《独立宣言》、《宪法》和《人权宣言》，这三个文件神圣永恒，不可侵犯。

在纽约州层面，纽约州制定的学习标准（Learning Standards of New York State）明确了道德发展与公民教育的目标。此外，为了鼓励优秀学生，纽约州设立了"勇气周"、"诚实周"和"友爱周"等以道德品质为主题的活动周。

在纽约市层面，根据州一级的学习标准，进一步对道德发展与公民教育具象化，学生被要求在学习过程中掌握以下具体内容：理解政府建立的必要性、美国与其他国家政府体系的区别、美国宪法及其指导下的公民价值观与民主观、公民的责任与权益、公民参与的途径。而针对不同年龄段，教育的侧重点也不尽相同。低年级强调了解和关心社会，参与火警演习，走访公共场所；学习爱国主义歌曲，朗诵效忠承诺，唱国歌是每天学习的一部分。当孩子年纪增大后，课程方面更多地强调历史、政府和地理。其中，纽约市比较具有代表性的教育项目为城市优势（Urban Advantage）项目。

四、纽约市城市优势项目：家庭学校协作模式

城市优势项目是由纽约市议会资助，美国自然历史博物馆联合纽约市教

育局和其他文化及教育机构发起，以支持初中探究教学的教育项目。参与该项目的机构包括美国自然历史博物馆、布朗克斯动物园、纽约水族馆、纽约植物园、纽约科学馆、皇后区植物园、布鲁克林植物园、史丹顿岛动物园。该项目于 2004 年启动，面向纽约市的公立教育系统，目标是通过培训教师，为学校和家庭提供丰富的校外资源，最终帮助中学生更好地完成科学探究项目的学习，以此加深对于纽约市的了解及对于市民责任感的培养。

该项目积极鼓励家长参与到孩子的探究活动中。项目机构设计有专门的家庭指导手册，分发到参与项目的家庭。家庭指导手册会向父母介绍城市优势项目，各参与机构的开发时间和亮点，并给出如何在家庭中指导学生学习科学的建议。在此过程中，家长通过与孩子的共同探索，在加深感情的同时，也能在科学探索中培养孩子对于学术的严谨与诚实的特质，还能加强对于纽约市"家乡"的感情寄托与维系。为提高家庭参与项目的积极性，城市优势项目组还设立了家庭科学星期日和家庭科学之夜的活动。①家庭科学星期日：项目参与机构一般在每年的 10 月选择一个周末，邀请学生和家长到访，为家庭安排一系列的动手操作活动。②家庭科学之夜：利用周末或学校的假期，家长协调人、教师、校长和家长一起来安排家庭的实习考察。家长协调人是连接学校和家庭的桥梁。纽约市的学校或学区设有家长协调人的职位，负责学校或学区中有关家庭活动的组织、安排和实施。城市优势项目会对家长协调人进行培训，告诉他们如何协助教师安排和实施班级参观，以及如何组织家长参与家庭访问活动。

学校的角色更为重要，其在此过程中作为指导者全程参与学生的研究工作。第一阶段，教师向学生介绍有关科学研究的知识，特别是 Exit 课题（纽约市要求所有公立学校的初中学生在 8 年级完成一个名为"Exit"的科学探究学习课题）的四种研究类型，即对照实验、实地考察、二手资料研究、设计研究。随后教师会介绍评价量规，并指导学生建立起学习档案袋。第二阶段，教师会教授学生搜集和整理前期研究资料，选择可检验的研究问题，形成自己的假设，并与之不断探讨，细化研究课题。第三阶段和第四阶段，教师分别教授学生如何收集和整理数据，分析和解释数据，以及如何撰写结论。第五阶段，教师会教授学生如何展示探究成果。教师在进行学术指导的过程中，更重要的是培养学生对于纽约市的城市热情及对于土地资源的了解，此外还有对于社会发展的责任感与关注。

城市优势项目由内部评估人员和外部评估人员共同对项目运作及完成情

况进行评估。每年，所有参与项目的教师、校长、家长协调人都会收到问卷，对项目的实施过程和效果给予反馈。学生的学习效果也通过纽约市教育局提供的学生学业成绩数据和学生的 Exit 课题作品进行评价。每年 6 月的科学博览会（Science EXPO）是整个项目的高潮。届时，美国自然历史博物馆会辟出场地展示全市范围的 Exit 项目的成果，每个项目学校都有自己的展位。一般而言，每个参与城市优势项目的班级会选派两个研究项目作为代表来展示交流。学生需要自己制作展板，把自己的研究问题、实验设计、实验方法、数据和结论清楚地贴在海报板上。科学博览会不仅只是向教育管理部门、博物馆、学校汇报，也向公众开放。学生往往会选择社会治理问题中常见的，如城市污染、城市资源利用等具有代表性的城市问题进行研究。

第四节　纽约市社区的社会治理

一、社区的治理结构：《纽约市城市宪章》与社区听证会

在纽约市社区的治理中，市区两级政府、社区委员会、社区居民相互联动，各司其职，共同构成了一个完整健全的社区治理网络，政府的行政有限参与，社区委员会的居中协调，社区居民的广泛而积极的参与，构成了一幅生动而有活力的美国社区治理图景，各参与方分工合理，职权明确，在相互合作与互助构建的治理模式中完善服务职能，解决了诸多社会问题。

而奠定这一治理结构的根本就是《纽约市城市宪章》。《纽约市城市宪章》规定了社区委员会的 21 项职责，其主要职责可以概括为六个方面。一是关注社区的需求。根据社区需要确定工作方向，着重关注社会、经济、健康、安全等问题。二是沟通与协调。在社区、居民与市、区政府之间发挥上传下达的沟通作用，同时就有关社区和居民福利的问题与地方行政部门及区长进行协商。三是社区规划。包括制定社区的总体规划和专项规划，还可以就整个城市规划中涉及本区域的问题提出意见或建议。四是提交报告。其中最主要的是向市长、市议会、区长、区委员会提交年度报告及其他需要的报告，另外还须向市长提交年度社区需要的报告。五是编制预算。通过向有关机构咨询、评估政府部门的测算、举行公众听证会等，制定并向市长提交下一年度的社区资金需求和社区支出预算。六是评估与监督。对政府机构在本社区

提供服务的数量和质量进行评估；所有本社区的资金项目，包括项目的规模和方案等，都由社区委员会评估，社区委员会与项目负责人保持联系，随时了解项目进展情况和实施中的问题。

而在社区的具体治理结构中，最具有代表性的就是社区听证会。在美国，社区会议和社区听证是社区定期举行的、讨论社区发展事务的专门会议，也是社区居民参与社区建设和管理的最直接方式。在纽约市曼哈顿社区，每个月都要举行社区会议和社区听证会。各个社区董事会在会前通过报纸、电视、告示等媒介向全体居民公布社区会议和社区听证会的具体内容、开会时间和开会地点。在召开社区会议期间，媒体都会对社区会议的内容做专门报道，做到"广而告之"。无论会前会后，社区董事会都会安排时间广泛听取公众意见。《纽约时报》义务为纽约市社区董事会刊登召开社区会议和社区听证会的通知，告知每一个社区举行听证会的时间、地点、议题。举行社区会议和社区听证会的地点不是固定的，但是一般选在本社区的一个公共事业单位举行，如公立学校的礼堂、公立医院的会议厅、社区的教堂、社区学院的大礼堂、开在社区的画廊或社区董事会的办公地点等。社区会议召开的时间一般选择在下午 5：30～7：30，该时间安排是为了方便更多的社区居民在下班后赶来参加会议。

社区听证会最重要的议题就是社区预算的讨论。社区董事会每年至少要召开两次有关社区预算的听证会，时间是每年 9～10 月。社区居民可以针对社区某一方面的需求，要求增加项目开发费用。除了社区预算，其他具体事务也可以在社区听证会上得到解决。

二、犯罪问题：警察耳目与邻里互助

在治理犯罪问题中，纽约市社区通过与市警察局、社区警务的合作，联合开展犯罪预防工作。

一方面，社区通过邻里守望活动进行社区安全防范，将社区居民组织起来进行巡逻等活动以应对盗窃等行为，这些社区居民也被称为街区守护者（block watcher）。这些志愿参与的社区居民被给予一些旨在提高其观察能力的培训，培训之后，这些志愿者会得到一个保密的街区守护者编号，充当警察的耳目。当发现犯罪行为或者其他危机情形时，这些志愿者有责任向警察局及时进行报告，在报告时，为方便进行识别，他们要说明自己的编号（赵成根，2006）。大多数街区守护者都是年老的或者行动不便的残障人士，他们服务于自己所居住的社区。这一制度有效维护了社区的安全与秩序，也对整个社会的安全起到了推动作用。其中，著名的"尤玛防止犯罪巡逻队"就形成了3.6万人和几百个小分队的规模，在全市各个角落协助政府维护社会秩序（解玉泉，1996）。此外，针对移民，社区广泛招募双语公民参与派出所接待员（Become a Precinct Receptionist）培训，这一项目是为辖区具有大量非英语居民的派出所培训双语接待员，使这些接待员能为本社区非英语居民提供非警务性质的信息咨询和翻译等服务，包括协助警方寻找失踪的小孩等。警方要求接待员具备高中毕业文凭，必须生活在社区，具有听、说、读、写的外语能力。

另一方面，社区与警方合作，通过社区活动开展公民教育与训练项目，以期形成邻里互助的自卫格局。其中，比较具有代表性的项目为体验类项目和节庆类项目。

（1）体验类项目，具体包括本地公民观察、公民警察学校等。在本地公民观察项目中，纽约警方组织本地居民身穿印有活动项目名称的橙色夹克在他们所居住的社区巡逻，以遏制犯罪；参与者也可与社区事务警察一起到他们所熟悉的其他社区巡逻。纽约市警察局则为社区成员提供15周的类似于警察学校新生的训练项目。15周的课程包括警察科学、法律、纽约市警察局的警务策略等。

（2）节庆类项目，具体包括全国打击犯罪之夜（National Night Out Against Crime）、和谐野餐日等。全国打击犯罪之夜于每年8月第一个周二在美国各地同步举行，其宗旨是加强警民联防，融洽警民关系，呼吁市民守望相助，促进居民主动向警方报案或配合破案，推动警方和社区居民共同维护社会治安，共同打击罪犯，提高生活品质，使社区更加安宁。这一活动由社区事务委员会（Precinct Community Council）主办，多年的实践证明其能有效地促进警方与社区的伙伴关系。和谐野餐日则邀请社区内的青年观赏辖区内警员的骑术及应急反应等表演，鼓励青年群体加入警员队伍，保障社区稳定。

三、住房问题：民众利益的捍卫者

在住房问题中，社区依托社区委员会与听证会，凭借《纽约市城市宪章》赋予社区对土地利用的参与决策权，制定了公开听证的 ULURP，以影响房屋开发等重要决策。其中，作为传统弱势一方的居民在社区的努力下，权益得到了捍卫。最为著名的案例就是南岸区项目。在此过程中，传统弱势一方的居民依托社区委员会与开发商的拉锯战，展现了社区参与治理的强势。

1987 年，著名房地产开发商唐纳德·特朗普计划在南岸区开发房地产项目，拟建造电视中心、办公楼和高级公寓住宅。市长与市规划委员会从城市发展的角度支持这一计划，认为此举能够为纽约市解决众多就业岗位。但是社区委员会则从地区利益出发，担心大规模开发会影响环境，并对周边居住区产生破坏，因此迟迟不肯同意。周边居民也在咨询纽约区域规划协会（Regional Plan Association）后，强烈反对项目的进行。

1991 年，由于社区委员会的反对，项目迟迟无法进入 ULURP，开发商不得不修改规划，缩小开发计划，并兴建 23 英亩①滨水公园和高速路区，尽管此举依旧遭到了居民的反对，但是由于市民组织的支持，项目进入 ULURP。然而，社区委员会在主持了三天公共听证后，递交了反对意见，认为开发方案涉及的人口密度过高，可能影响社区的整体居住环境和品质，并且缺乏环境保护的措施。

由此，纽约市规划委员会（City Planning Commission，CPC）开始了和申请方的拉锯战。社区委员会最终说服开发商降低开发限度，完善排污措施，并且做出建设学校、为妇女和少数民族提供就业岗位等承诺，并提供 50 万美元用于地区就业培训项目。

从南岸区项目的审批可以看出，正是社区组织始终代表居民利益与开发商展开斡旋，开发内容才从最初的办公与商业，转变为最终的以居住为主，辅以交通设施、社区服务和公共空间。在纽约市的社会治理结构中，社区公众的参与，使得权力得以相互制衡，利益能够多方分享。

四、老龄化问题：新养老模式的创新者

在老龄化问题中，最为突出的就是老年人养老问题。尽管政府在解决人口老龄化中的政策设计比较完善，但是其中的许多服务工作仅仅依靠政府出面是具有一定难度的，尤其是针对老年群体的服务需要一定的专业性，因此在这一社会问题的解决过程中，社区发挥着重要的作用。纽约市社区推陈出新，探索了新的养老模式，在解决老年人赡养问题中发挥了重要作用。

社区与社会组织协作成立了自然形成退休社区（naturally occurring

①　1 英亩≈0.004 046 9 平方公里。

retirement community，NORC），这种本来因老年人居家养老、年轻人迁出而形成的社区成为发源自纽约市的全新养老模式的形成地。社区管理的房产合作社与地区慈善组织合作，同政府和其他非政府组织共同成立了一个为社区老年居民提供住房、医疗及其他社区服务的委员会（张强和张伟琪，2014）。在这种养老模式中，除社会工作机构为老年人提供服务之外，还鼓励老年人对社区做贡献，继续发挥余热。

第五节　纽约市企业的社会治理

一、企业的治理形式：政企合作

企业参与社会治理，往往都是以公私合作的形式，通过与政府合作提供公共服务或参与基础设施的建设，促使社会资金加入城市公共服务体系，增加公共产品与服务的供给量，同时借助市场机制和管理技术使之运作更有效率（洪文迁，2010）。

美国企业参与社会治理的雏形早在洛克菲勒时期就已经形成，营利企业从事非营利社会事业，但是调动企业参与社会治理热情、激发企业社会责任，纽约市则走在了国际前列。纽约市通过积极引入市场机制，充分调动企业的积极性和创造性，整合城市区域内的社会资源，通过在治理方式上合理授权与分权，使市场运作机制深入到城市治理的方方面面，形成政府与市场、政府与企业之间的良性互动（北京构建世界城市的政府治理研究课题组等，2012）。

其中，比较具有代表性的合作模式包括以下四类。

第一类，政府投资，企业投标建设公共基础设施。城市道路、桥梁通过公开招标的形式，由社会上的企业公平竞争、中标建设。在建设工作完成过程中，政府的相关职能部门对建设质量进行监督与验收。

第二类，政府委托企业经营，尤其是对于公共基础设施的日常维护与管理。政府将基础设施建设委托给专业公司，自己则负责制定相关的政策和标准，检查和督促其落实情况。

第三类，政府制定政策，由企业独立经营。纽约市自来水和公共运输都不是由政府兴建的，而是由获得政府特许的企业经营。在经营过程中，企业必须严格遵守前期签订的协议，在保障市民权益的同时也维护自身经营利益。

如果企业在中途要改变协议内容，如涨价等举措，需要召开听证会，获得各方代表的同意才可通过。

第四类，政府协调，企业建设。此类合作模式常常出现在房地产开发领域，政府在建设过程中协调各方利益，尤其是相关利益集团，包括社区居民和机构的利益，但也要保障企业权益，确保项目的开展。

二、住房问题：可负担住房的建造主力

20 世纪 80 年代，美国的福利政策发生改变，国家从无偿给予福利转向自力更生的保障政策，这也导致曾经大量投向建造可负担住房（affordable housing）（类似于中国的经济适用房）的预算被大量削减。在这种背景下，纽约市政府不得不谋求与企业合作，共同解决住房问题。

政府通过刺激措施鼓励开发商提供一定比例的可负担住房，包括如果开发商提供所建项目面积 20% 的低价房，则给予 33% 的项目容积率奖励，或给予开发商三年免税的奖励。具体做法是开发商将在所开发的建筑之内建 20% 的廉价住房提供给低收入租户，或者在此开发项目之外另选择政府指定地点建设可负担住房，或者把钱交给政府或其他开发商替建相应比例的廉价住房。当前，企业可享受的免税优惠包括 421-A、J-51 和 420-C 减免税条款，此外，纽约市政府还酝酿对于这些企业适当放开或者豁免温室气体排放。

三、市容问题：城市改头换面的美容师

在市容整治方面，纽约市政府常常无法负担高昂的改造整治费用，因此会选择与企业合作，通过让渡部分改造后的盈利创收，让企业协助开发改造城市脏乱差地区，为城市改头换面。而在其中，布莱恩花园地区的改造最为著名，布莱恩花园改造公司（BPRC）[①]将这片曾被诟病为"针筒广场"的地区改造为著名的"椅子公园"，并在履行社会责任的同时收获了丰富的利益。

布莱恩花园是曼哈顿中城一处著名的公共空间，见证了曼哈顿地区的兴衰，并在大萧条时期开始成为流浪汉的栖息地。到了 20 世纪 70 年代，布莱恩花园被毒品交易与谋杀案的阴影所笼罩，被称为"针筒广场"。

1979 年，政府决心改造该地区，为公众打造一片没有毒品、没有犯罪的

---

① 主要由周边企业和洛克菲勒兄弟基金会组成的企业，目标是完成改造任务。

新公共空间。于是，在城市社会学家的建议之下，政府将更新计划交给了组建的 BPRC，并与布莱恩花园所属的曼哈顿 5 号社区签订了改造协议：BPRC 为城市承担更新任务，但是 15 年内该广场的任何收入都属于 BPRC。此后，BPRC 进一步筹措资金，吸纳周边 740 家企业和业主加入，共同实施布莱恩花园复兴计划。

经过数年建造，广场于 1991～1995 年分三个阶段逐步开放，建设总资本达到 1769 万美元，其中 2/3 来自政府，1/3 来自企业投资与资助（王腾飞，2013）。由于环境与治安的改善，布莱恩花园的良好环境美名远扬，被纽约人昵称为"椅子公园"[1]。周围楼面的房地产价格大幅度攀升，办公楼空置率降低，BPRC、政府与市民获得了三赢的局面。

四、卫生隐患：鼠患治理中的科技应用

纽约市一直饱受鼠患的困扰，甚至有一句戏言："有多少纽约客，就有多少老鼠"。政府在治理鼠患的过程中毫不手软，平均每年都会进行 12 万次检查及剿灭工作，但是结果并不如人意。这也使政府遭受到广泛的批评。其中，纽约市的 58 条地铁线路是鼠患重灾区，常常有老鼠招摇过市，使得纽约市的卫生形象大打折扣，但是传统的"在铁轨间投放灭鼠药，投放类似糖块的有毒鼠饵"的方法对已经身经百战的老鼠毫无效果。政府只能将希望转向专业企业[2]。

SenesTech 公司在政府的委托下进行灭鼠事物的研究，发明出了可以在短短几天内使雌性大鼠不孕不育的食物，实现灭鼠 75% 的目标。他们为纽约市的老鼠量身定制了食物的剂量，把这些老鼠食物研制为固体食品和液态饮料两种形式，并按计划投放在地铁沿线的垃圾房中，以吸引老鼠食用或者饮用。这些食物对老鼠来说有着不错的"口感"，因此被这种食物吸引的老鼠越来越多。老鼠服食后不会导致其死亡，而这也正是这种灭鼠方法的先进之处——短短几天内将使雌性大鼠不孕不育，从而减少鼠类的繁殖，并慢慢实现最终灭鼠的目标。

---

① 因为在改造过程中，BPRC 从法国购置了 1000 把椅子放在公园内，而成为公园的特色。
② 纽约治理鼠患新方案：让雌鼠不孕不育[OL]. http://it.sohu.com/20130323/n370013767.shtml [2017-10-18].

第六节 纽约市社会组织的社会治理

一、社会组织的治理形式：政府监管与指导

在美国，民间组织主要分为非营利组织和非政府组织。纽约市是美国这两类组织的中心。位于纽约市的民间组织提供各种服务，包括扶贫济困、法律援助、职业培训、特殊教育及保护移民权益。纽约市民间组织不仅在医疗、艺术、音乐等领域提供了远超过政府和市场提供的服务，在扶贫救济等方面也扮演着极为重要的角色。尤其是纽约市大量扎根于社区的草根型民间组织，其通常更加专业化，往往针对特定社区的特定群体，提供某一个方面的专项服务。所有这些草根型民间组织叠加起来，其服务就覆盖了纽约市这个高度多元化的世界城市社会生活的方方面面。可以说，作为首屈一指的世界城市，纽约市的生活品质高低在很大程度上取决于这些草根型民间组织行动。

纽约市政府对于这些社会组织的活跃是积极鼓励的，对于这些组织的创建权管理相对自由宽松，但是对它们的收入、支出、运行却进行了严格监管，并通过法律给予诸多限制。

在放松管制领域，如简便的申请程序[①]，设置较低的支出比例，允许开展项目相关投资，允许联合劝募模式，这些举措都为非政府组织活跃于社会发展提供了便利。但是在监管领域，对于社会募捐的监管、关联交易的监管、税收优惠的监管及检察官的监管都异常严格，相关法律也十分全面。参考纽约非政府组织协会（NYC Nonprofit Assistance）的网站[②]，可以清晰查阅在《非营利企业法》（Not-for-Profit Corporation Law，NPCL）指导下社会组织运行中林林总总的规定与监督条款。

根据《2013 年非政府组织复兴法案》[③]，首席检察官（attorney general）负责对非政府组织进行管理与监督，其中一些具有代表性的细节包括：第一，超过 20 名雇员或者年收入超过 1 000 000 美元的非政府组织必须签订告密协定，以确保当组织行为不当时成员能够及时告发，而在此过程中任何恐吓、

---

① 例如，根据政府网站（https://www1.nyc.gov/）的指导，成立一个慈善机构的步骤只需要在网上填写申请表，等待公告板告知会议时间，然后等待法律批准即可。

② 参见 https://www1.nyc.gov/site/nonprofits/resources/contracting-with-nyc.page。

③ 从 2014 年 7 月 1 日开始实行，由纽约州政府审批颁布。

威胁、报复都被视为违法；第二，所有非政府组织都必须接受利益政策的冲突；第三，所有非政府组织都必须采取措施来避免进入关联方交易前的不当行为；第四，组织内成员的薪酬、补偿不能直接由董事会委员会决定；第五，非政府组织递交审计报告时，必须由独立的注册会计师审查，并由检察机关指定审计委员会进行监督；第六，当被需要提交独立审计报告时，从要求日到提交日，随着时间的推移，年收入的要求从 250 000 美元提升到 1 000 000 美元。

其中，首席检察官负责监管社会募捐和关联交易，这一角色的职责说明中也详细分述了其角色定位（保护募捐人利益）、执行手段（根据法律强制执行对于非政府组织和慈善机构的监管）。而税收优惠的监管则严格按照《联邦税法典》（Federal Internal Revenue Code，IRC）的规定，严格审查收入来源渠道及其实际控制者。

二、就业问题：合作社模式的探索者

贫困的原因多种多样，但是就业机会的缺失是其中关键的因素。尤其是对于低收入群体而言，保障他们的就业是解决其贫困的有效途径。因此，纽约市的社会组织通过一种合作社（co-op business）的方式，为低收入群体提供就业机会。根据国际合作社联盟（International Cooperative Alliance，ICA）的介绍，合作社已在全球产生了约一亿个就业岗位。合作社的自治及非精英属性意味着成员可以获得技能的提高和创业能力的培养。此外，通过合作就业，可以以群体为工作单位获得一些个人无法获得的、创建企业所必需的信贷和其他金融资源。合作社同时整合了包括妇女、青年、老年、残疾及土著居民的边缘社会群体，给予其参与上的灵活选择权。与商业公司被特定的成员所有和控制相比，合作社的优越性体现在民主、鼓励其他民间力量参与、强健社区等方面。此外，合作社还积极推动分配公平，以此减少贫困。在 2008 年，世界上最大的 300 家合作社，以收入为基础，达到了合约 1.1 万亿美元的总收入[①]。

2014 年 2 月，纽约市发起了名为"倡议在纽约市建立工人合作部门"活动，探讨如何依托合作社模式在城市中创造就业岗位，解决收入不平等问题。基督教福利机构联合会（FPWA）是一个有着近 100 年历史的非营利组织，

① 本土化行动，全球化思考：纽约市合作社如何促进发展[OL]. http://www.un.org/zh/development/desa/news/social/nyccoops.html[2017-09-30].

倡导人性化的组织服务与公共政策，致力于改变收入不平等的现状，也是合作社解决纽约市就业问题的发起协会。其中，具有代表性的"Si Se Puede!"（我们能做到！）妇女合作社于2006年成立，这是一个由妇女所有并管理的清洁类社会组织，为其雇员提供生活保障薪资和安全的工作环境，也为低收入妇女提供就业培训，帮助她们实现经济自立，改善贫困窘境。

三、权益问题：社区治理的合作伙伴

在保障低收入群体的权益时，社会组织往往选择和社区合作，从社区层面有针对性地帮助弱势群体，并联合社区的力量向政府政策制定部门施压，以寻求同盟双赢的局面。其中，倾听社区声音（Community Voices Heard）就是这个合作模式的典范。

倾听社区声音成立于1994年，是为纽约市收入最低、住在政府补贴住房（public housing）的贫民妇女争取公平工作机会、公平工资待遇、公平教育和公平参与的民间组织。该组织的主要活动区域在纽约市的曼哈顿区、布朗克斯区和纽约市周边的扬克斯、纽堡、波基浦西等城市。当前，他们主要从事的工作涉及公共住宅（public housing）、劳动者福利（to end unpaid workfare）、动员和组织更多的低收入选民积极参与各种国会议员、地方议员、地方官员的选举活动等。

四、老龄化问题：专业护理的服务者

在政府资助下，对老年人实施专业护理，是社会专业组织实施老年服务、治理老龄化问题的有效渠道。其中，纽约市的社会护理组织与针对少数族裔的耆老机构都是有益尝试的典范。

纽约市的老年护理机构作为非营利机构已经存在多年，由社会保健护士先驱华德女士创立。在运作过程中，每位护士料理一个地区内年纪较大的100位老年人，服务地点包括老年中心、老年俱乐部、教堂、公寓住宅区、机构的沿街办事处等。在料理过程中，针对有精神障碍或不稳定慢性疾病的老年人，机构选派高年资护士给予照料。每位老年人都在健康评估后接受料理，并每半年接受一次详细的健康复查，当病情好转后会减少料理次数，将资源转向需要群体。

针对少数族裔，则由专业的耆老服务机构提供特色服务。以纽约市多个华裔耆老服务机构为例，这些耆老服务机构都是由华人非营利机构提供耆老服务，主要功能包括为华裔老年人提供多姿多彩的文娱活动，如书法、京剧、舞蹈和功夫班等。此外，一些耆老服务机构还提供个案服务，为华裔老年人看病、报税、翻译和申请福利提供帮助（黎帼华，2002）。

第七节　"大纽约"社会问题的跨域治理

早在 1898 年纽约市就和它周围的四个地区联合组成了大纽约政府，但直至今天，也没有形成统一、具有权威的大都市政府，这既因为其与其他四个地区具有不同的政治传统，其他四个地区在政治上偏于保守，崇尚民主自由，反对过多的行政干预，也因为郊区经济快速发展而造成区域内各级政府高度分化的现实（洪世键，2009）。尽管地区性的大都市政府未能成形，但是区域的共建合作却开展得有条不紊。

其中，比较具有代表性的尝试就是 3E 目标治理，即对经济（economic）、环境（environment）和平等（equality）三者集合代表的城市生活质量的治理改革。针对社会问题中比较突出的城市污染、人口贫困、住房紧张等问题，纽约市协同周边州县，展开绿化、市中心更新、增强流动性、劳动力和政府改革五项改革运动，在一定程度上促进了区域经济、环境保护、平等共处三者的协调发展。

这种治理结构较为松散的共建治理模式强调周边地区的通力合作，能够较好地解决跨辖区的区域性问题，丰富治理主体结构。

第八节　启示和借鉴

通过对纽约市的社会治理经验进行梳理，我们不难发现：多元社会治理结构对于解决社会问题具有重要意义。传统的一元化社会治理结构中，政府拥有的公权力完全控制了社会领域中社会群体和个人的活动取向，最终变成了一种僵化的社会控制方式，失去了必要的灵活性。而在多元化社会治理结构下，政府充分尊重社会团体和个人所拥有的各项合法权利，利用社会法的约束和道德自律完成社会的基础性整合，禁止公权利侵犯私权利领域，保护社会不同主体的合法行为。这样，一方面可以提高社会整体的运行效率；另一方面，可以实现社会最多数成员的自由和人权。

而在纽约市的具体实践中，政府、家庭与学校、社区、企业和社会组织都利用各自的平台与资源优势，在治理过程中发挥独特作用。

第一，政府在社会治理中发挥着主导与协调的作用。在如突发事件应对、犯罪事件控制等关系社会稳定运行的关键问题治理中，政府应当具备完善的治理结构，利用政府职能予以严格的管理与绝对主导性的控制。而在预防这些问题发生的过程中，应当适当分权给社区、企业和社会组织，利用它们丰富的资源渗透到基层，完善服务职能。此外，对于政府治理的法律保障同样重要，尤其是在法治理念基础之上对于《纽约市城市宪章》的严格遵守，以及基于社会问题变化的及时修订，都对确保政府治理有效性起着关键的作用。

第二，家庭与学校在社会治理中起着基础性的教育作用。尤其是在道德发展与公民教育中，依托不同平台，发挥教育的内化渗透作用，使得公民从小树立参与意识和培育道德责任感，对于公民参与社会治理、稳定社会格局具有重要作用。

第三，社区在社会治理中起着承上启下的沟通作用。尤其是在政府、社会、社区的分工协作中，社区在公共事务管理中扮演的角色是极其重要的。政府应当在社区的法律制定、宏观规划、动态监督中履行责任；同时，在社区建设体制中给予社区充分的权力，在政府行政力量和社区自治力量之间找到一个均衡点及转换机制，实现公共服务社会化。

第四，企业在社会治理中起着资源转化的建设作用。政府引导企业树立社会责任意识，在财政支持与政策优惠的基础上，鼓励企业突破原有慈善领域，利用自身的资金、能源、技术优势，参与具体的社会治理工作。

第五，社会组织在社会治理中起着服务公众的作用。尤其是民间组织的多元化，能够有效满足不同群体的需求，补位政府统一提供社会服务的缺陷，提升公共服务的丰富性与有效性。

10 第十章
巴黎社会治理研究

第一节 法国行政区划概况

法国本土（不含海外属地）的行政区划分为大区、省、市镇三个层级，如表 10-1 所示。大区是法国最大的行政区域，省是比大区低一级别的行政区，每个大区包含若干个省。市镇是法国最小的行政区，其中巴黎、里昂、马赛作为法国最大的三个城市，分别拥有若干市辖区，其他市镇则不拥有市辖区。根据法国国家统计局 2014 年数据，法国本土拥有 22 个大区、96 个省及 3.6 万个市镇（36 552 个）[①]。

---

① 参见法国国家统计局发布的《法国 2014 年市镇名录》，http://www.insee.fr/fr/methodes/nomenclatures/cog/telechargement.asp[2014-11-25]。

表 10-1　法国行政区划

行政层级	决议机构	行政主管
大区	大区议会	大区主席
省	省议会	省长
市镇	市议会	市长

第二节　巴黎及巴黎大区概况

一、地理位置、人口、面积简介

第一节我们提到，法国本地的行政区划分为大区、省、市镇三级。通常每个省由若干市镇组成，但巴黎地位比较特殊，省市合一，所以一般都统称为巴黎。和世界其他首都城市相比，巴黎城区面积不大，仅约 105 平方公里，人口约 225 万人，因此人们经常形象地将巴黎城区称为"小巴黎"。

巴黎所在的大区叫作法兰西岛大区，包括巴黎省、上塞纳省、塞纳-圣丹尼省、瓦勒德马恩省、塞纳-马恩省、伊夫林省、埃松省和瓦勒德瓦兹省共八个省份。该大区以巴黎为中心向四周辐射，故俗称为巴黎大区或大巴黎地区。巴黎大区总人口接近 1200 万人，约占法国总人口的 18%，是法国人口最稠密的地区，如表 10-2 所示。

表 10-2　巴黎及巴黎大区比较

区域	总面积/平方公里	总人口/人
巴黎	105	2 249 975
巴黎近郊三省	657	4 445 258
巴黎远郊四省	11 250	5 157 618
巴黎大区合计	12 012	11 852 851

资料来源：法国国家统计局发布的 2011 年人口普查数据

注：巴黎近郊三省为上塞纳省、塞纳-圣丹尼省、瓦勒德马恩省；巴黎远郊四省为塞纳-马恩省、伊夫林省、埃松省和瓦勒德瓦兹省

值得注意的是，上述每个省份都拥有各自独立的议会、政府机构和财政预算，也就是说巴黎（省）市政府的管辖范围仅约 105 平方公里。当我们提到巴黎近郊省份、远郊省份和市镇时，巴黎与它们是协调合作的关系，相互

之间并无行政上的从属关系。这与我国特大城市市区、郊区（县）的概念和管理模式有所不同。

二、经济、文化、教育简介

巴黎大区是法国的首都圈，是法国政治、经济、文化、教育的中心地区，是法国主要立法、政府及司法部门的所在地，也是国际组织和跨国公司总部的集聚区。首都巴黎是法国绝对的政治、经济和文化中心，世界级大都市，与美国纽约、英国伦敦、日本东京并列为世界四大城市。

法国国家统计局 2012 年数据显示：

在经济方面，2012 年巴黎大区 GDP 为 6120 亿欧元，约占法国 GDP 的 1/3（31%），充分显示了巴黎大区在法国经济中的核心地位。同时，巴黎大区 GDP 位列欧洲第一，世界第五，仅次于东京都市圈、纽约都市圈、洛杉矶都市圈和大阪都市圈。和其他世界大都市圈相比，巴黎大区的产业结构较为多样，并不特别倚重于某一特定行业。在巴黎大区超过 600 万人的就业人口中，将近 86% 从事第三产业。第二产业方面，约 13.8% 从事工业和建筑业。尽管巴黎大区一直在去工业化，但其仍是法国第一大工业中心及欧洲主要的生产基地之一，工业方面的发展策略是加强研发创新能力，主要优势行业有航空及防务、汽车、能源。农业方面，从业人口仅占 0.2%。巴黎大区 45% 左右的面积为农业区，其中 2/3 种植各类谷物，是法国最主要的产地之一。

在旅游方面，巴黎大区尤其是首都巴黎深受世界游客的喜爱。巴黎是世界文化之都，连续几年都是世界第一大旅游目的地。2013 年，巴黎大区共接待了 4200 万人次来自世界各地的游客，仅巴黎就占据了其中的 3200 万人次（其中国际游客超过 1500 万人次）。

在教育方面，巴黎大区是法国最大的高等教育和科研中心，拥有各类知名公立大学、私立大学、工程师院校、高等商业学校、行政管理院校和科研机构。在校大学生将近 60 万人，约占法国在校大学生数的 1/4。

第三节　巴黎社会治理结构

一、巴黎市议会、区议会及街区议会

巴黎城区面积仅约 105 平方公里。1860 年，拿破仑三世将巴黎分为 20

个行政区，该分区方法一直沿用至今。每个行政区拥有自己的区议会及区政府。为了方便日常行政管理，每个行政区再细分为若干街区，目前巴黎共有122 个街区（类似于我国大城市中的街道）①。可以看出，巴黎建立了市、区、街区三级城市治理体系，外加各类社团对公共事务的直接参与，各司其职，相互协助。巴黎社会治理结构如表 10-3 所示。

表 10-3　巴黎社会治理结构

治理层级	决议机构	行政负责人	备注
巴黎	市议会	市长	
20 个行政区	区议会	区长	
122 个街区	街区议会	街区代表	负责收集民意，代表街区居民与政府沟通
各类社团	会员大会	社团负责人	参与日常公共事务及公益事业，代表公众利益

1. 市议会和区议会

法国市镇选举每六年举行一次。以巴黎为例，巴黎市民首先在各自行政区选出市镇议员。根据所在行政区人口占巴黎总人口的比例，部分议员当选为巴黎市议会议员，其余议员成为各个行政区区议会议员。

巴黎市议会是巴黎的决议机构，拥有 163 名议员。市议会负责对巴黎重大决策，如预算、城市规划、重大工程、民生事务等进行审议和表决。市议会每月召集一次会议，会期大多为一两天，议员集中讨论、表决各项议案。

区议会是巴黎各个行政区的决议机构，负责对本区内各项公共事务进行审议、表决。目前，巴黎 20 个行政区共有区议会议员 354 名。区议会作为行政区内居民和巴黎市议会的沟通桥梁，在每次市议会会议召开之前先召集本区会议，并向市议会递交本区会议形成的讨论报告或本区的诉求和提案，以便市议会进行最后的审议。

2. 街区议会

根据法国 2002 年 2 月 27 日颁发的《社区民主法》②规定，法国人口超过 8 万人的市镇必须设立一个或若干个街区议会。街区议会是一个"发布社

---

① 参见巴黎市政府官方网站，https://www.paris.fr。
② 参见法国《社区民主法》，http://www.legifrance.gouv.fr/affichTexte.do?cidTexte=JORFTEXT000000593100&categorieLien=id[2014-11-25]。

区信息、倾听社区民意和进行民主讨论"的场所及议事机制，旨在推动社区居民参与日常民主建设。人口在 2 万~8 万人的市镇可自行决定是否设立街区议会。

为了方便日常的行政管理及更有效地听取社区居民的意见，2002 年 7 月，巴黎市议会决定将 20 个行政区再细分为若干街区。街区的数量由各个区议会自行决定，主要以区面积、人口及历史传统三方面因素作为划分依据。巴黎共有 122 个街区，也就有 122 个街区议会①。巴黎各区面积、人口及街区数量如表 10-4 所示。

表 10-4　巴黎各区面积、人口及街区数量对比

区	面积/平方公里	人口/人	街区数量/个
1	1.83	17 767	4
2	0.99	22 571	3
3	1.17	36 358	4
4	1.60	29 138	4
5	2.54	62 236	4
6	2.15	43 976	6
7	4.09	58 309	4
8	3.88	40 849	7
9	2.18	61 046	5
10	2.89	96 733	6
11	3.67	154 411	5
12	16.30	144 595	7
13	7.15	184 034	8
14	5.64	138 465	6
15	8.48	238 914	10
16	16.3	171 880	6
17	5.67	170 218	8
18	6.01	201 975	8
19	6.79	186 507	10
20	5.98	198 678	7
合计	105.31	2 258 660	122

① 参见巴黎市政府官方网站，https://www.paris.fr。

街区议会由各个区政府负责日常管理，各个区有权增设副区长（或区长助理）职位，分管街区议会工作。

街区议会的人员组成、运行机制、具体职能由各个区自行决定。通常来说，每个街区议会领导小组由区政府代表、社区代表、居民代表、社团负责人等组成。

在经费来源方面，区政府负责承担一部分经费，具体分为两部分，一是日常运营补助（每年 3305 欧元），可用于购置日常办公用品、举办社区活动和宣传等；二是投资补助（每年 8264 欧元），可用于改善街区道路条件、绿化等。其余经费由社区居民和社团自行筹集。

在此，我们以巴黎第一区街区议会①为例，具体了解街区议会的详细情况。巴黎第一区面积为 1.83 平方公里，人口为 17 767 人，共有 4 个街区议会。

面向人群：所有 16 岁以上的法国人或外国人，只要在本区居住或工作，或从事和本区相关的社团或其他机构的事务，都可以申请加入街区议会。申请人资格由区议会认定。（有的区对年龄没有限制，有的区只允许本区选民参加。）

领导小组：街区议会由区长或主管民主事务的副区长、一名区议会占多数席位党派的议员、一名区议会占少数席位党派的议员、五名正式代表及五名候补代表（通过街区选举产生，组成街区议会办公室，负责日常事务）共同组成。同时，任命一名秘书作为街区议会的代表。（每个区的街区议会领导小组成员都不同。有的区是选举产生，有的区是从报名名单中抽签产生。）

任期：街区议会办公室成员任期两年，不可连任，街区议会特别许可的除外。（每个区的任期、连任方式都不同。）

运行机制：由街区议会办公室，或区长或主管民主事务的副区长负责召集会议；区长或主管民主事务的副区长负责决定街区议会的召开时间、议程及会务组织。街区议会办公室可下设不同主题的工作小组。（每个区的运行机制由本区自行决定。）

具体职能：街区议会的职能包括负责对涉及本街区的民生项目及政策规定进行民意征集、组织讨论；负责起草及执行涉及本街区居民公共利益的项目；负责与区议会的联络，保证"区议会-街区"信息、民意的双向沟通等。

---

① 参见巴黎第一区区政府官方网站关于"街区议会"的介绍，http://www.mairie1.paris.fr/mairie1/jsp/site/Portal.jsp?page_id=20[2014-11-25]。

（每个区自行决定本区街区议会的职能。）

综上可知，街区议会作为加强区议会、区政府及社区居民直接沟通的桥梁，一方面有利于社区居民对街区规划、改善街区环境、提高街区居民生活水平自由发表意见，将社区民意及时传送到区议会，既能维护社区居民的权益，又能提高政府决策的科学性和民主性；另一方面，区议会及区政府的各项政策也能更及时有效地传递到各个街区，形成"政府-街区-居民"之间的良性互动。

二、巴黎市政府与区政府

1. 市政府层面

巴黎市长由巴黎市议会选举产生。巴黎市长同时也是巴黎市议会主席。副市长（也有翻译为市长助理）由巴黎市长提名，经巴黎市议会投票表决后产生。每个任期的副市长人数及其分管内容都不太一样。巴黎共有 21 名副市长，每位副市长具体分管某一细分领域的事务[①]，如表 10-5 所示。

表 10-5　巴黎 21 名副市长及其分管领域

副市长	分管领域
1	第一副市长，分管文化、遗产、手工艺、文化企业、与巴黎各区的联络、夜间事务
2	财政、混合所有制经济企业、政府采购、特许经营权
3	环境、可持续发展、水处理
4	**男女平等、反歧视、人权**
5	住房、紧急收容机构
6	**安全、预防、城市政策、城市融入**
7	教育事务
8	绿化空间、自然、生态多样性、殡葬事务
9	人力资源、公共部门、行政现代化
10	社会经济、社会创新、循环经济
11	**健康、残障人士、与巴黎市医院的联络**
12	国际关系、法语地区关系
13	大学、大学生生活、科研

① 参见巴黎市政府官方网站关于巴黎市长与副市长的职能简介，http://www.paris.fr/politiques/la-maire-et-ses-adjoints/les-adjoints-d-anne-hidalgo/p10416[2014-11-26]。

续表

副市长	分管领域
14	体育、旅游
15	城市规划、建筑、大巴黎计划、经济发展、城市吸引力
16	交通、道路、出行、公共空间
17	城市卫生
18	商业、手工行业
19	**基层民主、公民参与、社团事务、青少年及就业**
20	**社会团结、家庭、儿童、儿童保护、反对社会遗弃、老年人**
21	与防务和战争相关的回忆、联络事务

2. 区政府层面

在此，我们以巴黎第 15 区区政府为例。巴黎第 15 区是巴黎面积最大（第 12 区和第 16 区不计算各自辖区内森林面积）及人口最多的区，区面积为 8.48 平方公里，人口近 24 万人，街区数量为 10 个，也是巴黎街区总数最多的行政区。由于公共事务较多，第 15 区副区长（也有翻译为区长助理）人数较多，全区共有 1 名区长，21 名副区长[①]，其分管领域如表 10-6 所示。

表 10-6　巴黎第 15 区 21 名副区长及其分管领域

副区长	分管领域
1	经济发展、企业及就业
2	旅游及本地发展
3	**社团事务、区创议及协商委员会**（Comité d'Initiative et de Consultation d'Arrondissement, CICA，也可视为社团委员会）
4	**城市多样性及城市融入**
5	文化事务
6	**街区议会（其中两个）**
7	**街区议会（其中两个）**
8	**街区议会（其中两个）**
9	**街区议会（其中两个）**
10	**街区议会（其中两个）**
11	健康及体育事务

---

① 参见巴黎第 15 区区政府官方网站关于"组织架构"的介绍，http://www.mairie15.paris.fr/mairie15/jsp/site/Portal.jsp?page_id=162[2014-11-26]。

续表

副区长	分管领域
12	**儿童事务**
13	公共宁静（防噪声污染）
14	**社会团结事务**
15	城市卫生、公共安全及道路安全
16	**青少年事务**
17	教育事务
18	绿化空间、自然及生态多样性保护
19	**家庭及残障人士事务**
20	商业、手工业及自由职业
21	与防务和战争相关的回忆、联络事务

从表 10-5 和表 10-6 加粗字体部分我们可以看出巴黎市、区两级政府对社会民生及社会治理的重视程度。

在市级层面，不仅有专门的副市长直接分管城市多样性、城市融入、基层民主、公民参与、社团事务、社会团结等公共事务，巴黎更是将受众群体细分为家庭、儿童、青少年、老年人、残障人士，从而便于提供非常有针对性的公共服务。

在区级层面，上述每个细分领域更是有专门的副区长直接负责。此外，由于法律授权行政区有权增设副区长职位分管街区议会工作，第 15 区还特设了 5 名副区长管理辖区内的 10 个街区议会，平均每人管理两个。专职副区长的介入和协调，大大增强了街区议会作为连接区政府和社区居民的桥梁作用。

第四节　巴黎主要社会问题及治理方式

巴黎大区尤其是首都巴黎，作为法国的政治、经济和文化中心，和其他世界大都市一样，也存在很多社会矛盾和民生问题。针对这些问题，巴黎有其独特的做法和经验。在此，我们选取外来移民、社团与志愿者、企业社会责任、公民教育四个维度，分析巴黎如何通过政府、社团、企业这三大主体发挥各自的作用和相互合作，在城市社会治理过程中取得成效。同时，我们也可以看到巴黎是如何通过普及公民教育，鼓励并促进公众参与日常的民主生活及民主实践的做法和经验。

一、外来移民

1. 外来移民定义及概况

根据法国国家统计局的定义，外来移民是指在法国以外出生，现居住于法国的外国人。其中，可再细分为已取得法国国籍的外来移民（新法国人）和尚未取得法国国籍的外来移民（仍是外国人）。外来移民后裔是指在法国出生并在法国居住，父母一方或双方都是外来移民的居民[①]。目前，外来移民后裔人口数量已超过父辈即第一代外来移民。

巴黎大区外来人口众多。法国 40%的外来移民居住在巴黎大区。整个巴黎大区共有约 1200 万居民，其中超过 400 万是移民家庭：其中约 17%是外来移民，18%是在法国出生的移民子女[②]。巴黎大区由于其独特的魅力，吸引着越来越多的外来人口前来工作和生活，其中大部分外来人口都居住在首都巴黎及近郊地区。

2006 年，在巴黎居住的外来移民超过 43 万人，约占巴黎总人口的 20%，平均每五人当中就有一位外来移民。其中，尚未取得法国国籍的外来移民约有 30 万人，来自 110 多个不同的国家，3/4 来自非欧盟国家。外来移民来源地区包括欧盟成员国（如葡萄牙、意大利、罗马尼亚）、马格里布地区（如摩洛哥、阿尔及利亚和突尼斯等前法属殖民地）、非洲撒哈拉以南地区（如马里、塞内加尔）、亚洲（如中国、越南和土耳其）及美洲地区，如图 10-1 所示。其中，法国出生居民占 76.5%，已取得法国国籍的外来移民占 8.5%，尚未取得法国国籍的外来移民占 15%[②]。

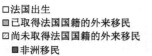

图 10-1 巴黎 2006 年人口比例分布图

这些来自不同国家的移民带来了各自的语言、文化、艺术和生活习俗，

---

① 参见法国国家统计局关于"外来移民"和"外来移民后裔"的定义，http://www.insee.fr/fr/methodes/default.asp?page=definitions/immigre.htm[2014-11-25]。

② 参见巴黎市政府官方网站关于"巴黎 2006 年人口比例分布"的说明，http://www.paris.fr/accueil/Portal.lut?document_id=99315&image_number=2[2014-11-26]。

大大丰富了巴黎城市内容，巴黎也以其独特的多样性和包容性闻名于世。然而，不同种族、语言、宗教和文化背景的冲突也一直给巴黎城市管理带来了巨大的挑战。

2. 外来移民治理结构

巴黎在市政府层面有一名副市长分管城市融入工作，区政府层面也有一名副区长专门负责该事务。

2001 年起，巴黎市政府还特设了一个机构专门负责城市融入政策的具体执行，即巴黎城市政策与城市融入代表团[①]。

代表团的主要职能是负责治理巴黎尤其是城市中不平等及社会问题较多的地区，反对一切形式的社会遗弃及歧视；促进巴黎外来移民的融入，保护其居住、法律、就业等权益；提升外来移民带来的文化多样性的价值。

代表团包括五个部门，80 多名工作人员。在团长的领导下，通过与法国中央政府、巴黎大区、各类社团等机构的共同协作，形成政府主导、多方联动的治理机制。

代表团经费来自政府财政预算，每年约为 600 万欧元。

巴黎城市政策与城市融入代表团职能部门如表 10-7 所示。

表 10-7　巴黎城市政策与城市融入代表团职能部门

部门名称	职能及运行模式	人数
城市政策部门	由一名副团长直接领导。 在巴黎较大及社会问题多发的第 10、第 11、第 13、第 14、第 17、第 18、第 19、第 20 区各任命一名或几名项目主管及若干名区域发展专员，组成工作小组，专门负责该区具体事务的执行	约 50 人
城市融入、人权及反歧视部门	由一名副团长直接领导。 下设若干名项目专员，负责外来移民融入及反歧视事务的执行	约 10 人
其他主题部门	由专人负责不同主题工作的研究，如可持续发展、文化和传播、住房及社区规划、教育及青少年、健康、经济发展与就业等，为代表团提供专业、创新的决策依据	约 10 人

---

① 参见巴黎市政府官方网站关于"巴黎城市政策与城市融入代表团"的简介，http://www.paris.fr/politiques/organigramme-des-directions-services/delegation-a-la-politique-de-la-ville-et-a-l-integration-dpvi/p5890[2014-11-26]。

续表

部门名称	职能及运行模式	人数
行政及财务部门	负责行政、预算	约 10 人
人事及宣传部门	负责人员培训及机构宣传	
合计		约 80 人

3. 外来移民融入政策

巴黎市政府一直高度重视外来移民的权益,同时结合法国国家统计局人口普查的数据及多轮调研,充分了解巴黎外来移民当前的处境。倾听外来移民的期待和诉求,帮助他们更好地融入当地社会生活成为所有工作的重中之重。

为了提升外来移民在巴黎的生活质量,感谢他们为首都经济发展带来的贡献,2008 年,巴黎市政府巴黎城市政策与城市融入代表团推出了一项新的外来移民融入政策,称为"我们都是巴黎人,我们都是巴黎公民"[1],即不管是入籍的外来移民,还是未入籍的外来移民,和本土巴黎居民一样,都是巴黎人。外来移民融入政策的具体举措如下。

(1)改善住房:2005～2010 年,修复、新建一批巴黎移民之家,同时新建 11 栋社会保障性住房,以便增加更多的床位和住所,改善低收入移民的居住条件。

(2)法语学习:创造条件使所有的外来移民都有条件学习法语,每年巴黎市政府和当地社团组织为 15 000 名外来移民提供不同类型的法语培训,提升移民的法语水平及工作技能,以便他们能更好地融入当地生活和就业市场。针对在市政府工作的外来移民,巴黎市政府允许他们在工作时间参加一些法语培训。同时,巴黎还组织编写一些简易有趣的法语学习指南,发放给外来移民及志愿者。

(3)资助社团:巴黎市政府非常重视社团协会在帮助移民融入当地生活中所发挥的作用并给予他们一定的资助。社团凭借他们在法律、文化、社会事务方面的专长,热心地为移民提供咨询建议,组织聚会,尤其是为老年移民及女性移民提供专门的帮助,等等。

---

① 参见巴黎市政府官方网站"我们都是巴黎人,我们都是巴黎公民"外来移民融入政策, http://www.paris.fr/politiques/citoyennete/citoyennete-et-integration/l-integration/rub_7760_stand_28645_port_17914 [2014-11-25]。

（4）参政议政：1998 年，欧盟法律规定来自欧盟成员国范围内的外来移民有权参加当地的选举，但来自其他国家的移民一直没有享有类似的权利，而巴黎一直在做这方面的探索。2001 年，巴黎成立了非欧盟成员国巴黎公民议会，来自欧盟以外地区的移民可以通过该议会提出自己的诉求，参与到巴黎公共事务中。2010 年，经过巴黎市议会批准，作为公众参与基层民主实践的一个尝试，新的非欧盟成员国巴黎公民议会正式成立，来自欧盟以外国家的移民，不论语言、职业、社会阶层，可以自愿加入，通过收集民意、对市政问题提出建议和诉求等方式，更大程度地参与到巴黎日常公共事务的管理中。截至 2014 年，该议会仍在为移民争取直接投票权做不懈的努力。

（5）重视文化：巴黎的移民来自 110 多个不同的国家，他们带来的不同的语言、宗教和艺术丰富了巴黎城市文化多样性[①]。巴黎尊重、重视外来文化，作为创始成员参与创建了位于巴黎的法国移民历史博物馆。此外，巴黎市政府还通过与大量社团组织的合作，挖掘、收集外来移民母国的文化和记忆，通过举办展览、讲座、活动等方式，让新老巴黎人都能享受异域的文化风情。

（6）公共服务：为了更好地服务于外来移民，巴黎市政府培训了 1000 名市、区政府的工作人员，尤其是移民聚集区的工作人员，以便他们掌握更多的知识和技能，更好地接待和服务外来移民[①]。同时，市政府还精心编制了大量不同语种的巴黎生活指南，如面向老年人的巴黎生活手册、面向欢迎小朋友的小册子等，以便外来移民更好地了解巴黎保障性住房、健康、教育、行政手续等与个人切身利益相关的内容。此外，巴黎还设立了 70 多个法律工作站，免费为外来移民提供法律方面的咨询建议和援助[①]。

二、社团与志愿者

1. 社团

1）法国社团概况

早在 1901 年，法国就通过了《1901 年非营利性社团法》，简称《1901 社团法》[②]，该法律对法国社团的性质、设立、行为等方面进行规定和指导。

---

① 参见巴黎市政府官方网站"我们都是巴黎人，我们都是巴黎公民"外来移民融入政策，http://www.paris.fr/politiques/citoyennete/citoyennete-et-integration/l-integration/rub_7760_stand_28645_port_17914 [2014-11-25]。

② 参见《1901 年非营利性社团法》，http://www.legifrance.gouv.fr/affichTexte.do?cidTexte= LEGITEXT000006069570[2014-11-26]。

法国社团组织的设立非常简单，只要两人及以上发起成立，即可自由设立，无须任何批准和申报。这充分体现了 1789 年法国《人权宣言》中"公民享有自由结社的权利"的条款。不过，如果社团希望拥有独立的法人身份，需要向当地政府进行申报并在官方报纸上进行公告。如此一来，社团就拥有法律身份，可以开设银行账号、申请政府补助等。

据 2012 年官方公布的数据[①]，法国共有各类社团 130 万个，平均每年新增 6.5 万个。

会员：2010 年，18 岁以上的法国人中，45% 都加入了一个或一个以上的社团，共计 2300 万人，会员人数 10 年来保持稳定。

志愿者：2010 年，18 岁以上的法国人中，32% 是志愿者，人数为 1600 万人。志愿者服务的时间平均每年增长 4%。69% 的社团主席是男性，其中 32% 的主席都超过 65 岁，大多来自中产和富裕阶层。

雇员：各类社团共雇有员工 180 万人，约占法国总就业人口的 5%。其中女性雇员约占 69%。

预算收入：各类社团总计拥有预算收入 700 亿欧元，相当于法国 GDP 的 3.5%。该比重超过了酒店和餐饮行业（2.6%），与农业及农食产品加工业相当（3.4%）。

收入方面，来自政府的资助占了 49%，大部分来自市镇（13%）、国家（11%）、省（11%）、其他社会机构（9%）。另外 51% 的收入由社团自筹，主要来自会员缴纳的会费及社团的销售收入（46%），来自其他的捐助只占 5%。

综上可知，法国人对于参加社团及志愿者活动的热衷程度实在让人叹为观止。事实上在法国，作为民众自发的组织，社团深受法国人民的热爱和信任。

有人说过，法国各类社团对法国社会治理的促进作用不可估量。事实的确如此。例如，有的社团从事各类公益事业，帮助弱势群体，代表民众和政府进行沟通；有的社团帮助护理老年人和残疾人，为社区家庭及儿童提供帮助；环保类社团为改善城市环境做出了不懈努力；文体兴趣类的社团丰富了居民的日常生活；交通、旅游、教育方面的专业社团或联合会为行业人士提供专业的培训；等等。正是这些社团为公众利益的努力，进一步促进了社会的团结稳定和基层民主。

---

① 参见 2012 年法国社团组织概况，http://www.associations.gouv.fr/1182-nouveaux-reperes-2012-sur-les.html[2014-11-27]。

2）沟通协调机制：社团委员会

为了便于加强地方政府与当地社团的沟通，在更大程度上发挥社团的积极作用，法国一直在创新"政府-社团"沟通协商机制。区创议及协商委员会就是一种很好的尝试。

1982 年 12 月 31 日颁布的《巴黎-里昂-马赛行政组织法》[①]（简称 PLM 法）第 16 条就要求在巴黎、里昂、马赛各个市辖区设立区创议及协商委员会，委员会作为协商和建言献策机构，在法律层面上保障了社团参与到市辖区公共事务及基层民主生活的权利。

1996 年，法国将涉及地方公共团体治理的法律法规汇编成《地方公共团体法典》[②]，《巴黎-里昂-马赛行政组织法》也是其中很重要的一部分。该法典第 2511 条 24 条款对区创议及协商委员会有了更详尽的法律规定。

社团应能参与到地方公共事务与民主生活中。

每个市辖区都应成立一个区创议及协商委员会。委员会由本区内社团或与本区发展相关的国家级社团联合会的成员机构的负责人组成（属于社团自治性质，成员不包括政府官员）。

每季度至少召集一次会议，上述社团负责人可参与会议讨论。社团负责人可以提出和本区内及本社团自身活动领域相关的任何问题，也可以就此提出任何建议。

区议会出席上述会议并审议各类提案。

社团应当提前通知所在区区长会议所要讨论的主题。

会议的日程由区议会与区创议及协商委员会协商确定。区议会应当为委员会提供必要的信息，以便做好会议的筹备工作。

以巴黎第一区创议及协商委员会[③]为例，我们就可以了解创议及协商委员会是如何运作的。

报名申请：与本区内事务相关的社团可自愿报名，以书面形式向区长递交证明社团身份的相关材料，经最近一次的区议会批准后即可加入委员会。

---

① 参见《巴黎-里昂-马赛行政组织法》，http://www.legifrance.gouv.fr/affichTexte.do?cidTexte=JORFTEXT000000880033&dateTexte=vig[2014-11-20]。

② 参见《地方公共团体法典》，http://www.legifrance.gouv.fr/WAspad/UnCode?&commun=CGCTER&code=CGCTERRL.rcv[2014-11-20]。

③ 参见巴黎第一区区政府官方网站关于"创议及协商委员会"的简介，http://www.mairie01.paris.fr/mairie01/jsp/site/Portal.jsp?page_id=21[2014-11-20]。

成员数量：第一区共有 14 家社团加入委员会，另有两家尚未加入但允许其列席旁听。委员会名单会定期更新。

会期：每两个月召集一次全体大会。会议对公众开放，但只有委员会成员有权参加讨论。

运行模式：区长负责召集会议，会前 15 天通知各位成员并确定议题；区长负责主持会议；社团负责人出席并参与会议讨论，并可向出席会议的区议会议员代表提出意见、建议和诉求。随后，区议会议员代表应现场就各项提问、提案进行审议并答疑。

会议报告：每次会议结束后，形成详细的书面会议报告告知全体委员会成员，包括但不限于会议时间、地点、出席/缺席人员、会议议题、社团负责人提出的问题及建议等内容。

后勤保障：第一区区政府负责为委员会提供会议室、召集会议、制作及分发会议报告等。

此外，区创议及协商委员会通常会设置一个秘书处，负责日常运营。有的区也会根据需要在委员会下设特别工作小组，专门负责与社区居民切身利益相关的某一具体事务的走访调研、形成报告、提出对策等工作，如社会问题（老年人、残障人士、保障性住房等）、社区规划、公共交通、环境保护、社团的权益等。

作为"政府-社团"沟通协商机制，区创议及协商委员会为社团与区议会、区政府加强沟通创造了很好的条件。通过定期会议的公开讨论，有利于社团向上反映和本区居民利益相关的意见及诉求，及时告知议员和政府相关的公共问题，并提出有针对性的对策建议，其作用往往能直接影响最终的官方决策。

3）政府扶持措施

正是因为社团发挥的巨大作用，法国政府一直支持、资助各类社团的发展。在此我们以巴黎为例，了解一下巴黎市政府除了加强立法保护、建立沟通机制和直接提供资金支持外，其他具体的扶持举措。

第一，社团之家（Maison des Associations，MDA）[①]。

巴黎在每个行政区各设一个社团之家，全市共 20 家。社团之家是一个为各类社团和当地居民提供免费服务及交流沟通的场所，配有市政工作人员。

---

① 参见巴黎市政府官方网站关于"社团之家"的简介，http://www.paris.fr/accueil/associations/besoin-de-locaux-ou-de-moyens-materiels/les-maisons-des-associations/rub_9228_stand_213_port_22506[2014-11-15]。

提供的免费服务如下。

（1）办公服务：免费提供配置齐全的会议室和办公室（需提前预约）；免费使用电脑及网络，提供打印、复印、装订等服务；可以把社团办公地点安置在社团之家；可以代收社团的各种信件；可以使用社团之家内的宣传栏及陈列柜。

（2）资讯服务：免费提供所在行政区各类社团名录、动态和活动预告。

（3）咨询服务：免费为有意愿成立社团的居民提供咨询建议和相关材料，协助其完成注册流程。

（4）活动服务：通过不定期举办开放日、主题讲座、社团交流会等活动，搭建社团及居民相互认识、沟通的平台。

第二，巴黎社团信息中心（Carrefour des Associations Parisien，CAP）[1]。

作为社团之家的有力补充，巴黎市政府设立了一家巴黎社团信息中心，免费为各类社团负责人提供更为专业的服务，协助他们分析、解决日常工作中遇到的难点和问题。提供的免费服务如下。

（1）培训服务：中心免费提供和社团日常工作相关的短期主题培训，如如何成立并管理社团、如何筹集资金、社团宣传技巧和社团如何专业化等。此外，还可以申请巴黎大区颁发的社团管理资格证书。

（2）咨询服务：中心内有多名专家顾问为社团负责人提供关于社团性质、法律、会计等方面的专业咨询。

（3）咨询服务：中心拥有500多册关于社团的书籍，一份电子版的"社团指南"；开通专门的社团信息网站，方便远程在线浏览。

（4）活动服务：中心每个月至少组织两次由专家主持的不同主题的会议，面向有意愿参与社团某一具体项目的人群。项目案例如公民服务"承诺及专业能力、公众利益及税"和大众教育的未来等。此外，中心还举办如研讨会、辩论会、展览、音乐会等各种活动。

第三，大学生创新之家（Maison des initiatives étudiantes，MIE）[2]。

2002年，巴黎在市内成立了两家大学生创新之家，提供类似于社团之家

---

① 参见巴黎市政府官方网站关于"社团信息中心"的简介，http://www.paris.fr/accueil/associations/ou-vous-adresser/carrefour-des-associations-parisiennes-cap/rub_9226_stand_88475_port_22502[2014-11-15]。

② 参见巴黎市政府官方网站关于"大学生创新之家"的简介，http://www.paris.fr/pratique/vie-etudiante/maison-des-initiatives-etudiantes/la-maison-des-initiatives-etudiantes-presentation/rub_5327_stand_87887_port_11460[2014-11-15]。

和巴黎社团信息中心的服务。有所不同的是，大学生创新之家专门为大学生社团而成立。截至 2013 年，共有 244 家大学生社团入驻。

大学生创新之家的宗旨是鼓励和支持大学生社团及大学生的创新与创意，协助、陪伴大学生实现他们的项目。从 2004 年开始，在巴黎市政府的支持下，大学生创新之家帮助大学生社团举办"在此&明天：大学生艺术节"，在巴黎各大文化场所举行由大学生自筹自办的各类文化艺术活动。2014 年的艺术节持续了 15 天，40 多场音乐、展览、演出活动全部免费向巴黎市民开放。

除了上述几个创举外，巴黎市政府还推出了其他一些特色服务。第一，在巴黎市政府官方网站首页，设立了一个"社团"专属板块，涵盖社团注册登记、补助申请、联系方式、社团名录查询、社团员工和志愿者招聘等全面、实用的信息。第二，巴黎市政府官方网站有一个栏目叫作当月社团，即每个月介绍一家受政府资助的社团正在进行的工作和项目。该栏目按文化、环保、经济和就业、住房、出行、旅游、教育、公民团结等主题，向巴黎市民介绍所有相关的社团。第三，各类社团可以预约使用（付费）巴黎市属的 300 多个体育场、游泳池、健身馆、网球场等。第四，各类社团还可以预约使用巴黎市属的户外广告栏及 170 多块电子显示屏，用来宣传社团举办的活动。

2. 志愿者

法国各类社团多，志愿者更多。目前，法国共有志愿者 1600 万人，首都巴黎共有 40 万人从事至少一项志愿者活动，全市共有超过 6 万家志愿者社团[①]。可以说，志愿者服务是法国人除工作、家庭外的重要活动。社团和志愿者服务给巴黎日常生活尤其是社区邻里团结互助带来了极大的影响。巴黎市政府也通过各种途径对志愿者及志愿者活动提供帮助，下面是巴黎的三个主要做法。

1）指导志愿者根据个人意愿及技能，选择合适的社团和志愿者项目

很多巴黎市民很有意愿参与志愿者活动，但往往不知道如何开始第一步。2011 年，巴黎市政府首次系统编写了一本《巴黎志愿者入门手册》[②]，用于

---

① 参见巴黎市政府官方网站关于"志愿者"的介绍，http://www.paris.fr/politiques/citoyennete/benevolat/[2014-11-15]。

② 参见巴黎市政府官方网站关于"志愿者入门手册"的介绍，http://www.paris.fr/politiques/citoyennete/benevolat/un-guide-pour-les-benevoles/rub_9464_stand_118604_port_23261[2014-11-15]。

指导志愿者了解巴黎志愿者活动概况、主要的社团，以及如何根据个人意愿及技能，选择合适的社团和志愿者项目。

针对个人不同的意愿和技能，在此将志愿者服务分为以下四类。

（1）专业技能志愿者服务：很多志愿者拥有不同领域的职业技能，他们将这些专业技能用于帮助志愿者社团更好地发展，如提供行政管理、新闻传播、资金募集、法律顾问、外语翻译等。同时，通过在社团的实践，志愿者可以更好地掌握这些技能，这也给他们的职场竞争带来了很大的帮助。

（2）有偿志愿者服务：在法国，志愿者服务可细分为两种：一种是无偿的志愿者服务，大多数的志愿者服务都属于此类，志愿者无偿奉献自己的时间和精力，不求资金回报；另一种是有偿志愿者服务，有偿志愿者服务往往是"项目制"的，即志愿者需要和"雇主"（如社团或政府部门）签订合同或协议，在指定的期限内完成合同规定的某一具体项目或任务，志愿者可以获取一定的资金补助。有偿志愿者服务的项目限定于具体的民生和团结互助的任务，通常是面向 16～30 岁的年轻志愿者。一方面，"雇主"可以获得更高效率的成果；另一方面，年轻志愿者除了掌握实际技能，也能获取一定的收入，减轻学业、生活的压力。

（3）邻里互助志愿者服务：社区邻里的互助是法国志愿者服务的一项重要内容，因为它给人们的日常生活带来了极大的便利，有效地改善了城市的邻里关系。邻里互助志愿者服务主要是社区居民技能和服务的自由交换。互助服务以"时间"为单位，如帮助老年人去超市采购日用品，可以换取一小时的语言培训课程。互助服务的"时间"是可以累积的，也就可以"换取"其他邻里提供的无偿帮助。

（4）教父志愿者服务：法国人喜欢给自己的小孩寻找一位教父。教父的责任是在青少年的成长过程中给予必要的关怀、指导，倾听他们的心声和需求，为他们的学业、品德、职业提供辅导。可以说，教父是父母及家庭教育外的一个很好的补充。教父受人之托，往往尽心尽力地奉献自己的时间和精力，目的是帮助青少年更好地成长。

2）搭建各类社团、志愿者、居民相互认识、沟通和分享的平台

社团之家、巴黎社团信息中心和大学生创新之家，就是巴黎市政府为各类社团、志愿者和当地居民搭建的极佳的沟通交流平台。社团可以在此寻找合适的志愿者，志愿者可以在此了解社团并选择适合自己的志愿者活动，当地居民也可以在此获取更多关于社团和志愿者的资讯及帮助。

3）积极为社团和志愿者创造更多可以服务的项目及平台

例如，巴黎社会行动服务中心需要大量的志愿者参与到日常公益服务中，如在冬天帮助无居所的居民、餐厅关怀计划、陪伴孤寡老年人、举办各种各样的社区活动等。

例如，公民服务[①]项目，市政府每年提供250多个有偿志愿者服务项目，招募16~25岁的年轻志愿者参与到具体的民生互助项目中，项目时间为6个月至1年。

再如，巴黎市政府成立了4家邻里互助服务站[②]和一个网站，为邻里互助服务提供登记、交换、资讯、交流的平台和场所。

此外，每年9月或10月开学季，巴黎大部分行政区都会举办社团开学季论坛，探讨新学期志愿者服务的重点工作；巴黎市长也定期召集社团之家及各类社团和志愿者，倾听他们的需求；每年12月5日国际志愿者日，巴黎都会举办巴黎志愿者之夜的聚会。

三、企业社会责任

1. 法国企业社会责任概况

目前，企业社会责任尚无公认的定义，但一般指企业在自身商业经营过程中，需考虑、尊重利益相关者的权益，企业的商业活动应符合可持续发展的理念，并在经济、社会、环境等领域履行相应的社会责任。

1976年经济合作与发展组织颁布的《经济合作与发展组织跨国企业指南》及1977年国际劳工组织通过的《关于跨国企业和社会政策的三方原则宣言》等文件就涉及企业行为规范和社会责任。2000年，联合国通过《联合国全球盟约》，号召全世界企业共同遵守关于人权、劳工标准、环境保护及反腐败等方面的十项原则，鼓励其在商业经营的同时，对履行社会责任做出更多的承诺，塑造良好的企业公民形象，以实现全球经济的更可持续发展。从此，企业社会责任开始受到越来越多企业的重视。2010年，ISO26000《社会

---

① 参见巴黎市政府官方网站关于"公民服务"项目的介绍，http://www.paris.fr/politiques/citoyennete/benevolat/le-service-civique-parisien/rub_9464_stand_81508_port_23261[2014-11-15]。

② 参见巴黎市政府官方网站关于"邻里互助"项目的介绍，http://www.paris.fr/politiques/citoyennete/benevolat/les-accorderies-essaiment-dans-les-quartiers-duplique/rub_9464_stand_128705_port_23261[2014-11-15]。

责任指南》颁布，该指南对愿意了解自身决策和行动产生的影响并对此承担责任的各类组织（企业、团体、非政府组织、工会等）规定了指导方针，企业社会责任就是各个组织为社会可持续发展做出的贡献[①]。

利益相关者是企业社会责任的核心。一般来说，利益相关者可分为企业内部利益相关者和外部利益相关者。从某种程度上来说，企业履行社会责任也可以看作是企业了解并重视内部利益相关者和外部利益相关者的不同诉求，维护和发展良好关系，做出相应承诺并为兑现承诺所做出的努力。企业内部利益相关者和外部利益相关者及其诉求如表 10-8 所示。

表 10-8　企业内部利益相关者和外部利益相关者及其诉求

类型	利益相关者	诉求举例
企业内部	决策团队	企业管理、企业文化、战略、品牌形象等
	其他员工	发展前景、工资收入、职业技能、工作环境等
	工会	为员工争取合法权益
企业外部	顾客	产品和服务的质量、价格、交付时间等
	供应商	采购价格和数量、技术支持、长期合作等
	股东和投资者	利润最大化、战略、品牌形象等
	金融、保险机构	支付周期及稳定性等
	政府（中央政府或地方政府）	税收、就业、守法、人权、安全生产等
	当地居民、社区	企业行动对当地生活、环境、文化等的影响
	工商会	企业信息、企业竞争力等
	非政府组织、社团、公益事业	企业行动对当地生活、环境、文化等的影响，争取企业的赞助等
	媒体	企业信息、透明度、真实性等

目前，法国已有 700 多家大中型企业加入《联合国全球盟约》。此外，法国政府认为践行企业社会责任有助于提高企业的竞争力，因此也大力推动中小企业履行社会责任方面的承诺。截至 2008 年，已有 3000 多家中小企业制定并实施了企业社会责任标准。

法国作为西方大国，非常重视在国内外宣传推广企业社会责任方面的政

---

① 参见 ISO26000《社会责任指南》定义，http://www.iso.org/iso/home/standards/iso26000.htm [2014-11-15]。

策，履行企业社会责任的承诺，具体表现在以下两个方面：一是在国际层面积极参与到众多相关的国际谈判和国际组织中；二是在国内通过立法鼓励、支持法国企业更好地践行企业社会责任。

2. 法国企业社会责任的法律法规

在立法层面，自《联合国全球盟约》颁布以后，法国已根据本国国情推出了一系列法律[1]。

2001 年，法国通过《新经济规制法》[2]，要求所有上市公司必须提交公司在社会、环境及公司治理方面的报告。

2007 年，法国召开格勒纳尔环境政策会议，对《新经济规制法》的实施效果进行评估，会议认为该法带来了积极的影响，大部分企业都把企业社会责任纳入企业的战略中并提交法律所要求的总结报告。

2009 年和 2010 年，法国通过了两部法律，合称《格纳勒格法》[3]，于2012 年 4 月 26 日公布实施。该法要求所有在法国经营的大型企业，每年必须提交企业践行企业社会责任方面的报告。在该法正式实施前，法国政府从2007 年到 2011 年底多次和企业社会责任相关的不同领域的企业、社团等机构进行研讨，广泛征求他们的意见和建议。其中，《格纳勒格法（二）》第225 条是这样规定的：要求企业在其提交的年度报告中，详细说明企业是如何将其商业行为对社会及环境的影响考虑在内，以及企业所做出的促进可持续发展的社会承诺。

新修改的法国《商法典》[4]第 225 条 102-1 条款增加了多个法律创新。

明确了需要提交报告的企业范围：2013 年 12 月 31 日起，所有员工数量超过 500 人的企业都必须提交企业社会责任报告。

明确了报告须涉及的信息：三大主题共 42 个指标，包括社会影响（就业、

---

① 参见法国关于企业社会责任的系列法律，http://www.diplomatie.gouv.fr/fr/politique-etrangere-de-la-france/diplomatie-economique-et-commerce/peser-sur-le-cadre-de-regulation/focus-l-engagement-de-la-france/la-politique-domestique-de-rse-en/article/la-legislation-francaise-en[2014-11-20]。

② 参见《新经济规制法》，http://www.legifrance.gouv.fr/affichTexte.do?cidTexte=JORFTEXT000000 223114[2014-11-20]。

③ 参见《格纳勒格法》，http://www.legifrance.gouv.fr/affichTexte.do?cidTexte=JORFTEXT000022 470434[2014-11-20]。

④ 参见《商法典》，http://www.legifrance.gouv.fr/affichCode.do?cidTexte=LEGITEXT000005634379 [2014-11-20]。

劳动关系、健康、安全等）、环境影响（污染、垃圾处理、能源消耗等）、可持续发展的承诺（社会影响、与利益相关者的关系、尊重人权等）。该信息清单也是《联合国全球盟约》《经济合作与发展组织跨国企业指南》、ISO26000《社会责任指南》等关于企业社会责任协议内容的具体体现。

企业有权从上述三大主题 42 个指标中挑选最符合自身企业社会责任的内容。

企业有权决定上述某些指标空缺不填，但必须根据"遵循或解释"的原则进行解释。

报告须包括企业总部及所有子、分公司。

报告须经过受法国国家认证委员会承认的独立第三方审计机构的核查。第三方机构应出具一份分析该企业报告质量的材料及"认可证明"，重点衡量报告中信息和数据的真实性，以及企业对某些遗漏不填指标的解释。

3. 国家及国有企业的表率作用

除了上述法律中对企业提出的具体要求，法国认为国家不仅是推动企业社会责任发展的政府机构，也是一个很重要的雇主和采购者，也应该在践行企业社会责任方面发挥更积极的作用。法国政府主要通过公共采购、政府机关和国有企业来履行相关的承诺[①]。具体的做法主要如下。

法国政府在 2007 年 3 月通过的《可持续公共采购国家行动纲领》中鼓励公共采购者（国家机构、地方政府、医院和事业单位）采取行动促进对可持续发展有利并对社会负责的公共采购。

2008 年 4 月 9 日部长议会上通过了一份关于社会责任公共采购政策发展的通告。

2008 年 12 月 3 日公布了关于政府服务运行和公共机关在可持续发展方面发挥表率性作用的通报，旨在建立一个"生态政府"。在环境保护方面，提高公共采购的产品及服务的质量，减少采购数量；提高政府办公场所的节能水平和垃圾处理效率；提高政府公务出行的效率。在社会责任方面，更加尊重公共机构服务人员的基本权利；推动男女比例平等；雇佣更多的残障人士；等等。

---

① 参见国家在企业社会责任方面的作用，http://www.diplomatie.gouv.fr/fr/politique-etrangere-de-la-france/diplomatie-economique-et-commerce/peser-sur-le-cadre-de-regulation/focus-l-engagement-de-la-france/la-politique-domestique-de-rse-en/article/l-etat-acteur-economique[2014-11-20]。

在国有企业方面，为推动国有企业更好地践行企业社会责任，2006 年法国成立了国有企业和公共机构可持续发展俱乐部，该俱乐部包括 61 家法国国有企业和公共机构（总雇员超过 120 万人），承诺将可持续发展的理念纳入日常的经营活动、机构治理及与合作伙伴的关系中，在获取商业利润的同时，更多地考虑公共利益，承担更多的社会责任。

巴黎大区尤其是巴黎聚集法国各类政府机构、国际组织、跨国企业及大量中小企业。一方面，巴黎不断为这些组织创造更好的城市生活、工作、娱乐环境；另一方面，这些组织切实履行企业社会责任，也给巴黎的就业、环保、民生等方面带来了可持续发展的好处。二者相辅相成，形成良性循环，巴黎的城市影响力和吸引力也日益提升。

4. 案例：《巴黎银行企业社会责任战略》

在法国，法律强制要求 500 人以上的大型企业每年必须发布企业社会责任报告，同时鼓励中小型企业也积极履行企业社会责任。一般来说，大企业编制的报告更为详尽全面，中小企业编制的报告略为简单，但基本都围绕经济责任、社会责任、环境责任这几大主题。各个企业可自行决定，并无统一的格式要求，相同点是通篇体现可持续发展的理念。

以法国第一大银行巴黎银行[①]为例。在战略高度上，巴黎银行制定了以"我们的使命，我们的责任"为主题的《巴黎银行企业社会责任战略》。作为指导巴黎银行社会责任建设的内部纲领，该战略包括四大类别 12 条承诺，明确了巴黎银行的使命是成为"一家负责任的银行"。

作为一家商业银行，该战略第一部分就明确了巴黎银行的经济责任，即巴黎银行的首要使命是长期为个人及机构客户提供持续、可靠的服务，协助他们实现更大的价值和获得更大的回报。巴黎银行承诺通过严格的风险管控，降低客户的风险。巴黎银行还承诺采取严格的商业道德准则，反对一切不正当的欺诈和交易。

作为一家国际性商业银行，巴黎银行的经营网络遍布世界。该战略第二部分体现了巴黎银行的另一个使命，即在全球所有的经营地区，巴黎银行都必须紧密参与当地社区的建设，着重关注三个领域：一是社会责任，着眼于

---

① 参见《巴黎银行企业社会责任战略》，http://www.bnpparibas.com/en/responsible-bank/our-corporate-social-responsibility[2014-11-20]。

雇主责任；二是公民责任；三是环境责任。

《巴黎银行企业社会责任战略》主要内容如表 10-9 所示。

表 10-9 《巴黎银行企业社会责任战略》主要内容

类别	承诺	内容
经济责任	承诺 1	长期为客户提供合适的融资方案
	承诺 2	遵守商业道德准则
	承诺 3	提供一系列负责任的产品和服务
社会责任	承诺 4	成为受欢迎的雇主并协助员工提升职业技能
	承诺 5	采取促进多样性和反对歧视的政策
	承诺 6	协助员工职业生涯发展并为员工提供良好的健康保障
公民责任	承诺 7	协助消除社会排斥，支持社会创新
	承诺 8	通过巴黎银行基金会支持文化、社会团结、教育、健康、环境五大领域的公益事业
	承诺 9	发布巴黎银行保障人权、生命等措施（面向员工、合作伙伴、顾客和当地社区）
环境责任	承诺 10	提供融资服务时，限制环境高度敏感性的项目，发展绿色经济，积极影响客户的选择（属于间接影响）
	承诺 11	在巴黎银行全球运营网络推行降低能耗的生态保护措施（属于直接影响）
	承诺 12	支持致力于改善气候变化的科研活动

由表 10-9 可知，《巴黎银行企业社会责任战略》涵盖了经济、社会、公民及环境等基本维度。从数量上看，不仅重视经济方面的企业责任（承诺第1~3条），尤其重视其他方面的责任（承诺第4~12条）；从地域上看，履行范围不仅局限于法国本土，亦扩展到全球所有的经营网络，真正体现了企业国际公民的特点。

虽然这只是巴黎银行一家的实践经验，但我们也能由此想象法国大部分企业的做法。通常，法国企业都会结合自身的经营领域和业务范畴，制定、践行符合自身特点和利益的社会责任战略。此外，法国企业尤其重视对内和对外传播，根据内外部利益相关者的不同身份和特点，积极传递相应的企业信息和承诺，从而打造企业的公众品牌形象。

四、公民教育

法国大革命期间颁布的《人权宣言》[①]至今影响深远。在法国，"自由、

---

① 参见《人权宣言》，http://www.legifrance.gouv.fr/Droit-francais/Constitution/Declaration-des-Droits-de-l-Homme-et-du-Citoyen-de-1789[2014-11-20]。

平等、博爱"的民主精神深入人心。正因如此，法国政府高度重视本国国民尤其是青少年的公民教育。

法国公民教育的根本宗旨是通过学习和实践，使法国的青少年能够更好地参与到日常的民主生活、家庭生活及职业生活中，更好地享受相应的权利和履行应尽的义务，更好地融入并参与构建法国良好的公民社会。

1. 公民教育之知识教育

公民教育是法国青少年的必修科目。小学及初中阶段称为公民教育，高中阶段称为公民、法治及社会教育。值得一提的是，在公民教育过程中，法国非常重视培养学生的民主思辨能力，也很注重培养青少年的个人行为责任，以及如何判断和践行个人责任与集体责任的能力。法国公民教育各阶段学习内容及培养目标如表 10-10 所示。

表 10-10　法国公民教育各阶段学习内容及培养目标

阶段		学习内容	培养目标
幼儿园		学习集体观念及如何与其他小朋友相处	了解公民教育的入门知识；了解自由和集体观念及行为准则；学习文明礼仪；学习做本市镇公民及法国公民
小学		小学起设置学习共处课；三年级起开始设置公民教育课	
初中	一年级	个人的权利和义务	了解公民的基本权利和义务
	二年级	平等、团结、安全	了解民主社会的基本价值观
	三年级	自由、权利、公正	
	四年级	公民身份、民主、政体、民主辩论、国防与和平	了解法国政治与公民身份的内涵，学习民主思辨精神
高中	一年级	公民身份与社会生活	深入学习公民身份与社会、制度及世界的关系，目标是掌握民主思辨的能力
	二年级	制度与公民身份的实践	
	三年级	当代世界中的公民身份	

注：法国学制为小学五年，初中四年，高中三年

2. 公民教育之行为教育

除了对公民教育知识的学习，法国也非常重视学生尤其是小学生的日常行为教育。小学作为学生真正开始学习公民教育及初步认识社会的重要启蒙阶段，对人一生的习惯养成和行为规范有着极其重要的影响。在法国每个小学，学校都会制定学生行为规范，家长及学生必须签字并认真学习、

遵守。在此，我们以巴黎第 20 区勒沃小学①为例，了解其学生行为规范的细则。

1）我应当遵守以下事情

当火灾警报响起，我应当迅速离开。

我应该照看好自己的东西和衣服。

我应该正确地吃饭。

我应该遵守学校的校规。

铃声响的时候，我应该迅速到操场指定位置站好。

早上，我应该心情愉快、平静地来学校上课（很多时候，小学生经常是哭闹着来上学）。

如果有人打架，我应该通知大人。

每天早上，我应该照顾好自己：要刷牙洗脸、穿好衣服、梳好头发并且吃早餐。

2）我应该尊重大人

我应该听学校大人的话，并且做他们要求我做的事情。

当大人和我说话时，我应该看着他们。

我懂礼貌，会说你好、再见、谢谢和用餐愉快。

我应当平静地和大人说话。

我应该听取大人的建议。

3）我应该尊重我的同学

当有同学受伤，我应该帮助他。

我应当平静、亲切、礼貌地和同学交谈。

我应该留意、照顾比我年纪小的同学。

我不能做暴力的事情。

当有同学讲话时，我应该认真听。

我会帮助我的同学。

我应该慢慢下楼梯，不要着急。

同学难过时，我应该安慰他。

我应该避开拥挤的人群。

---

① 参见巴黎第 20 区勒沃小学学生行为规范，http://www.ac-paris.fr/serail/jcms/s2_261191/reglement-interieur?portal=s2_243767[2014-11-20]。

我会留意、照顾我的同学。

4）我应该遵守课堂时间

我要听任课老师、体育老师、绘画老师或音乐老师的话。

当我在课堂时，就要尝试忘记操场上发生的问题。

铃响后，我安静迅速地进入教室，不要浪费上课的时间。

我应该在课间休息时才去卫生间。

我应该尽自己最大的努力学习。

学习时不要打扰到其他同学。

5）我应该爱护校园

上卫生间时要保持清洁。

如果需要吐痰，我应当吐到水池内。

我应该把垃圾扔到垃圾桶。

上卫生间时，必要时我才用卫生纸（节省纸张，环保）。

在校园里，我应该注意卫生。

我只在允许玩耍的地方玩。

6）我应该爱护他人的物品

我应该把同学的点心放到他们的袋子里。

我要记得归还找同学借的东西。

我负责保管好自己的东西。

捡到东西时，我应该把它归还给物主或大人。

我会留意大人的物品。

3. 公民教育之具体实践

通过上述中小学义务教育阶段对公民教育和行为责任的学习，青少年学生能够掌握较为全面的公民教育知识，形成自己的价值观、行为能力及行为规范。特别值得一提的是，法国不仅重视知识方面的学习，还特别注重培养各个年龄层的青少年直接参与民主实践。下面就对巴黎的一些举措进行简要介绍。

从小学开始，小学生就被鼓励参加班级竞选或参与到学校的某些日常事务管理中。在中学，学校设有多种多样的议事协调机构，学生可以通过竞选加入班委会、校委会或学科委员会等组织，在老师的指导下，参与到班级和学校事务的管理中。

巴黎每个高中还设有高中委员会，由该校校长直接领导，成员包括 10 名当选的高中生代表、10 名学校职工代表及一些家长代表（家长代表无投票权）。委员会负责搜集学生意见，对改善学校的教学或生活条件等提出建议和要求。高中学术委员会由 20 名当选学生代表组成，在巴黎学区区长的直接领导下，负责讨论巴黎学区的教育政策并提出意见和建议。法国每个学区各选举两名学生代表，组成高中全国委员会，由法国教育部部长直接领导，委员会每年召集三次会议，讨论教育部制定的高中教学政策并向教育部提出意见和建议。

巴黎市政府还设立了巴黎青年议会[①]，鼓励青少年直接参与到巴黎日常公共事务的管理中，资助并帮助他们实现涉及公共利益和民生民主的项目。青年议会面向 15～25 岁，在巴黎生活、学习、工作的年轻人，对参政议政感兴趣的学生可以提交申请。此外，巴黎大多数行政区都成立了区级青年议会，部分区甚至还成立了儿童议会，方便青少年代表作为"小议员"参与某些特定议题的讨论，发表自己的看法和意见。由各类社团负责人组成的议事委员会也会邀请一些学生代表加入讨论。2011 年 3 月 14 日，92 名巴黎小学五年级的学生来到巴黎市议会参加巴黎儿童议会，会议讨论了三个议案。可以说，这是他们践行公民身份的第一步[②]。

另外，巴黎市议会的会议对所有公众开放。市政府会提前公布会议的日期，市民可以自行申请，在座位允许的条件下前往旁听会议，但不能参与会议的讨论和决议。会议同时也通过电视和网络视频进行直播、点播，不仅体现了会议决策过程的透明度，而且满足了民众的知情权，有利于鼓励市民参与到巴黎公共事务的管理中。

此外，如今在巴黎每所中小学的宣传栏上，都张贴有《人权宣言》，如图 10-2 所示；每所学校门口都标有法国国家精神："自由、平等、博爱"。巴黎市政府希望通过这一创举，让"未来公民"牢记法国价值观，不断加深其公民意识。

---

① 参见巴黎市政府官方网站关于"巴黎青年议会"的介绍，https://jeunes.paris.fr/expression-citoyenne/conseil-parisien-de-la-jeunesse[2014-11-18]。

② 参见巴黎市政府官方网站关于"巴黎儿童议会"的介绍，http://www.paris.fr/accueil/actualites-municipales/le-conseil-de-paris-des-enfants-a-delibere/rub_9656_actu_97789_port_23785[2014-11-18]。

图 10-2　巴黎校园内张贴的《人权宣言》

第五节　启示和借鉴

和巴黎一样，北京市是中国的政治、经济、文化中心，也是世界级大都市。另外，由于近年来经济的飞速发展和人口规模的不断扩大，北京市不论是城市人口还是城市面积都比巴黎大得多,面临的城市问题更加突出和严峻。不过，北京市和巴黎在很多城市问题方面存在很多共性，巴黎的社会治理经验仍然值得借鉴。综上所述，我们可以提取出以下几条经验。

一是法国尤其重视立法工作。例如，《人权宣言》之于公民教育、《社区民主法》之于街区议会、《1901 年非营利性社团法》之于社团、《巴黎-里昂-马赛行政组织法》、《地方公共团体法典》之于社团委员会，以及企业社会责任方面的相关法律法规，都从法律高度进行规范和指导，使得社会治理和行政管理真正有法可依、有法必依。

二是治理结构明晰有效。政府主导、多方联动、重视民意。从巴黎市议会、区议会到街区议会再到社团委员会，无不体现了巴黎极其重视发挥社区、社团和居民的能动性，通过有效的沟通机制、细致全面的调研，真正切实地听取民意，为政府决策提供参考和依据。再配合行政部门提供的有针对性、务实的公共服务，真正体现了"想民之所想，急民之所急，办民之所需，干民之所盼"。

三是和巴黎一样，北京市拥有非常多的外来人口。巴黎的魅力在于其独特的多样性和包容性，对于此外来人口的作用功不可没，这一点得到了巴黎的高度重视和肯定。巴黎对外来移民采取的是关怀性的融入政策。通过详尽的社会调查，了解、倾听外来人口的期待和诉求，采取切合实际的关怀举措，积极帮助外来人口融入巴黎社会生活中，让外来人口有城市归属感和市民荣誉感。积极的融入政策也有利于从源头减轻社会矛盾及减少犯罪动机，从而起到维持社会稳定的作用。

四是和中国一样，法国也是一个中央集权国家。随着 1982 年地方分权政策的实施，地方政府有更大的权限管理地方事务和推进基层民主的建设。巴黎除了发挥各级政府的作用，还非常重视街区、社团、志愿者在促进城市治理及社会和谐方面的作用，搭建有效的沟通协商机制，并给予实际的指导、资助和扶持。通过倾听多方的诉求，整合多方的智慧，团结力量办大事。

五是巴黎和北京市都是本国政府机构、国际组织和各类企业的聚集地。法国政府高度重视企业社会责任尤其是立法方面的工作和国家及大型企业的表率作用，同时大力鼓励中小型企业积极参与。十几年来的经验证明，切实履行企业社会责任有助于提高各类组织尤其是企业的竞争力。越来越多的企业将可持续发展理念纳入经营战略中，给巴黎的就业、民生、环保、公益事业等领域都带来了明显的好处。

六是公民是国家和城市的主人公。公民的素质可以反映出一个国家和城市的素质。法国尤其重视本国居民的公民教育，不仅是简单的知识学习，更重要的是从小培养公民的日常行为规范，帮助公民参与日常民主生活的实践，并为他们创造、提供具体的实践机会。在此方面，巴黎针对不同年龄层的居民，通过各式各样的委员会、议会、社团，积极培养公民的民主思辨及实践能力。可以说，公民教育的成功是巴黎乃至法国社会治理成功的最关键性因素。

第四部分　对　策　篇

11 第十一章
首都社会治理创新对策研究

首都社会治理是国家治理体系和治理能力现代化建设的重要组成部分。首都作为首善之区，理应在社会治理创新方面走在全国前列，发挥其示范带头作用。

第一节 指 导 思 想

高举中国特色社会主义伟大旗帜，以邓小平理论、"三个代表"重要思想、科学发展观为指导，深入贯彻党的十八届三中全会和四中全会精神，深入学习领会习近平总书记系列重要讲话，特别是习近平总书记"2·26"重要讲话精神[①]，坚持问题导向，坚持改革创新，从维护首都人民的根本利益出发，以资源环境承载能力为基础，以落实国家京津冀协同发展战略、疏解首都非核心功能为契机，以"创新支撑、高端引领、包容共享、和谐宜居"为主线，

---

① 2014 年 2 月 26 日，习近平总书记视察北京市，听取京津冀工作汇报并发表重要讲话。

以有效解决影响社会稳定的源头性、根本性、基础性问题为切入点，着力构建"党委领导，政府主导，鼓励和支持社会多元主体参与"的社会治理体系为突破口，以依法推进社会治理为重点，以充分发挥市场在资源配置中的决定性作用为抓手，勇于先行先试，积极探索独具首都特色的社会治理新模式，全面加快推进首都社会治理的法制化、规范化、社会化、精细化、信息化，确保实现"人民安居乐业、社会安定有序、国家长治久安"。

第二节 基 本 原 则

坚持以人为本，充分体现人民群众的根本利益。加强和创新社会治理的关键在于体制创新，核心是人，只有人与人和谐相处，社会才会安定有序。社会建设的目标，说到底是要建立起充分尊重人的主体地位，充分发挥人的主体作用，人人各尽其能、各得其所而又和谐相处的社会。加强社会建设，就要着手研究社会结构和社会组织形式发生的变化，研究人的生产生活方式和思想发生的变化，研究人的物质需求和精神需求是什么，通过什么方式进行表达和体现。要关心流动人口这一群体的心态和生存状态，抓住其特点和规律，搭建有效公共平台，提供有效公共服务，不断让人民群众看到实实在在利益的实现，真正体现"以人为本"。

坚持发挥党的基层组织作用，把工作真正做到群众中去。党组织必须覆盖全社会，延伸到最基层，在政治、经济和文化、社会生活中发挥引导作用。工会、共青团、妇联等群团组织作为党联系群众的桥梁和纽带，发挥着党的助手的作用。要深入研究党组织在构建现代化社会治理体系中的角色和定位，通过党组织带动各类经济组织和社会组织，力求把所有群众都能够纳入组织体系，把工作真正做到群众中去，让全体社会成员感受到党组织就在他们身边，就能更好地凝聚起方方面面的力量，为党的事业及更好地实现他们的社会价值共同努力奋斗。

坚持大力扶持培育社会组织，激发社会活力。社会组织是社会自我服务、人民群众参与社会治理的重要载体。要着眼满足群众多样化的需求，深入研究如何正确处理政府和社会的关系，建立多种形式的公共服务供给机制；如何更好地运用民主协商等方式，兼顾各方面的群众利益需求，更好地发挥社会组织在推动社会自我调节中的积极作用。同时，要加强对社会组织的协调和引导，推动社会组织规范运行，在社会建设中发挥更大的作用。

坚持社区自治组织的功能定位，创造人与人之间心贴心的信赖感。要健全党组织领导的社区居民自治制度，培育社区服务性、公益性、互助性的社会组织，引导各类社会组织、志愿者、社区居民有序参与，努力使居民自己的事情能够由居民自己提出来，由自己进行协商解决。依据现行的《中华人民共和国城市居民委员会组织法》，响应和协同政府要做的事，也可由居民自己商量如何结合本社区实际，以自己合适可行的方式开展和参与社区自治社区居民委员会是自治组织，应当得到群众的认可，要从基层做起，从自治组织做起，落实好网格化的"格"，其关键一是信息化，二是责任制。

第三节　首都社会治理创新的总体目标

到 2020 年，要基本建成具有时代特征、中国特色、首都特点的社会治理体制，加快推进社会治理体系和治理能力现代化。以社会治理创新破解首都特大城市治理难题，为首都"政治中心、文化中心、国际交往中心和科技创新中心"建设提供优质的社会环境，为京津冀融合发展创造良好的社会基础，为以高精尖产业主导的经济发展提供持续活力。

在顶层设计上，更加注重改革的系统性、整体性、协同性，坚持党的领导，建立和完善政府治理与社会自我治理相结合的多元治理体系，充分发挥北京市社会建设工作领导小组和北京市社会建设工作办公室的统筹协调作用，健全工作体系和政策法规体系，不断加强宏观指导、综合协调，不断推进社会协同、公众参与。

在夯实基层基础上，更加注重工作的针对性、实效性、长远性，坚持以党建工作为龙头，以家庭、学校、企业和社会组织自身建设为依托，以街道和"枢纽型"社会组织为平台，以社区自治为基础，以社会工作者和志愿者为骨干，推动政府、社会、市场良性互动，促进社会治理创新成果共建共享。

在治理主体上，要从单纯重视政府作用向社会共同治理转变，从传统的社会管理向现代社会治理转变。在治理方式上，要从偏重管制控制向更加重视服务、重视协商协调转变，更多地运用群众路线的方式、民主的方式、服务的方式，以及教育、协商、疏导的方式，化解社会矛盾，解决社会问题。在治理环节上，要从偏重事后处置向更加重视源头治理转变，把工作重心从

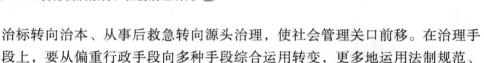

治标转向治本、从事后救急转向源头治理，使社会管理关口前移。在治理手段上，要从偏重行政手段向多种手段综合运用转变，更多地运用法制规范、经济调节、道德约束、心理疏导、舆论引导等手段。在治理制度上，要坚持加强源头治理体系建设、强化动态协调机制建设、推进应急管理制度建设，构建相互联系、相互支持的规范、机制和制度体系。

第四节　构建政府主导的社会治理基本框架

一、坚持党的领导地位，做好顶层设计

在首都社会治理大格局中，必须坚持党的领导。应发挥党委领导核心作用、基层党组织战斗堡垒作用、领导干部模范带头作用和共产党员先锋模范作用。党应该是社会治理政策制定的领导者、改革的示范者、制度的执行者和体系的维护者。

一是要落实社会治理的领导责任。在北京市层面设立社会治理创新协调小组，由市委主要领导任第一责任人，小组成员由市级各主要职能部门、各区党政主要领导、重点社会组织代表等成员组成，全面协调首都社会治理的各项工作。在社会治理创新协调小组牵头且充分协商的基础上，从目标、原则、体系构建、重点工作等方面全面统筹首都的社会治理工作。

二是成为改革的示范者，进一步完善党内治理体系。党的社会治理和党内治理是密不可分的。坚持党在社会治理中的领导，充分发挥党在社会治理中的积极价值，不仅要求党通过教育使党组织和个人对新时期党的治理目标有充分认识，还要求党要进一步完善党内治理体系，建立符合治理目标的党纪规章，从制度上对党员自身和各级党组织形成约束。只有从党纪制度上对党员的个人行为准则提出明确要求，才能在现实中指导党员规范自身行为，提高自我要求，树立标杆形象。

三是成为制度的执行者，进一步完善区域化党建工作格局。在符合条件的街道和社区建立"大工委"及"大党委"，扩大覆盖面。落实中央关于加强社会组织党建工作的意见，进一步扩大党组织覆盖面，研究制定"关于进一步加强和改进全市社会组织党的建设工作的实施意见"加强非公有制经济组织党建工作，着力提高商务楼宇党建工作水平，集中打造一批中心站和示范站，增强党组织在非公有制经济组织中的影响力和凝聚力。指导加强社区

换届选举工作，研究制定换届选举工作方案，选优配强社区党组织领导班子，圆满完成社区党组织换届选举。

四是成为体系的维护者。要健全立法机关和社会公众沟通机制，开展立法协商，充分发挥政协委员、民主党派、工商联、无党派人士、人民团体、社会组织在立法协商中的作用，探索建立有关国家机关、社会团体、专家学者等对立法中涉及的重大利益调整论证咨询机制。拓宽公民有序参与立法的途径，健全法律法规规章草案公开征求意见和公众意见采纳情况反馈机制，广泛凝聚社会共识。

二、确立政府的主导作用，充分发挥市场机制等多种资源配置机制的作用

政府在社会治理体系中的主导作用，以政策层面的宏观引导为主，以不同主体之间的沟通协调为主。

在组织社会公共服务的过程中，区分提供与生产。政府职责主要包括五个方面的内容。①决定为何提供：汇集与表达市民的愿望和要求，代表市民利益，将其愿望和要求化为集体决策；②决定提供什么：提供哪些公共产品和服务、提供的质量和数量标准；③决定由谁来提供：政府自身、市场购买、政府和市场联合提供等；④筹措资金和投入；⑤制定公共服务生产和消费行为的规范。

在新型社会治理体系中，政府职责集中在以下方面：①制定政策，确立多元主体公平参与规则；②联合和协调，使多元主体形成强大合力；③培育、引导和规范社会组织，提高其自我治理的能力；④依法、有序扩大公民参与，发挥其积极性和主动性；⑤鼓励和引导多元主体制定切实可行的成员行为规范准则。

三、培育和利用公民社会组织，更充分地发挥多元主体的作用

在新型社会治理模式中，社会组织的作用越来越强化。应充分发挥学校、家庭、企业、社区、社会组织在社会治理方面的作用，通过对非正式治理制度的构建，培育社会公德、职业道德、家庭美德、个人品德，最大限度地发挥个人、社会单元等在社会治理中的积极作用，实现社会的自我治理。

继续开展社会动员试点，扩大试点范围，深化试点内容。加强应急管理社会动员机制建设，进一步完善应急管理社会动员体系。加快推进社会领域

志愿服务组织体系建设，完成全市城市社区志愿服务站规范提升工作，实现城市社区志愿服务组织全覆盖。指导推动市级"枢纽型"社会组织建立志愿服务协会组织、专业社工机构建立志愿服务组织、商务楼宇建立志愿服务站、非公有制经济组织建立志愿服务组织工作。继续做好社区志愿服务示范项目和市民劝导队优秀活动项目征集申报，培育一批优秀志愿服务品牌。加强社会领域志愿服务人才队伍建设，举办志愿服务骨干人员培训班，提升志愿服务能力和水平。

四、依法推进社会治理创新

1. 推进多层次多领域依法治理，提高社会治理法制化水平

深入开展多层次多形式的法制创建活动，深化基层组织和部门、行业依法治理，支持各类社会主体自我约束、自我管理。发挥市民公约、乡规民约、行业规章、团体章程等社会规范在社会治理中的积极作用。

2. 发挥人民团体和社会组织在法治社会建设中的积极作用

建立健全社会组织参与社会事务、维护公共利益、救助困难群众、帮教特殊人群、预防违法犯罪的机制和制度化渠道。支持行业协会商会类社会组织发挥行业自律和专业服务功能。发挥社会组织对其成员的行为导引、规则约束、权益维护作用。加强在华境外非政府组织管理，引导和监督其依法开展活动。

3. 推进覆盖城乡居民的公共法律服务体系建设，加强民生领域法律服务

完善法律援助制度，扩大援助范围，健全司法救助体系，保证人民群众在遇到法律问题或者权利受到侵害时获得及时有效的法律帮助。发展律师、公证等法律服务业，统筹城乡、区域法律服务资源，发展涉外法律服务业，健全统一司法鉴定管理体制。

4. 健全依法维权和社会矛盾纠纷预防化解机制

强化法律在维护群众权益、化解社会矛盾中的权威地位，引导和支持人们理性表达诉求、依法维护权益，解决好群众最关心、最直接、最现实的利益问题。构建对维护群众利益具有重大作用的制度体系，建立健全社会矛盾预警机制、利益表达机制、协商沟通机制、救济救助机制，畅通群众利益协调、权益保障法律渠道。将信访纳入法治化轨道，保障合理合法诉求依照法律规定和程序就能得到合理合法的结果。完善调解、仲裁、行政裁决、行政复议、诉讼等有机衔接、相互协调的多元化纠纷解决机制。加强行业性、专业性人民调解组织建设，完善人民调解、行政调解、司法调解联动工作体系。完善仲裁制度，提高仲裁公信力。健全行政裁决制度，强化行政机关解决与行政管理活动密切相关的民事纠纷功能。

5. 深入推进社会治安综合治理，健全落实领导责任制

完善立体化社会治安防控体系，有效防范、化解和管控影响社会安定的问题，保障人民生命财产安全。依法严厉打击暴力恐怖、涉黑犯罪、邪教和黄赌毒等违法犯罪活动，绝不允许其形成气候。依法强化危害食品药品安全、影响安全生产、损害生态环境、破坏网络安全等重点问题治理。

五、系统构建社会治理能力提升工程，注重社工人才培养

在中小学教育中强化公民教育，以社会主义核心价值观带动公民意识的培养；加大对政府相关部门在社会治理领域的培训力度，尤其注重理念和方法的培训；整合现有资源，不断开拓新的渠道支持社会组织能力建设项目；重视和鼓励社会创新创业，扫除政策障碍，释放社会活力；加强社工人才队伍建设，将社工人才纳入整体人才队伍建设，建立健全职业序列、教育、培养和激励机制。通过构建社会治理能力提升工程，完善人才培养模式，不断提高首都社会治理能力。

六、创新预防和化解社会矛盾的体制

加强社会矛盾源头预防和排查化解，健全重大决策社会稳定风险评估机制。完善公共决策社会公示、公众听证、专家咨询论证制度及基层民意调查制度。健全群众权益保障机制。积极推动行政复议体制改革，完善行政复议委员会工作机制，健全行政复议案件审理机制。完善社会矛盾调处机制，建立健全人民调解、行政调解、司法调解深度融合的多元调解体系，大力发展行业性、专业性调解组织。2020年以前在矛盾多发领域实现行业性、专业性调解组织全覆盖。

推动信访工作改革，实行网上受理信访制度，建立统一的信访网络综合服务平台，健全及时就地解决群众合理诉求机制，引导涉法涉诉信访问题在

法治轨道内解决，建立涉法涉诉信访依法终结制度。全面落实逐级信访制度，推进涉法涉诉信访改革。

七、健全公共安全体系

高度重视首都安全稳定，进一步完善维稳工作体系。要把反恐防暴纳入首都综合治理维稳工作体系，健全专群结合的反恐维稳情报信息工作机制，构筑社会化反恐防暴工作格局；加强社会面整体防控，以社会面整体安全确保政治中心区和重大活动安全；同时，加强信息网络安全管理，完善互联网维稳工作模式。要依法惩治违法犯罪活动，加大命案破案力度，坚决打击发生在群众身边、直接影响群众生产生活安全的犯罪活动；构筑网上和网下结合，人防、物防和技防结合的立体化治安防控体系；加强重点行业安全管理，严防发生重特大安全事故；围绕治安问题高发地区和群众关心的突出治安问题，加强社会治安重点整治，以及公共安全领域综合治理。

牢固树立安全发展理念，建立健全党政同责、一岗双责、齐抓共管的责任体系，完善党委领导、政府监管、企业负责、社会监督的工作格局，积极推进安全生产的法治化、标准化、信息化、社会化建设，严格安全准入标准，强化安全生产考核，夯实安全生产基层基础，建立隐患排查治理体系和安全预防控制体系。

完善统一、权威、高效的食品药品安全监管体制，制定最严格的覆盖全过程的监管制度，加强食品药品安全追溯、信用管理风险评估和应急处置体系建设。

健全防灾减灾救灾综合管理体制，提高应对极端天气、地质灾害、突发公共安全事件等的处置能力。加大依法管理网络力度，完善网络安全管理体制机制，维护国家网络和信息安全。

第五节 构建多元主体参与的社会自我治理体系

一、完善首都家庭政策

在理念上，确定首都家庭治理的指导思想和原则，设计首都家庭治理发展目标和具体规划；具体到家庭，应当发行适合家庭使用的家庭关系读物，联合学校开展家校教育活动，在全社会弘扬良好家庭风气。

在制度上，健全首都家庭治理制度体系。一方面，应健全首都家庭治理法律体系。整合目前婚姻、未成年人保护等相关法律，制定有首都特色的家庭法规；完善首都家庭治理政策体系，颁布和完善家庭教育、养老、就业、财税政策；制定居民日常生活文明守则，在用电、用水、垃圾处理等日常生活方面，规范居民家庭行为。另一方面，应当建立科学高效的首都家庭治理机制，建立首都家庭治理协同机制、专家对话机制、社区-家庭协商机制、信息公开机制、人才保障机制和对外交流机制。

在主体上，构建政府主导、社会参与、多元一体的家庭治理格局。整合部门职能，在市级层面建立专门的家庭管理和服务机构；在明确政府、企业、社会组织、社区、家庭等各自地位和责任的情况下，建立多元一体的家庭合作治理机制；签订首都家庭治理协议，建立首都家庭治理平台，加强志愿者的招募、培训和权利保护工作；提升首都家庭的自我管理、自我教育能力，加强对首都家庭的宣传指导；引进多元主体监督机制，将家庭治理置于政府内部和社会的监督之下。

在重点任务上，将家庭纳入首都社会治理框架中，并重视家庭养老、就业、财税等方面的工作。在法律、机构、政策、发展战略等方面将家庭纳入首都社会治理体系中；立足常住户籍人口老龄化的趋势，在社会中营造尊老敬老的氛围，为老年人提供便捷的医疗、交通、休闲娱乐等方面的服务、建立空巢老年人关怀机制、完善养老保险制度；从家庭角度出发考虑就业政策，如双职工家庭轮休政策、促进零就业家庭再就业计划、外来流动人口家属就业计划等；可以考虑实行以家庭为纳税单位的税收制度，通过税率杠杆对关系融洽、和谐稳定的家庭予以表彰。

在技术上，利用首都优势智力资源，支持和鼓励有关家庭的学术研究。北京市政府应当在专业设置、人才培养、经费支持、国际交流等方面为家庭治理研究提供针对性的帮助。建立科研合作平台，与首都各大高等学校、研究机构合作开展家庭治理研究；建立专家资讯库，定期召开专家会议，邀请高等学校和科研机构的知名专家探讨首都家庭治理。

二、强化学校的社会教化功能

第一，将首都学校教育纳入社会治理体系，认清教育传授知识和道德教化的重要作用，将首都学校教育的发展提升到战略的高度。第二，将首都学校生活的法制化纳入法治社会建设中，健全和完善我国从幼儿园到大学行为规范和规则的制定，使学校生活迈向法制化，使学生养成良好的法治意识和习惯。第三，建立家长-学校联动的教育机制，推动家校合作，提倡家长参与到学生的具体成长过程中，双方协力培养青少年。第四，着力解决现存教育中的公平性问题，规定区域间择校的规范化和制度化，平衡区域间的教学资源。第五，鼓励学校制定培养目标和人员守则。第六，在保证科学文化知识学习的同时，为学生亲力亲为的实践活动提供机会。

三、激活社区自治功能

第一，应当进一步完善社区治理规则体系，在加强立法的基础上，建立社区公约、乡规民约等社区规则，促进社会治理法制化；第二，应当处理好社区相关主体之间的关系，明确各部门、各主体的职能划分，促进社区治理良性运转；第三，构建多样化的社区治理模式和公共服务提供模式，分门别类、因地制宜地构建适合的社区治理模式；第四，重视社区工作的人才引进和培养，为社区自治配备充足的人才基础；第五，扩充社区治理的资金来源，建立政府、企业、社会捐赠、社区自身特色产业等多元化资金筹备渠道；第六，应该加强社区自治，在明确市、区政府责任划分的情况下，将社区的具体问题交由社区自己解决，政府应将更多权力下放到社区的基层管理组织，以便更直接、更具体、更深入地了解社区居民的物质文化需求；第七，社区居民委员会的工作方式须由以上级指令为轴心转向以居民需求为轴心，真正成为为老百姓谋福利的机构。

四、建立企业承担社会责任的治理机制

第一，建立健全企业社会责任法制体系。首都作为全国的政治中心，有责任和义务对我国有关企业社会责任的法律进行梳理及整合，充分发挥《中华人民共和国产品质量法》、《中华人民共和国担保法》、《中华人民共和国环境保护法》和《中华人民共和国劳动法》等法律在实现企业社会责任中的积极作用，制定基本法、完善部门法、梳理和完善地方性法规。

第二，以市政府为主导，以北京市社会工作委员会、相关部门、代表性的行业协会和社会组织为主，共同成立企业社会责任建设工作委员会，统筹

推进企业社会责任建设工作。

第三，加强多元主体对企业承担社会责任的合作监督机制。在明确政府部门、行业协会、非政府组织、新闻媒体、社会公众的各自职能和关系的基础上，促进多元主体相互合作，积极监督企业对社会责任的承担状况。

第四，推动企业披露社会责任信息。一方面，加强信息披露监管立法，政府主管机构也应颁布政策规范企业社会责任信息公布；另一方面，建立企业社会责任信息公布平台，定期公布企业社会责任报告，欢迎公众监督。

第五，推动企业加强自身建设，提升企业履行社会责任的意识和能力。引导企业管理人员不仅关注盈利状况，还将是否积极承担社会责任作为衡量企业整体水平的重要测评依据；对在承担社会责任方面表现优异的企业给予精神上和物质上的奖励；开展企业社会责任培训，逐步将与企业社会责任相关学科的知识融入企业领导和员工的培训中。

五、加强社会组织自身建设和管理体系建设

社会组织作为社会治理的主体，必须具备组织结构完善、发展制度健全、功能定义完备、自主能力良好等特点。必须从社会组织自身能力建设出发，建设有效的内部管理机制，最终提高社会组织的社会服务能力和社会治理能力。

在制度上，转变思路，转"政府管理"为"政府引导"。放宽结社制度限制，科学引导社会组织建设与发展，推动社会组织的健康发展和自我管理；转变观念，修订社会组织相关政策法规，完善相关法治规范，出台与时俱进的政策，确保法律法规的实施；加强协作，建立政府与社会组织之间的协同机制，搭建政府与社会组织之间资源共享、相互沟通的协作平台。

在思想上，加强社会组织精神建设。通过政府教育和社会组织的身体力行，培育社会志愿精神和公民精神；倡导企业履行社会责任，鼓励企业以基金会、捐赠、与社会组织合作、成立内部志愿者组织等方式参与公益活动，为社会服务；促进媒体的正确引导和监督，对志愿精神和社会精神进行传播和宣传，对社会组织的活动和行为进行舆论监督及引导。

加强社会组织制度和能力建设。完善社会组织监管制度和评估制度，将"枢纽型"社会组织纳入评选过程中；加强"枢纽型"社会组织的日常管理职能；设立体系内的权威机构，对社会组织的运转进行监督；完善社会组织退

出机制，全面实行社会组织评估制度，建立社会组织退出预警机制；加强社会组织自身能力建设，完善社会组织内部治理结构，增强社会组织的筹资能力，强化社会组织成员能力建设，增强社会组织的公信力；完善"枢纽型"社会组织工作管理机制，完善其工作体系和监督机制，提升自治能力。

建立社会组织的创新模式。推进非营利组织市场化，有序、有重点地推进各非营利部门开展产业化活动，支持国有福利机构市场化；加强社会组织间的资源互补，与基金会、慈善组织、学术组织等利益相关者合作，各自凭借自身的组织特点和优势资源进行交流学习与互助；政府可以提供一些出于公益目的的基金，专项支持社会企业的形成与发展，为社会企业的发展提供初期资金支持；培育社会企业家精神；建立社会企业孵化基地，为社会企业的形成和发展提供生长平台、宣传平台、信息交流平台、政策咨询平台、人才培训平台和资金筹措平台；建立长期性的组织运转模式，社会企业在保持其社会使命的同时，应当向以营利为目的的企业学习其经营方法和理念，创造可持续的经济价值和利润，并通过合理的方式回馈社会。

加强社会组织自身能力建设。一是完善社会组织内部治理结构，从其社会使命出发，从社会治理主体的角度出发完善社会组织核心的规章制度，规范其日常活动和人员管理。二是增强社会组织的筹资能力，拓展各种筹资渠道，通过与基金会长期合作、增加组织委托项目收入来源、与企业合作、市场化经营转为社会企业等方式，增强筹资能力，保障组织良好运转。三是强化社会组织成员能力建设，建立一套人员筛选、思想教育、专业技能培训等方面的机制，提升组织管理层的整体素质，实现社会组织队伍的专业化，提高组织成员的社会服务能力和组织管理能力。四是增强社会组织的公信力，通过能力建设、制度完善、成员素质提高、活动增多、相关报道增多等方式提高组织的社会公信力，成为该领域的品牌组织。此外，社会组织还可以借助媒体宣传和与知名组织合作等方式传播组织理念，营销组织活动，提升社会组织的形象。

参 考 文 献

北京构建世界城市的政府治理研究课题组, 周继东, 杨建顺, 等. 2012. 北京构建世界城市的政府治理研究[J]. 法学杂志, 33(09): 21-29.

北京市教育委员会. 2018. 北京市教育委员会首都精神文明建设委员会办公室北京市妇女联合会印发《北京市关于进一步加强中小学家庭教育指导服务工作的实施意见》的通知[OL]. http://jw.beijing.gov.cn/xxgk/zxxxgk/201809/t20180920_63356.html[2018-10-16].

北京市统计局, 国家统计局北京调查总队. 2017. 北京统计年鉴 2017[OL]. http://www.bjstats.gov.cn/nj/main/2017-tjnj/zk/indexch.htm[2018-10-09].

北京市统计局, 国家统计局北京调查总队. 2018. 北京市 2017 年国民经济和社会发展统计公报[OL]. http://www.bjstats.gov.cn/zxfb/201802/t20180225_393332.html[2018-10-13].

陈伟东, 李雪萍. 2004. "社区自治"概念的缺陷与修正[J]. 广东社会科学, (2): 127-130.

城仲模. 1980. 行政法之基础理论[M]. 台湾: 三民书局.

邓凯, 张景华, 董城, 等. 2017. 让党建工作站成为温馨家园——北京市开展商务楼宇党建工作纪实(下) [OL]. http://epaper.gmw.cn/gmrb/html/2017-06/28/nw.D110000gmrb_20170628_2-11.htm?div=-1[2018-10-14].

冯梅, 范炳龙. 2009. 国外企业社会责任实践评述与借鉴[J]. 生产力研究, (22): 164-166, 167.

郭济. 2005. 中央和大城市政府应急机制建设[M]. 北京: 中国人民大学出版社.

哈特利·迪安. 2009. 社会政策学十讲[M]. 岳经纶, 温卓毅, 庄文嘉, 译. 上海: 格致出版社, 上海人民出版社.

黑格尔. 1982. 法哲学原理[M]. 范扬, 张企泰, 译. 北京: 商务印书馆.

洪世键. 2009. 大都市区治理的理论演进与运作模式[M]. 南京: 东南大学出版社.

洪文迁. 2010. 纽约大都市规划百年: 新城市化时期的探索与创新[M]. 厦门: 厦门大学出版社.

黄金荣. 2011. 经济、社会、文化权利国际公约(国内实施读本)[M]. 北京: 北京大学出版社.

蒋小娟, 赵利云, 程灶火, 等. 2013. 儿童和青少年心理障碍与家庭教养方式的关联研究[J]. 中国临床心理学杂志, 21(05): 800-803, 806.

杰拉尔德·凯登. 2003. 行政道德文选[M]. 马国泉, 编. 上海: 复旦大学出版社.

杰拉姆·布鲁纳. 2009. 杜威之后, 是什么? 民主经验教育[M]. 上海: 上海人民出版社.

黎帼华. 2002. 美国社会服务[M]. 合肥: 中国科学技术大学出版社.

黎友焕. 2007. 企业社会责任研究[D]. 西安: 西北大学硕士学位论文.

李江新. 2011. 社区管理三大参与主体分析——基于多元共治的视角[J]. 学术界, (05): 79-86, 284.

李文祥. 2015. 企业社会责任的社会治理功能研究[J]. 社会科学战线, (1): 209-214.

李晓壮. 2015. 城市社区治理体制改革创新研究——基于北京市中关村街道东升园社区的调查[J]. 城市发展研究, 22(01): 94-101.

李秀凤. 2008. 企业社会责任的国际比较[D]. 天津: 河北工业大学硕士学位论文.

李彦龙. 2011. 企业社会责任的基本内涵、理论基础和责任边界[J]. 学术交流, (2): 64-69.

林莉, 侯玉波. 2007. 学习不良儿童的家庭环境分析[J]. 西南大学学报(社会科学版), 06: 32-36.

刘金国, 蒋立山. 2007. 中国社会转型与法律治理[M]. 北京: 中国法制出版社.

刘莉. 2010. 多元文化背景下美国高校公民教育问题研究[D]. 兰州: 西北师范大学硕士学位论文.

刘连煜. 2001. 公司治理与公司社会责任[M]. 北京: 中国政法大学出版社.

刘冕. 2016. 工作日平均每天堵车约3个小时[OL]. http://www.xinhuanet.com//local/2016-01/12/c_128617591.htm[2018-09-28].

卢代富. 2002. 企业社会责任的经济学和法学分析[M]. 北京: 法律出版社.

卢姗. 2012. 纽约为女中学生发避孕药 去年有7000名女孩怀孕[OL]. http://world.huanqiu.com/exclusive/2012-09/3147388.html[2012-09-26].

卢忠萍, 郜影. 2007. 美国学校公民教育的特点及其借鉴意义[J]. 南昌大学学报(人文社会科学版), 05: 152-155.

陆武师. 1989. 瑞典议会司法专员制度[J]. 广西大学学报(哲学社会科学版), (2): 31.

马尔科姆·格拉德威尔. 2009. 引爆点: 如何制造流行[M]. 钱清, 覃爱冬, 译. 北京: 中信出版社.

马克思, 恩格斯. 1961. 德意志意识形态[M]. 中共中央马克思恩格斯列宁斯大林著作编译局译. 北京: 人民出版社.

室井力. 1995. 日本现代行政法[M]. 吴微, 译. 北京: 中国政法大学出版社.

孙宏艳. 2014. 国外少年儿童核心价值观培育的经验及启示[J]. 青年探索, (2): 34-40.

万鹏飞. 2004. 美国地方政府[M]. 北京: 北京大学出版社.

王立武. 2011. 论企业社会责任标准的国际化趋势及对策[J]. 现代经济探讨, (01): 65-69.

王玲. 2008. 经济法语境下的企业社会责任研究[M]. 北京: 中国检察出版社.

王名扬. 1987. 英国行政[M]. 北京: 中国政法大学出版社.

王秋丞. 1987. 商业企业的社会责任[J]. 江苏商业管理干部学院学报, (02): 21-23.

王腾飞. 2013. 生态城街区尺度公共开放空间规划控制策略研究——以中新天津生态城为例[D]. 天津: 天津大学硕士学位论文.

王小林. 2012. 贫困标准及全球贫困状况[J]. 经济研究参考, (55): 41-50.

王跃生. 2013. 中国当代家庭关系的变迁: 形式、内容及功能[J]. 人民论坛, (23): 6-10.

魏娜. 2003. 我国城市社区治理模式: 发展演变与制度创新[J]. 中国人民大学学报, (1): 135-140.

夏晓丽. 2011. 城市社区治理中的公民参与问题研究[D]. 济南: 山东大学博士学位论文.

解玉泉. 1996. 纽约市民自发维护社会治安秩序[J]. 道德与文明, (4): 40.

徐立军. 2006. 试论公司社会责任的法治化问题[J]. 江西社会科学, (8): 196-200.

徐永祥. 2006. 社区发展论[M]. 上海: 华东理工大学出版社.

杨立勋. 2009. 世界先进城市管理研究[M]. 北京: 中国社会科学出版社.

杨善华. 2006. 家庭社会学[M]. 北京: 高等教育出版社.

殷星辰. 2014. 北京蓝皮书: 北京社会治理发展报告(2013～2014)[M]. 北京: 社会科学文献出版社.

尹力. 2018. 北京总部企业增至 4064 家[OL]. http://www.chinanews.com/cj/2018/05-16/8515550.shtml[2018-05-16].

于振华. 2018. 北京 1442 个"一刻钟服务圈"覆盖 85%以上社区[OL]. http://interview.qianlong.com/2018/0524/2593255.shtml[2018-05-24].

俞国良, 周雪梅. 2003. 青春期亲子冲突及其相关因素[J]. 北京师范大学学报(社会科学版), (06): 33-39.

禹海慧, 曾鹃. 2010. 国外企业社会责任研究综述[J]. 改革与战略, 26(3): 174-178.

约翰·杜威. 2009. 民主经验教育[M]. 彭正梅, 译. 上海: 上海人民出版社.

岳经纶. 2009. 中国社会政策 60 年[J]. 湖湘论坛, (04): 5-8.

曾颖如. 2010. 美国纽约青少年工作研究及其启示[J]. 中国青年研究, (7): 41-45.

张茜洋, 冷露, 陈红君, 等. 2017. 家庭社会经济地位对流动儿童认知能力的影响: 父母教养方式的中介作用[J]. 心理发展与教育, 33(02): 153-162.

张强, 张伟琪. 2014. 多中心治理框架下的社区养老服务: 美国经验及启示[J]. 国家行政学院学报, (04): 122-127.

张艳国, 刘小钧. 2015. 十八大以来我国社区治理的新常态[J]. 社会主义研究, (05): 103-109.

赵成根. 2006. 国外大城市危机管理模式研究[M]. 北京: 北京大学出版社.

郑杭生, 黄家亮. 2012. 论我国社区治理的双重困境与创新之维——基于北京市社区管理体制改革实践的分析[J]. 东岳论丛, 33(1): 23-29.

郑雪芹. 2018. 企业社会责任国外经验借鉴[J]. 汽车纵横, (02): 46-49.

中国环境监测总站. 2018. 2018 年 7 月全国城市空气质量报告[OL]. http://103.42.78.200/uploadFiles/uploadImgs/201808/08144541vbie.pdf[2018-10-09].

中华人民共和国教育部. 2018. 各级各类学历教育学生情况[OL]. http://www.moe.gov.cn/s78/A03/moe_560/jytjsj_2017/qg/201808/t20180808_344698.html[2018-08-12].

周红. 2013. 恋爱、夫妻关系类型与性取向分析[J]. 中国性科学, 22(08): 97-101.

周祖城. 2005. 企业伦理学[M]. 北京: 清华大学出版社.

左阿珠, 陶兴永, 陶芳标. 2016. 父母教养方式对儿童心理行为的影响[J]. 中国学校卫生, 37(10): 1598-1600.

Barrow C. 2008. International Encyclopedia of the Social Sciences（Vol. 7. 2nd ed）[M]. Detroit: Macmillan Reference USA: 102-105.

Baumrind D. 1967. Child care practices anteceding three patterns of preschool behavior[J]. Genetic Psychology Monographs, 75(1): 43-88.

Baumrind D. 1970. Current patterns of parental authority[J]. Dev Psychol, 4(1): 101-103.

Berg M, Dahlberg K. 2001. Swedish midwives' care of women who are at high obstetric risk or who have obstetric complications[J]. Midwifery, 17: 259-266.

Berle A A. 1932. For whom corporate managers are trustees: a note[J]. Harvard Law Review, 45(8): 1365-1372.

Bevir M. 2004. Encyclopedia of Governance[OL]. http://dx.doi.org/10.4135/ 9781412952613. n220[2018-10-10].

Bowen H R. 1953. Social Responsibility of the Businesss[M]. New York: Harper.

Bowlby J. 1969. Attachment and Loss: Attachment（vol.1）[M]. New York: Basic Books.

Carroll A B. 1991. The pyramid of corporate social responsibility: Toward the moral management of organizational stakeholders[J]. Business Horizon,（4）: 7-8.

Cogan J J E, Dericott R E. 1998. Citizenship for the 21st century: An international perspective on education[J]. Kogan Page, 1998: 64.

Darling N, Steinberg L. 1993. Parenting style as context: An integrative model[J]. Psychological Bulletin, 113: 487-496.

Davis K. 1960. Can business afford to ignoreo social corporate responsibility?[J]. California Management Review, 2（3）: 70-76.

Dodd E M. 1932. For whom are corporate managers trustees?[J]. Harvard Law Review, 45（7）: 1145-1163.

Drucker P F. 1953. Management: Tasks, Responsibilities, Practices[M]. New York: Harper.

Elkington J. 2018. 25 Years Ago I Coined the Phrase "Triple Bottom Line." Here's Why It's Time to Rethink It [OL]. https://hbr.org/2018/06/25-years-ago-i-coined-the-phrase-triple-bottom-line-heres-why-im-giving-up-on-it[2018-05-22].

Gallo M A. 2010. The family business and its social responsibilities[J]. Family Business Review, 17（2）: 135-149.

Hoy M B. 2008. International Encyclopedia of the Social Sciences（Vol. 7. 2nd ed）[M]. Detroit: Macmillan Reference USA: 646-648.

Hyde J S, Klein M H, Essex M J, et al. 1995. Maternity leave and women's mental health[J]. Psychology of Women Quarterly, 19: 257-285.

Kenny M. 2007. Civil Society[OL]. http://academic.eb.com/EBchecked/topic/1916880/civil-society[2018-10-10].

Meleod B D, Weisz J R, Wood J J. 2007. Examing the association between parenting and childhood depression: A meta-analysis[J]. Clinical Psychology Review, 27: 986-1003.

Oliver Sheldon. 2003. The Philosophy of Management[M]. New York: Routledge.

Pfaffenberger B. 2008. International Encyclopedia of the Social Sciences（Vol. 7. 2nd ed）[M]. Detroit: Macmillan Reference USA: 650-653.

Rose H A. 2003. International Encyclopedia of Marriage and Family（Vol. 4. 2nd ed）[M]. New York: Macmillan Reference USA: 1535-1540.